Markus Oettl

Excel – Projekt Haushaltsbuch

Verlag:
BILDNER Verlag GmbH
Bahnhofstraße 8
94032 Passau

https://www.bildnerverlag.com
info@bildner-verlag.de

ISBN: 978-3-8328-0692-7
Bestellnummer: 100708

Autor: Markus Oettl
Herausgeber: Christian Bildner

Druck: CPI Clausen & Bosse GmbH, Birkstr. 10, 25917 Leck

Bildquellen:
Cover: © bnenin - stock.adobe.com

Vorwort

Liebe Leserin, lieber Leser,

es gibt sicherlich zahlreiche Bücher, die versuchen, Ihnen Excel näher zu bringen. Meist werden dann schön der Reihe nach und systematisch sämtliche Befehle und Features von Excel erklärt. Und bestimmt haben Sie dabei einige Aha-Momente, wenn Ihnen neues Wissen vermittelt wird, allerdings werden Sie auch feststellen, dass Sie vieles davon gar nicht brauchen.

Ich möchte mit diesem Buch einen anderen Weg gehen, indem ich die Einsatzmöglichkeiten von Excel nicht losgelöst und lediglich mit einer leeren Arbeitsmappe erläutere, sondern Ihnen konkret anhand des Projekts Haushaltsbuch zeige, wie Sie mit Excel arbeiten können. Am Ende haben Sie dann nicht nur Ihre Excel-Kenntnisse erweitert, sondern auch noch eine nützliche Datei an der Hand, mit der Sie Ihre Einnahmen und Ausgaben genauer unter die Lupe nehmen können und vielleicht auch neue Einsparmöglichkeiten entdecken.

Für die Erstellung des Haushaltsbuches sind keinerlei Excel-Kenntnisse nötig und Sie können sofort loslegen. Im Grunde müssen Sie nur wissen, wie Sie Excel auf Ihrem PC starten. Idealerweise bringen Sie jedoch zumindest Anfängerwissen im Umgang mit Windows und zum Thema Speichern mit und haben eventuell auch erste Erfahrungen mit der Microsoft Office-Anwendung Word gesammelt.

Natürlich könnten Sie sich auch eine der zahlreichen Mustervorlagen zur Budgetplanung aus dem Netz herunterladen. Allerdings werden Sie schnell merken, dass diese Vorlagen nicht immer Ihren Vorstellungen entsprechen oder keine für Sie passenden Auswertungen oder Eingabemöglichkeiten parat haben. Und schon sind Sie auf der Suche nach der nächsten Vorlage. Und ehe Sie sich versehen, ist wieder Zeit vergangen, in der Sie schon längst Ihre Ein- und Ausgaben hätten dokumentieren können. Mit diesem Buch können Sie sich Ihr eigenes, an Ihre Bedürfnisse angepasstes, Haushaltsbuch erstellen und das ohne langatmige oder schwer verständliche Excel-Kursbücher lesen oder Videos anschauen zu müssen.

Ich möchte Sie auch dazu ermutigen, neugierig zu sein und diese „Anleitung" zur Erstellung des Haushaltsbuches nicht einfach nur Schritt für Schritt nachzuvollziehen, sondern auch als Anregung zu sehen. Lassen Sie also Ihren Ideen freien Lauf und schauen Sie ruhig mal links und rechts der angesprochenen Befehle. Und wenn Ihr Haushaltsbuch am Ende völlig anders aussieht als mein Vorschlag, Ihnen aber viel besser gefällt und außerdem noch seinen eigentlichen Zweck erfüllt, nämlich Ihnen einen Überblick über Ihre Finanzen zu verschaffen, dann würde mich das sehr freuen.

Ich möchte Sie aber auch dazu anhalten, sich die Zeit zu nehmen und sich mit den beschriebenen Funktionen und Befehlen im Detail zu beschäftigen. Sehr hilfreich sind hierbei die zahlreichen, von Excel angebotenen Hilfemöglichkeiten, z. B. die teilweise sehr detaillierten Infos, die erscheinen wenn Sie mit der Maus auf einem Befehl, Register oder dergleichen verweilen und nicht voreilig klicken.

Das Buch ist so aufgebaut, dass ich Ihnen am Anfang des jeweiligen Abschnitts die benötigten Registerkarten und Befehlsgruppen kurz vorstelle. Neben detaillierten Beschreibungen, wo Sie welchen Befehl finden, veranschaulichen auch zahlreiche Abbildungen das zu erstellende Objekt und die Vorgehensweise. Dadurch können Sie auch Ihre eigenen Schritte besser überprüfen.

Natürlich kann das Buch nicht bis ins Detail jede Funktion von Excel erklären. Wenn Sie Ihr Haushaltsbuch erstellt haben, dürften Sie jedoch für den grundlegenden Umgang mit Excel gewappnet sein.

Und jetzt wünsche ich Ihnen viel Spaß bei der Erstellung Ihres eigenen Haushaltsbuches.

Ihr Markus Oettl

Allgemeine Hinweise zum Buch

Befehle, Bezeichnungen von Schaltflächen und Dialogfenstern sind zur besseren Unterscheidung farbig und kursiv hervorgehoben, Beispiel: Register *Start*, Gruppe *Schriftart*, Schaltfläche *Fett*.

In verkürzter Schreibweise werden Abfolgen von Befehlen so dargestellt: *Start* | *Formatvorlagen* | *Zellenformatvorlagen*.

Grundlegende Begriffe, Funktionen und Befehle werden im Kontext der Erstellung in einem grau hinterlegten Kasten erklärt.

Wichtige Hinweise, Tipps, etc. habe ich in einen grünen Kasten verpackt.

Die blauen Kästen zeigen Ihnen außerdem alternative Wege auf, mit denen Sie ebenfalls ans Ziel gelangen können.

Dieses Buch und die meisten Abbildungen wurden mit Microsoft 365 erstellt, auf abweichende Bezeichnungen in älteren Excel-Versionen wird in der Randspalte hingewiesen.

Inhalt

1 Vorbereitungen

1.1 Excel öffnen, Arbeitsmappe erstellen und kennenlernen

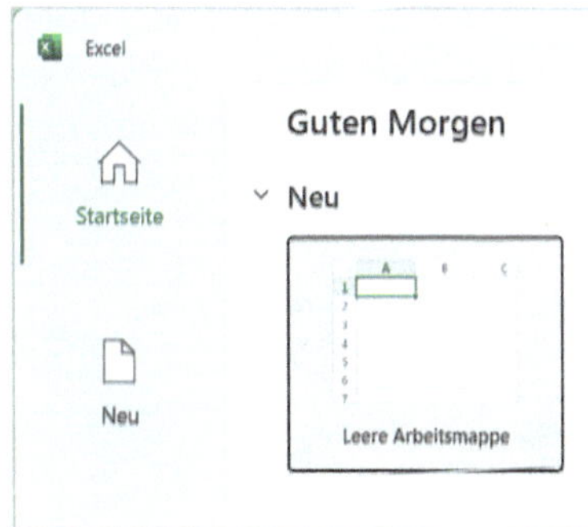

Um mit der Erstellung des Haushaltsbuches zu beginnen, müssen Sie als Erstes eine neue Arbeitsmappe anlegen. Starten Sie dazu Excel und wählen Sie auf der Startseite *Leere Arbeitsmappe* aus.

Nun sollte das Excel-Fenster mit einer leeren Arbeitsmappe erscheinen, die *Mappe1* heißt und ein **Tabellenblatt** zeigt.

Wollen wir uns zunächst mit dem Excel-Fenster vertraut machen und uns in der gebotenen Kürze die **Symbolleiste für den Schnellzugriff**, das darunter befindliche **Menüband**, den **Arbeitsbereich** mit **Bearbeitungsleiste** und **Blattregister** sowie die **Statusleiste** näher ansehen.

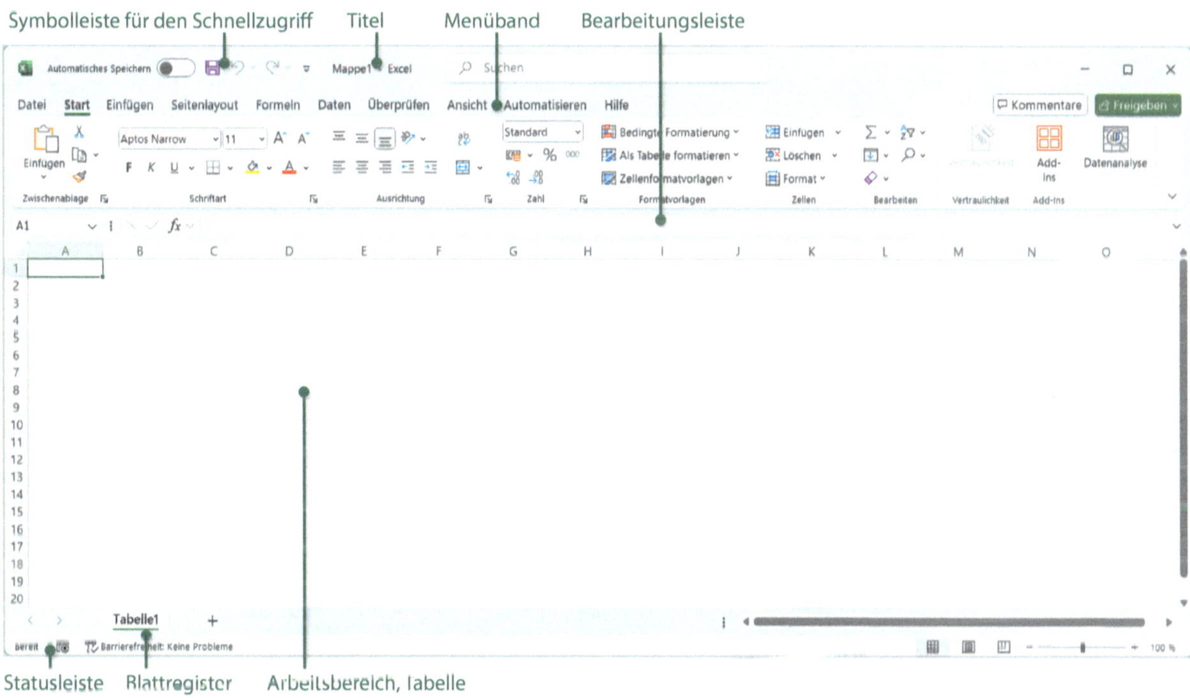

Symbolleiste für den Schnellzugriff

Die **Symbolleiste für den Schnellzugriff** hilft Ihnen beim schnellen Aufruf häufig benutzter Befehle. Es kann sein, dass Ihre Symbolleiste bereits das eine oder andere Symbol enthält oder diese anders angeordnet sind.

Menüband

Das Menüband befindet sich im oberen Bereich, gleich unterhalb der Symbolleiste für den Schnellzugriff und enthält die meisten Befehle, die Excel zur Verfügung stellt.

Diese Befehle sind auf **Registerkarten** z. B. *Start* und hier in **Gruppen** z. B. *Schriftart* angeordnet. Je nachdem, welchen Befehl Sie benötigen, sind unterschiedliche Teile des Menübandes für Sie von Bedeutung. Der Name der aktiven Registerkarte, im Bild *Start*, ist hervorgehoben und somit leicht zu erkennen.

Wie die aktive Registerkarte hervorgehoben ist, hängt von Ihrer Excel-Version ab: entweder fett und grün unterstrichen wie in Excel 365 (Bild oben) oder die inaktiven Register sind grün eingefärbt wie in Excel 2019 (unteres Bild).

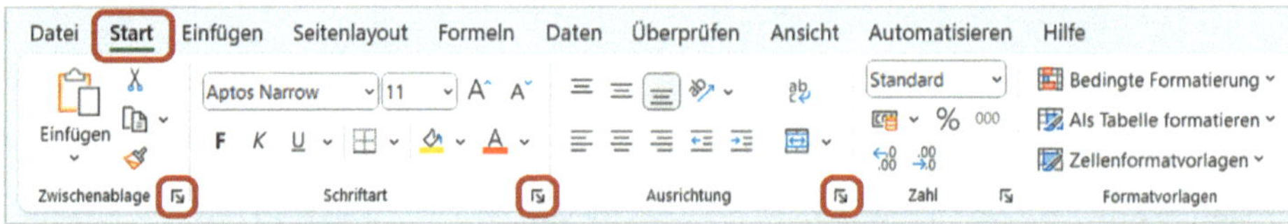

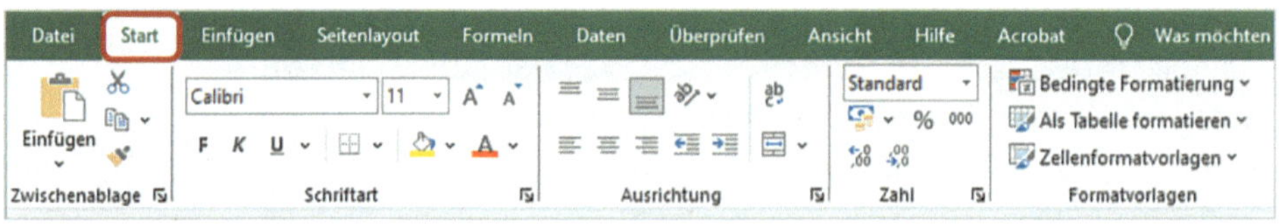

In einigen Gruppen sehen Sie in der unteren rechten Ecke, neben dem Gruppennamen, einen kleinen Pfeil ↘. Wenn Sie auf den Pfeil klicken, öffnet sich ein Fenster (sog. Dialogfenster), mit dessen Hilfe Sie weitere Einstellungen vornehmen können.

Sollten bei Ihnen nur die Namen der Register sichtbar sein, so klappen Sie das Menüband auf, indem Sie auf eine Registerkarte klicken. Es wird dann automatisch wieder eingeklappt, sobald Sie einen Befehl ausgeführt haben oder in das Tabellenblatt klicken. Um die Befehle des Menübands dauerhaft anzuzeigen, genügt ein **Doppelklick** auf eine beliebige Registerkarte. Ein **Doppelklick** auf die aktuelle Registerkarte reduziert dagegen das Menüband bzw. blendet die Befehle wieder aus.

Bei Excel 2019 klappt ein Klick auf den Pfeil das Menüband sofort ein. Um es wieder dauerhaft anzuzeigen, benutzen Sie das *Pin-Symbol* ganz rechts.

Ganz am rechten Rand des Menübands befindet sich eine kleine Schaltfläche bzw. ein nach unten weisender Pfeil, über den Sie die Anzeige des Menübands ebenfalls steuern können.

Wenn Sie im Menüband auf ein Symbol klicken, wird in den meisten Fällen ein Befehl ausgeführt. Nutzen Sie daher die Hilfe, die eingeblendet wird, wenn Sie mit dem Mauszeiger auf dem Befehl verweilen (nicht klicken) und vergewissern Sie sich, ob es auch der gewünschte Befehl ist.

Befindet sich neben dem Symbol ein kleiner, nach unten weisender Pfeil (Dropdown-Pfeil), so können Sie damit ein Untermenü mit weiteren Befehlen öffnen. Bei einigen Symbolen wird aber auch bei einem vorhandenen Untermenü automatisch der erste Befehl im Untermenü ausgeführt, wenn Sie auf das Symbol klicken.

Arbeitsmappe, Arbeitsblatt

Unterhalb des Menübands befindet sich die **Bearbeitungsleiste** und darunter die eigentliche Tabelle bzw. das Arbeitsblatt. Eine **Arbeitsmappe** kann mehrere **Arbeitsblätter** enthalten, diese sind am unteren Rand aufgelistet (*Tabelle1*, *Tabelle2* usw.). Die Tabelle setzt sich zusammen aus **Spalten** und **Zeilen**, aus denen die einzelnen **Zellen** gebildet werden.

Statusleiste

Ganz am unteren Rand befindet sich noch die **Statusleiste**, deren Bedeutung oft unterschätzt wird.

Mit einem **Rechtsklick** in die Statusleiste können Sie aus einer umfangreichen Liste auswählen, welche Informationen Ihnen in der Statusleiste angezeigt werden sollen. So können Sie mit Hilfe der Statusleiste schnell und ohne eine Formel verwenden zu müssen, eine Vielzahl von Auswertungen Ihrer Daten ansehen. Ich werde im Laufe des Buches noch auf einige hilfreiche Anzeigen und mögliche Verwendungen der Statusleiste hinweisen.

Zudem können Sie in der Statusleiste schnell eine andere **Ansicht** wählen oder Ihre Arbeitsmappe auf die gewünschte Größe zoomen.

> Alternativ können Sie diese Einstellungen auch im Register *Ansicht* und den Gruppen *Arbeitsmappenansichten* und *Zoom* vornehmen.

Wenn Sie die Ansichten *Seitenlayout* oder *Umbruchvorschau* als Anzeige gewählt haben und nun wieder zur Normalansicht wechseln, kann es sein, dass Ihnen in der Arbeitsmappe mit gestrichelten Linien die Seitenumbrüche angezeigt werden.

Diese verschwinden beim nächsten Öffnen automatisch wieder, können aber auch ausgeblendet werden. Dazu klicken Sie auf die Registerkarte *Datei* und anschließend im linken Rand auf das Menü *Optionen*. Im Dialogfenster *Excel-Optionen* wählen Sie in der linken Kategoriespalte die Option *Erweitert* und dort im Bereich *Optionen für dieses Arbeitsblatt* entfernen Sie den Haken im Kästchen *Seitenumbrüche einblenden*.

1.2 Datei speichern

Bevor Sie loslegen, empfehle ich Ihnen, die Datei an Ihrem gewünschten Speicherort abzuspeichern. Schließlich wollen wir während der Gestaltung unserer Datei nicht vergessen, in regelmäßigen Abständen immer wieder mal unsere Fortschritte zu speichern.

Hierzu klicken Sie auf die Registerkarte *Datei*, dort finden Sie auf der linken Seite verschiedene Befehle. Wählen Sie *Speichern unter* und es erscheint das unten abgebildete Menüfenster. Klicken Sie auf *Durchsuchen*, wählen Sie den Speicherort und speichern Sie die Datei unter dem Namen *„Haushaltsbuch"* ab. Als Dateityp sollten Sie *Excel-Arbeitsmappe* beibehalten.

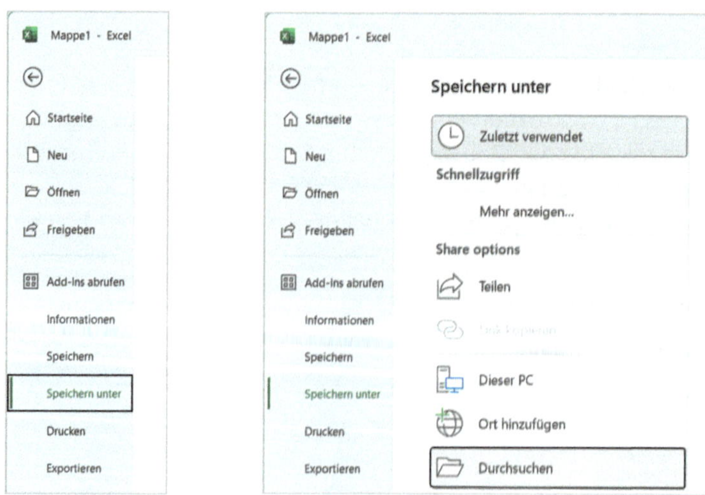

Wenn Sie Ihre Datei mit dem Namen *Haushaltsbuch* abgespeichert haben, ändert sich auch der Name in der Mitte der Titelleiste, denn dort zeigt Excel Ihnen den Dateinamen der Arbeitsmappe an. Wenn Sie eine neue Arbeitsmappe öffnen, steht dort *Mappe1*.

1.3 Symbolleiste für den Schnellzugriff anpassen

Zunächst wollen wir zur Symbolleiste für den Schnellzugriff mehrere Befehle hinzufügen, die wir im Laufe der Erstellung des Haushaltsbuches des Öfteren benötigen und somit einfacher und schneller darauf zugreifen können. Zudem wollen wir sicherstellen, dass sich die elementaren Befehle im Schnellzugriff befinden.

Wenn Sie zur Symbolleiste für den Schnellzugriff Befehle hinzufügen möchten, gibt es grundsätzlich zwei Möglichkeiten:

Hinzufügen mittels Kontextmenü

Kontextmenü
Wenn Sie ein Element, einen Befehl oder auch nur eine Zelle im Tabellenblatt mit der **rechten Maustaste** anklicken, öffnet sich das sogenannte **Kontextmenü** und es werden Ihnen Befehle angezeigt, die für dieses Element passend sind.

Rechts sehen Sie als Beispiel einen Auszug aus dem Kontextmenü der Zelle A1. Dieses besteht streng genommen sogar aus zwei Teilen, nämlich einer Minisymbolleiste ❶ und Befehlen ❷.

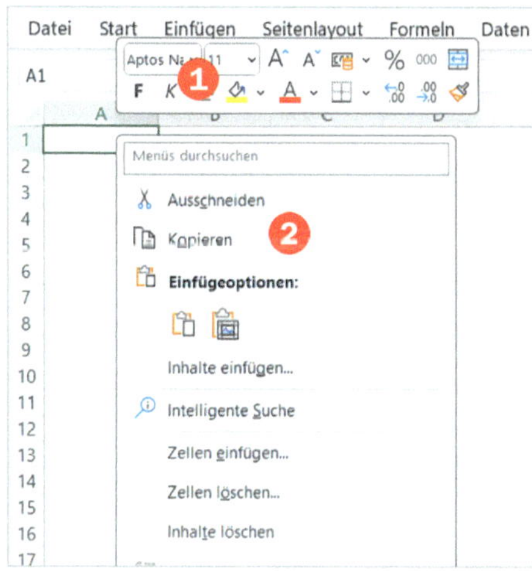

Sollten Sie im Laufe der Arbeit mit Excel bemerken, dass Sie einen Befehl sehr häufig ausführen, macht es natürlich Sinn, diesen in die Symbolleiste für den Schnellzugriff aufzunehmen. Sie klicken dazu im Menüband mit der **rechten Maustaste** auf den Befehl und fügen ihn mit Hilfe des sich öffnenden Kontextmenüs hinzu.

Wenn Sie auf diese Weise einen Befehl hinzufügen, erscheint er in allen Excel-Arbeitsmappen in der Symbolleiste für den Schnellzugriff.

Hinzufügen mittels Dialogfenster Excel-Optionen

Sie können aber auch in der Symbolleiste für den Schnellzugriff mit dem kleinen Pfeil einen Befehl aus der Liste wählen und, falls sich der gewünschte Befehl nicht in der Liste befindet, mit der Auswahl *Weitere Befehle...* das Dialogfenster *Excel-Optionen* öffnen und die Symbolleiste dort bearbeiten.

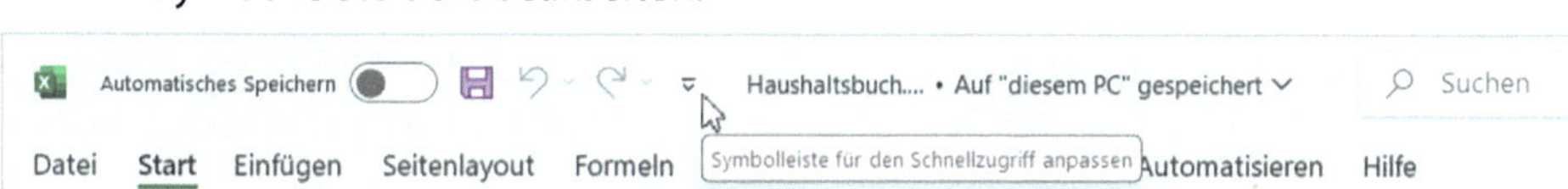

Lassen Sie uns nun die unten abgebildete *Symbolleiste für den Schnellzugriff* erstellen. Die beiden letzten Befehle *Am Raster ausrichten* und *Objekte auswählen* sollen allerdings nur im Dokument *Haushaltsbuch* vorhanden sein.

Der Schalter *Automatisches Speichern* existiert nur in Excel 365 und ist hier nicht weiter von Bedeutung.

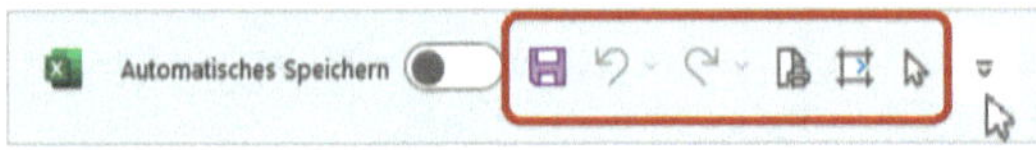

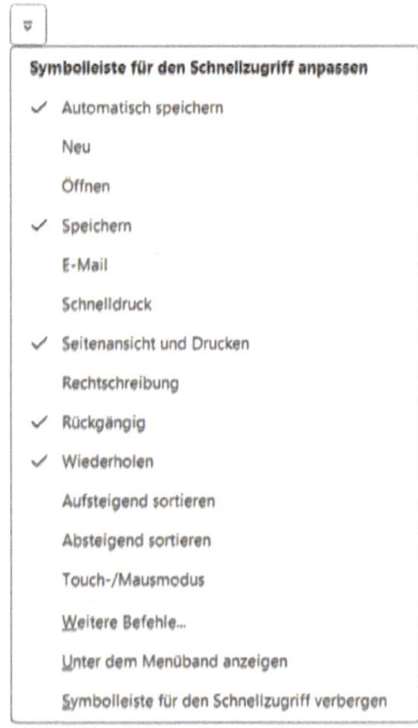

Die Befehle *Speichern*, *Seitenansicht und Drucken*, *Rückgängig* und *Wiederholen* befinden sich in einer Liste, die erscheint, wenn Sie auf den kleinen Pfeil in der Symbolleiste klicken. Da diese Befehle in jedem Dokument sichtbar sein sollen, können wir sie in der Liste auswählen (Häkchen).

Die Befehle *Am Raster ausrichten* und *Objekte auswählen* befinden sich nicht in der Liste und sollen überdies nur in unserem Haushaltsbuch sichtbar sein, daher wählen wir den Menüpunkt *Weitere Befehle....*

Es öffnet sich das Dialogfenster *Excel-Optionen*, in dem in der linken Kategorieleiste unter *Symbolleiste für den Schnellzugriff* weitere Einstellungen vorgenommen werden können.

> Alternativ können Sie das Dialogfenster *Excel-Optionen* auch über die Registerkarte *Datei* und den Befehl *Optionen* öffnen.

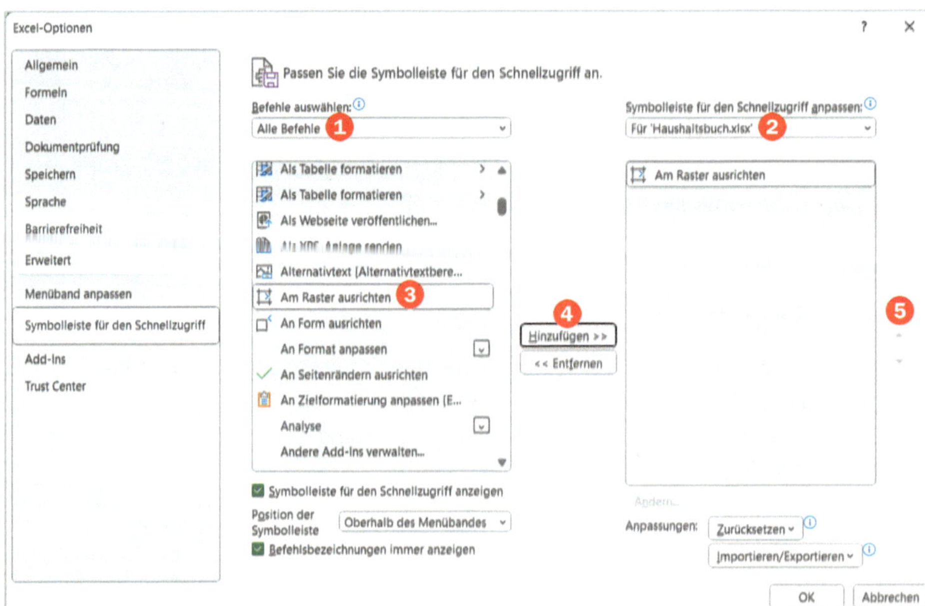

Bei *Befehle auswählen* wählen wir *Alle Befehle* ❶ und auf der rechten Seite *Für 'Haushaltsbuch.xlsx'* ❷. Die Liste sollte nun leer sein und Sie können die Befehle *Am Raster ausrichten* ❸ und *Objekte auswählen* in der Liste der alphabetisch angeordneten Befehle suchen und hinzufügen ❹.

Im Dialogfenster können Sie die hinzugefügten Befehle ganz nach Belieben mit den Pfeilen am rechten Rand ❺ anordnen. Sie können die Befehle, die wir lediglich zur schnelleren Bearbeitung benötigen, nach Erstellung des Haushaltsbuches auch gerne wieder entfernen oder sich Ihre Symbolleiste nach Ihren Bedürfnissen zusammenstellen. Im weiteren Verlauf des Buches werden wir die Symbolleiste für den Schnellzugriff ohnehin für die zukünftige Arbeit mit dem Haushaltsbuch noch weiter anpassen.

1.4 Menüband anpassen

Ebenso wie die Symbolleiste für den Schnellzugriff können Sie auch das Menüband bzw. die darin enthaltenen Registerkarten an Ihre Bedürfnisse anpassen.

Öffnen Sie hierzu einfach wieder das Dialogfenster *Excel-Optionen*. Entweder über die Registerkarte *Datei* und den Befehl *Optionen* oder indem Sie mit der **rechten Maustaste** in das Menüband klicken und den Befehl *Menüband anpassen...* wählen. Von den *Hauptregisterkarten* benötigen Sie nur die unten abgebildeten, bei den übrigen kann das Häkchen entfernt werden.

Die verfügbaren Hauptregisterkarten können sich je nach Excel-Version etwas unterscheiden. Die benötigten bleiben allerdings gleich.

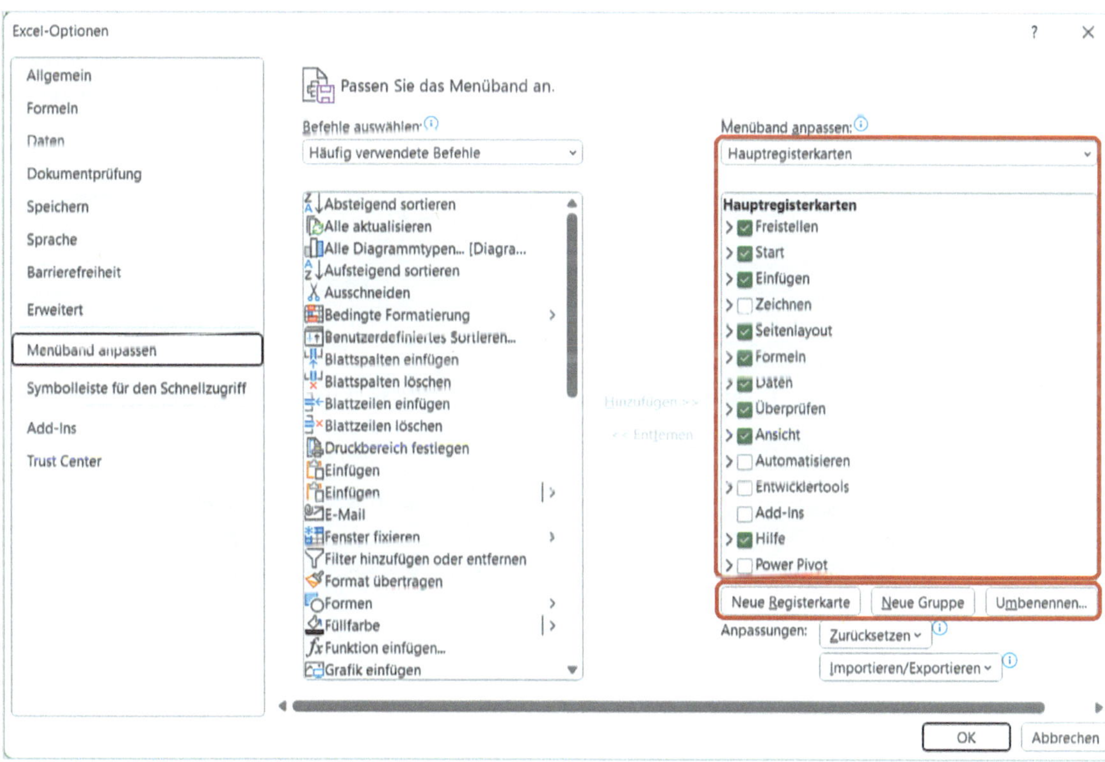

Bitte beachten Sie, dass sich die Änderungen auf alle Excel-Arbeitsmappen auswirken. Falls Sie in anderen Dateien diese Registerkarten benötigen, sollten Sie die Standardeinstellung beibehalten oder diese mit der Schaltfläche *Zurücksetzen* wieder herstellen.

Sie können sich auch eine eigene Registerkarte und hier eigene Gruppen erstellen. Einfach die Schaltflächen (*Neue Registerkarte*, *Neue Gruppe*) am unteren Ende der Registerkartenliste verwenden und Ihrer Registerkarte die gewünschten Befehle aus der Befehlsliste hinzufügen.

1.5 Design, Farben, Schriftarten und Effekte

Jeder hat seinen eigenen Stil und die Geschmäcker sind ja bekanntlich sehr verschieden. Zum Glück, sonst wäre nicht nur Excel sehr eintönig. Welches Design soll nun unser Haushaltsbuch haben, also welche Farben, Schriftarten, Effekte und dergleichen?

Hierzu bietet Excel bereits vorgefertigte Designvorlagen an, unter denen Sie sich ganz einfach eine aussuchen können. So kann auch fertigen Dateien nachträglich mit einem Klick ein völlig neues Aussehen verliehen werden. Ganz nach Geschmack eben.

Für unser Haushaltsbuch wollen wir unser eigenes Design erstellen. Dies hat den Vorteil, dass Sie das Design nach der Fertigstellung des Haushaltsbuches Ihren Vorstellungen auch noch nachträglich entsprechend anpassen können.

Im Register *Seitenlayout* befindet sich die Gruppe *Designs* mit den Menüs *Designs*, *Farben*, *Schriftarten* und *Effekte*.

Farben

Stellen wir uns zunächst eine individuelle Farbpalette für das Design zusammen.

Designfarben – Farbpaletten
Die Farbpalette eines Designs umfasst zwölf Farben, zwei für Schriften und zwei für die jeweiligen Hintergründe, zwei für Hyperlinks und sechs sogenannte Akzentfarben. Diese Akzentfarben benutzt Excel automatisch unter anderem für die farbliche Darstellung von Diagrammen und Pivot Charts.

Wählen Sie im Menü *Farben* den Befehl *Farben anpassen...* ganz unten in der Liste.

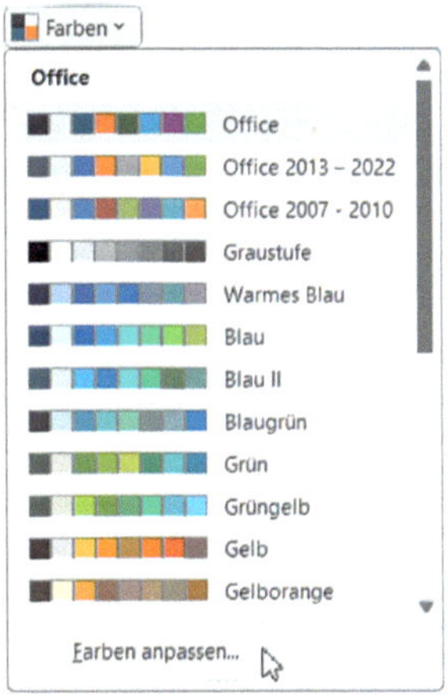

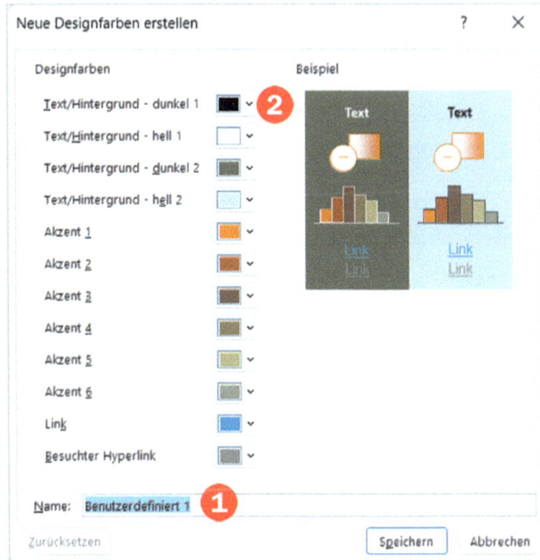

Als Ausgangsfarben wurde hier statt der Standardeinstellung *Office* die Farbpalette *Orange* gewählt.

Vergeben Sie zuerst den Namen *Graugrün* ❶ und weisen Sie dann den Farben die untenstehenden Farbcodes (RGB) zu. Hierzu öffnen Sie mit dem kleinen schwarzen Pfeil neben der jeweiligen Farbe ❷ das Farbauswahlfeld und klicken dort auf *Weitere Farben...* ❸. Hier wechseln Sie auf den Reiter *Benutzerdefiniert* ❹ und geben für jede Farbe die drei unten aufgelisteten Farbcodes (*Farbmodell RGB*) ein ❺.

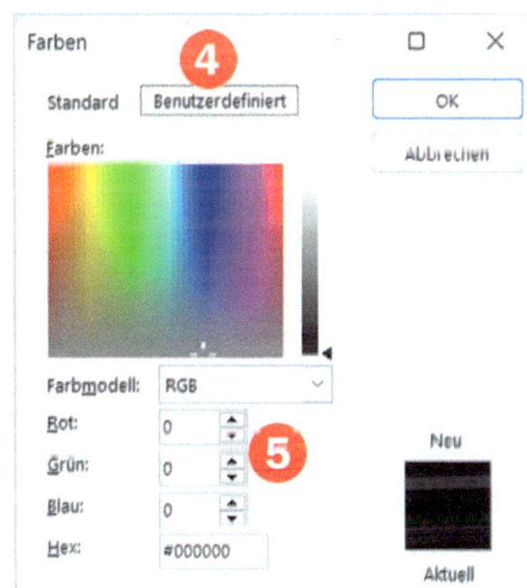

Designfarben	Rot	Grün	Blau
Text/Hintergrund-dunkel 1	70	70	70
Text/Hintergrund-hell 1	70	70	70
Text/Hintergrund-dunkel 2	255	255	255
Text/Hintergrund-hell 2	255	255	255
Akzent 1	148	160	136
Akzent 3	150	150	150
Akzent 6	79	70	70

Die übrigen Farben, die in der nebenstehenden Liste nicht aufgeführt sind, brauchen nicht angepasst werden.

Nachdem Sie alle RGB-Codes geändert haben, *speichern* wir die neue Farbpalette.

Um eine benutzerdefinierte Farbpalette zu ändern oder zu löschen, navigieren Sie wieder zum Menü *Farben*, klicken mit der **rechten Maustaste** auf die zu ändernde Farbpalette und wählen *Bearbeiten...* oder *Löschen...*. Aber Vorsicht: Die Farbpalette kann dann auch in anderen Dateien nicht mehr verwendet werden.

Es können nur benutzerdefinierte Farbzusammenstellungen geändert werden. Wenn Sie eine Standardpalette und den Befehl *Farben anpassen...* wählen, erstellt Excel automatisch eine neue benutzerdefinierte Farbpalette.

Wenn Sie Ihre eigene Farbpalette zusammenstellen, sollten Sie darauf achten, dass die Farben auch in den darunter befindlichen Abstufungen noch gut unterscheidbar sind. Sonst kann es vorkommen, dass beispielsweise eigentlich verschiedenfarbige Diagrammelemente plötzlich eine fast identische Farbe haben und ein Unterschied nicht mehr erkennbar ist.

Beachten Sie, dass die Reihenfolge der Farbanzeige in den unterschiedlichen Menüs und Dialogfenstern nicht übereinstimmt, hier am Beispiel der Designfarben *Office*:

Dialogfenster *Designfarben bearbeiten*:
Reihenfolge: *Text1|Hintergrund1|Text2|Hintergrund2*

Menü *Farben* und in der Vorschau:
Text2|Hintergrund2|Akzent1|Akzent2

Farbauswahlfenster (z. B. Registerkarte *Start|Schriftart*):
Hintergrund1|Text1|Hintergrund2|Text2

Schriftarten

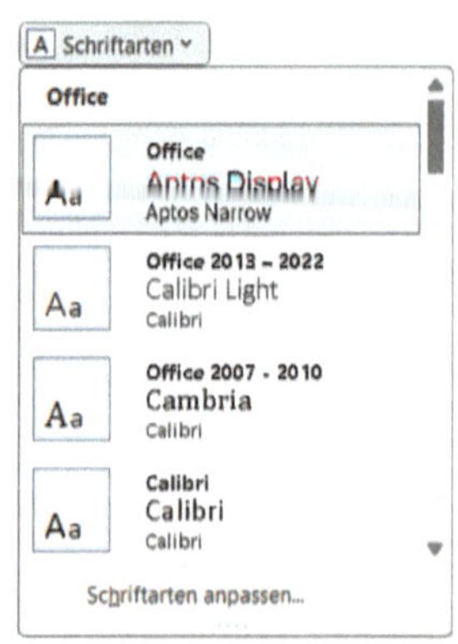

Im Menü *Schriftarten* wählen wir die Standardschrift *Office*. Achtung: Die dazugehörige Schriftart hängt von Ihrer Excel-Version ab: Excel 365 verwendet die Schrift *Aptos*, alle übrigen, älteren Excel-Versionen hingegen *Calibri*.

Falls Sie Microsoft 365 bzw. Excel 365 verwenden, sollten Sie für das Beispiel Haushaltsbuch *Office 2013 - 2022* wählen.

Designschriftarten
Excel bietet auch verschiedene Designschriftarten an. Sie können Ihre Schriftart auswählen oder neue Designschriftarten zusammenstellen, indem Sie im Menü *Schriftarten* auf den Befehl *Schriftarten anpassen...* klicken und im erscheinenden Dialogfenster jeweils die *Schriftart für Überschriften* und *Schriftart für Textkörper* wählen.

Nachträgliche Änderungen der Designschriftart beziehen sich nur auf Schriftarten, die im Feld *Schriftart* unter *Textkörper* und *Überschriften* ausgewählt wurden.

Um eine benutzerdefinierte Designschriftart zu ändern oder zu löschen, navigieren Sie wieder zum Menü *Schriftarten* und klicken mit der **rechten Maustaste** auf die zu ändernde Schriftart und wählen *Bearbeiten...* oder *Löschen....* Aber Vorsicht: Das Schriftartdesign kann dann auch in anderen Dateien nicht mehr angewendet werden.

Es können nur benutzerdefinierte Schriftartdesigns geändert werden. Wenn Sie ein Standardschriftartdesign und den Befehl *Schriftarten anpassen...* wählen, erstellt Excel automatisch eine neue benutzerdefinierte Designschriftart.

Effekte

Hier wollen wir vorerst die Standardeinstellung *Office* belassen.

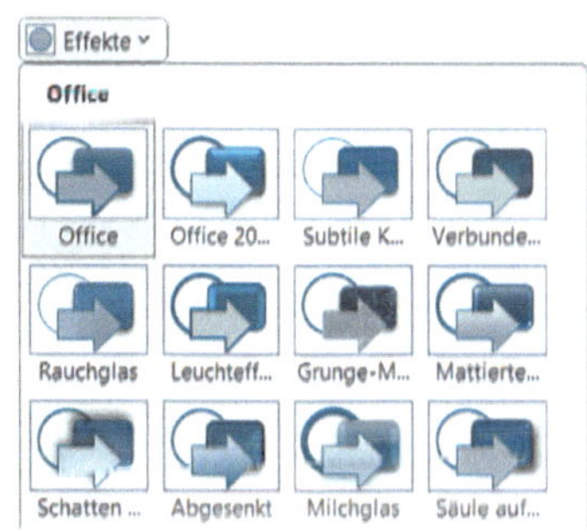

Effekte
Excel stellt auch einige grafische Effekte, darunter z. B. Schatten zur Verfügung, die ausgewählt oder einem Design zugeordnet werden können. Wenn Sie Formen, beispielsweise ein Rechteck erstellen, bietet Excel im Menü *Formenarten* verschiedene vorgefertigte Designformatvorlagen an.

Wenn Sie eine solche Vorlage auswählen, ändert sich das Aussehen Ihres Objektes, je nachdem, welchen Effekt Sie wählen.

Design

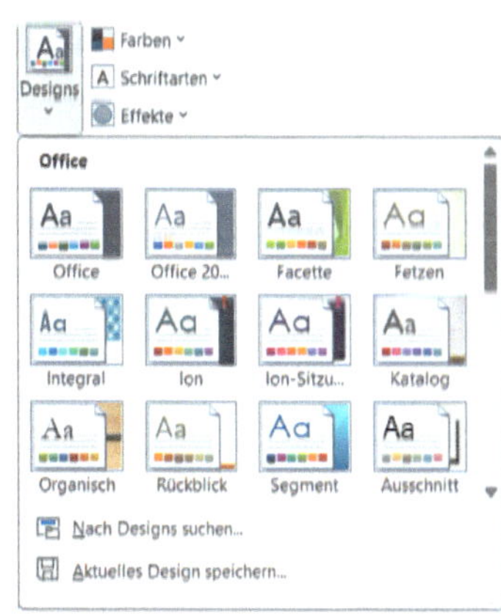

Design
Excel bietet auch mehrere Standarddesigns an, denen die jeweiligen Farben, Schriftarten und Effekte bereits zugeordnet sind. Sie können Ihr Design auswählen oder ein neues Design erstellen, indem Sie zunächst Ihre gewünschte Farbpalette, Schriftart und ggf. Effekt wählen und dann im Menü *Designs* den Befehl *Aktuelles Design speichern...* wählen.

> Wenn Sie mit dem **Mauszeiger** auf einem Design verweilen (nicht klicken), wird Ihnen eine Vorschau angezeigt, allerdings nur, wenn das Tabellenblatt bereits Daten enthält.

Im **Kontextmenü** zu einem benutzerdefinierten Design können Sie das Design auch wieder löschen. Aber Vorsicht: Das Design kann dann auch in anderen Dateien nicht mehr verwendet werden. Fertigen Sie daher zuvor eine Sicherheitskopie der Designdatei an.

Nachdem Sie die benutzerdefinierte Farbpalette *Graugrün*, die Schriftart *Office* und den Effekt *Office* ausgewählt haben, speichern Sie das Ganze als neues Design ab. Hierzu einfach im Menü *Design* den Befehl *Aktuelles Design speichern...* wählen und im vorgeschlagenen Ordner unter dem Namen *Design-Dunkel* speichern.

> Gerne können Sie sich Ihr eigenes Design zusammenstellen. Allerdings dürfte dies erst Sinn machen, wenn Sie auch eine Arbeitsmappe mit Daten haben, in der Sie die konkreten Auswirkungen sehen können. Am Ende des Buches zeige ich Ihnen anhand eines Farbregisters, welche Designfarbe wo verwendet wurde und wie Sie so Ihr gewünschtes Design erstellen.

Das im Buch verwendete Design

Das soeben erstellte und gespeicherte Design *Design-Dunkel* basiert auf dunklem Hintergrund, den viele Anwender als angenehmer empfinden. Für dieses Buch und die Erstellung des Haushaltsbuchs haben wir uns allerdings aus drucktechnischen Gründen und zwecks besserer Lesbarkeit für einen hellen Hintergrund und schwarze Schrift entschieden.

Klicken Sie daher nochmals auf *Farben* und wählen Sie die Farbpalette *Galathea*, wie im Buch verwendet, oder eine andere Farbpalette, die Ihnen zusagt. Speichern Sie dann das Design mit den geänderten Farben (Befehl *Aktuelles Design speichern...*) unter dem Namen „*Design-Hell*" ab und behalten Sie dieses bei, da die weitere Bearbeitung darauf aufbaut bzw. die Größenangaben sich an der verwendeten Schriftart orientieren.

Nach Fertigstellung können Sie bei Bedarf auch zum oben erstellten dunklen Design wechseln.

Farben der Excel-Benutzeroberfläche anpassen

Natürlich sollte auch die Arbeitsumgebung von Excel für Ihre Augen so angenehm wie möglich gewählt werden. Dies erledigen Sie am einfachsten, wenn Sie über die Registerkarte *Datei* das Menü *Konto* wählen und dort im Feld *Office-Design* ein Design wählen. Testen Sie einfach, ob Ihnen das Design *Dunkelgrau* besser zusagt, oder die Standardeinstellung *Bunt* bzw. *Systemeinstellungen verwenden*. Zwecks besserer Lesbarkeit wurden im Buch alle Abbildungen mit dem Office-Design *Bunt* bzw. basierend auf den Systemeinstellungen erstellt.

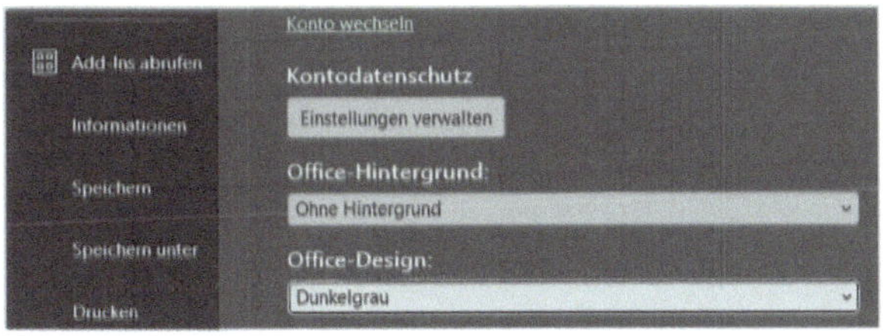

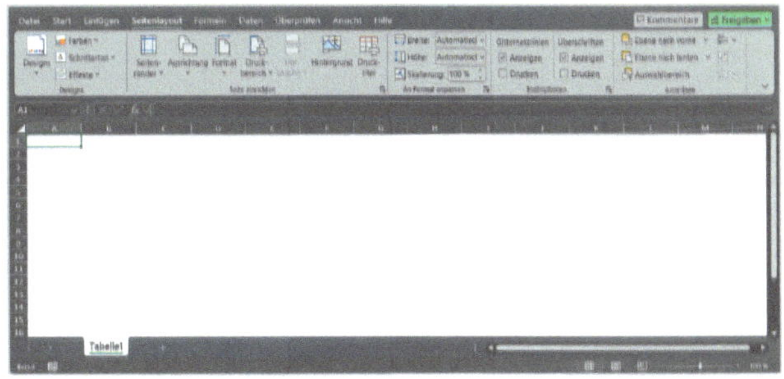

Alternativ können Sie das Office-Design auch ändern, indem Sie im Register *Datei* die Optionen öffnen und dort in der Kategorie *Allgemein* unter *Microsoft Office-Kopie personalisieren* das gewünschte Office-Design wählen.

Änderungen am Office-Design wirken sich allerdings auf alle Office-Anwendungen aus, die mit Ihrem Konto verbunden sind, also z. B. auch auf Word.

2 Tabellenblätter erstellen

Zu Beginn gilt es, sich zu überlegen, welche Tabellenblätter wir für unser Haushaltsbuch überhaupt benötigen. Aber keine Angst, sollte sich im Laufe der Bearbeitung herausstellen, dass wir noch zusätzlich ein Tabellenblatt brauchen, können wir jederzeit weitere Tabellenblätter nachträglich ergänzen.

2.1 Formatierungen

Bevor wir nun beginnen, alle Tabellenblätter zu erstellen, sollten wir im bereits vorhandenen Blatt *Tabelle1* zunächst einige Formatierungen vornehmen, damit wir dies nicht in jedem Blatt neu machen müssen. Schließlich wollen wir ja, dass unser Haushaltsbuch ein einheitliches Aussehen hat und überdies leicht zu navigieren ist.

Wir benötigen also für jedes Blatt eine **Navigationsleiste**, um bequem zu den einzelnen Blättern navigieren zu können. Außerdem brauchen wir eine **Titelzeile**. Hier ein kleiner Vorgeschmack, wie das Ganze aussehen soll.

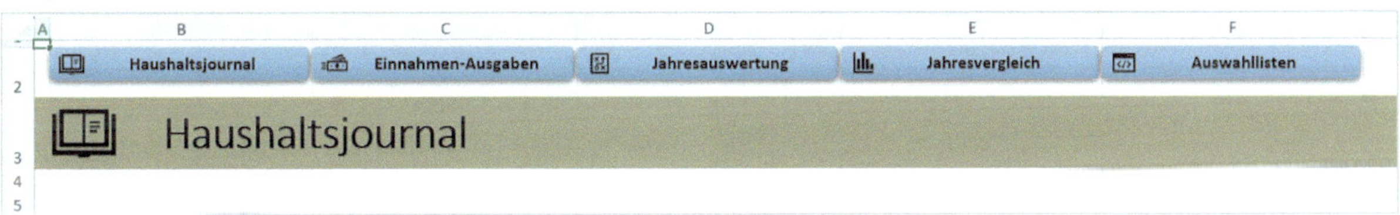

Hierzu benötigen wir die ersten drei Zeilen des Tabellenblatts, ein paar Piktogramme, Rechtecke und ein Textfeld. Aber schön der Reihe nach.

Zellenformatvorlagen

Im Register *Start* befindet sich die Gruppe *Formatvorlagen* mit den Menüs *Bedingte Formatierung*, *Als Tabelle formatieren* und *Zellenformatvorlagen*. Ein Klick auf *Zellenformatvorlagen* öffnet den gesamten Vorlagenkatalog.

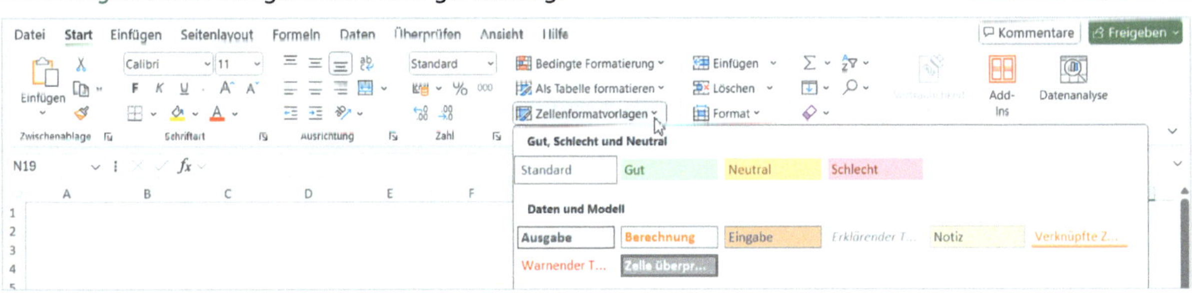

Zellenformatvorlagen

Wenn Sie schon des Öfteren mit Microsoft Word gearbeitet haben, dürften Sie Nutzen und Funktionsweise von Vorlagen bereits kennengelernt haben.

Mit den Formatvorlagen können Sie verschiedene Zellformate, wie Schriftgröße und -farbe, Ausrichtung, Rahmen etc. in einer Vorlage festlegen und so mit wenigen Klicks auf Ihre Mappe anwenden. Dies hat den Vorteil, dass sich eine Änderung der Formatvorlage auf alle Zellen auswirkt, denen Sie die Vorlage zugewiesen haben. Das Zuweisen einer Formatvorlage funktioniert ganz einfach, indem Sie die Zelle oder den Zellbereich markieren und auf die gewünschte Formatvorlage klicken.

Sie können aber auch Ihre eigene Formatvorlage erstellen, indem Sie mit dem kleinen Pfeilsymbol das Menü aufklappen und den Befehl *Neue Zellenformatvorlage…* wählen.

Da wir für unser Haushaltsbuch als Standardschrift *Office* und damit die Schriftart *Calibri* verwenden, wollen wir eine Schriftgröße von *11* (Punkt) einstellen. Dementsprechend werden wir an dieser Stelle die Zellenformatvorlage *Standard* anpassen.

Die Zellenformatvorlage *Standard* definiert das Aussehen der Zellen, wenn sonst keine Änderungen vorgenommen werden. Höhe und Breite der Zeilen und Spalten richten sich nach der Schriftgröße und sind somit abhängig von der Zellenformatvorlage *Standard*. Wird die Schriftgröße dieser Formatvorlage abgeändert, ändert sich damit auch die Anzahl der Pixel bezüglich der Spaltenbreite und Zeilenhöhe. Die Spaltenbreite/Zeilenhöhe und deren Pixel können Sie beim Anklicken der Trennlinie zwischen den Spaltenbeschriftungen oder Zeilennummern ablesen.

Beobachten Sie die Spaltengröße, wenn Sie die Änderung der Formatvorlage *Standard* mit *OK* bestätigen und schauen Sie, was passiert.

Klicken Sie also mit der **rechten Maustaste** auf die Vorlage *Standard* im Register *Start | Formatvorlagen | Zellenformatvorlagen* und wählen Sie den Befehl *Ändern…*.

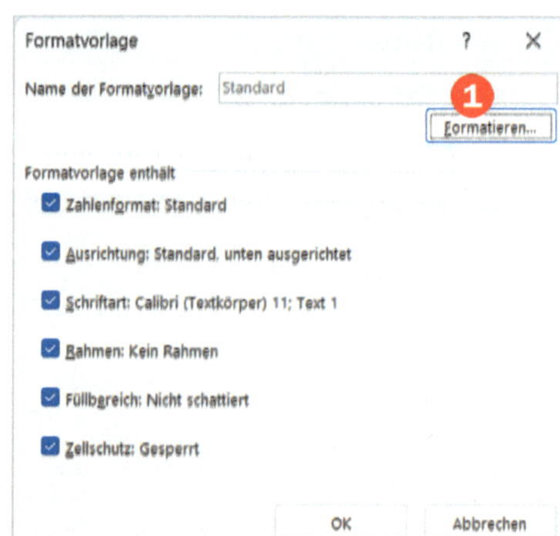

Es öffnet sich das Dialogfenster *Formatvorlage* mit den aktuellen Einstellungen. Klicken Sie auf *Formatieren…* ❶, um die Voreinstellungen zu ändern.

Anschließend erscheint ein weiteres Dialogfenster mit Formatierungsmöglichkeiten.

Dialogfenster

Für viele Einstellungen und Formatierungen bietet Excel sog. Dialogfenster an, die weitere Befehle, z. B. in Form von Listenfeldern, Kontrollkästchen oder Dropdown-Listen enthalten.

Ein Dialogfenster kann mehrere Befehlsgruppen enthalten, so wie in unserem Beispiel *Zellen formatieren*. Diese werden mittels Reiter am oberen Rand ausgewählt, in unserem Fall *Ausrichtung*, *Schrift* und *Ausfüllen*. Bestätigen können Sie Ihre Einstellungen mit *OK*.

Wenn in der rechten unteren Ecke des Dialogfensters ein schraffiertes Dreieck sichtbar ist, können Sie die Größe des Fensters verändern, indem Sie mit dem Mauszeiger an den Rand fahren, bis ein Doppelpfeil erscheint. Jetzt können Sie mit gedrückter linker Maustaste die Größe durch Ziehen ändern.

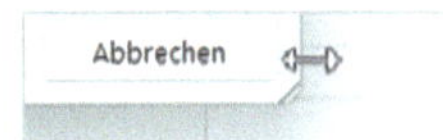

Im Dialogfenster *Zellen formatieren* nehmen Sie folgende Einstellungen vor:

- Register *Ausrichtung* ❷ | *Textausrichtung Vertikal*: *Zentrieren* ❸
- Register *Schrift* ❹ | *Schriftgrad: 11* ❺ | *Farbe: Text 1* ❻ (Schwarz)
- Register *Ausfüllen* ❼ | *Hintergrundfarbe: Keine Farbe*

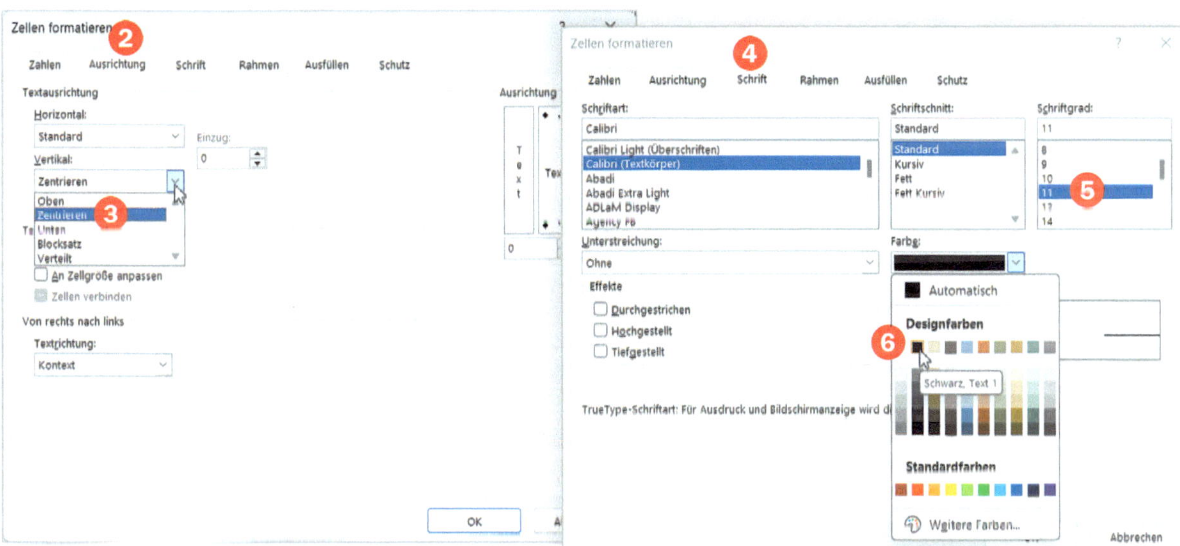

Kein Hintergrund bzw. *Keine Farbe* bewirkt, dass im Tabellenblatt die Gitternetzlinien sichtbar sind. Dies erleichtert gerade für Einsteiger die Übersicht und wurde deshalb auch in diesem Buch beibehalten.

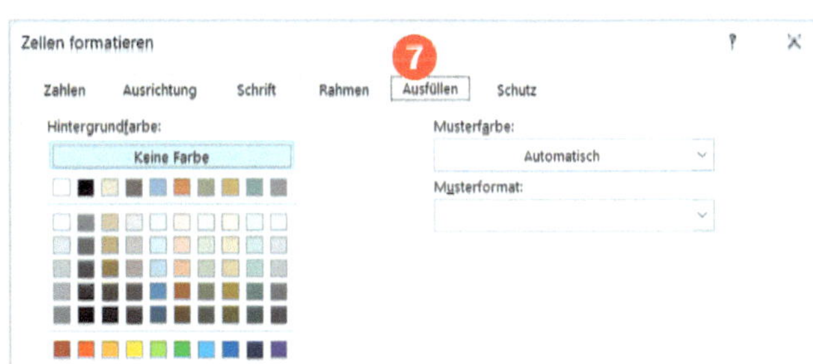

Wenn Sie statt des hellen Designs das selbst erstellte *Design-Dunkel* (s. Seite 20) verwenden möchten und dunklen Zellhintergrund wünschen, dann müssen Sie Schriftfarbe und Hintergrund der Zellenformatvorlage *Standard* wie folgt festlegen:

- Register *Schrift* | *Farbe: Text 2* (Weiß)
- Register *Ausfüllen* | *Hintergrundfarbe: Hintergrund 1* (Dunkelgrau)

Da allen Zellen die Formatvorlage *Standard* zugewiesen ist, sollte sich nun Ihr Tabellenblatt entsprechend der gewählten Füllung dunkel eingefärbt haben.

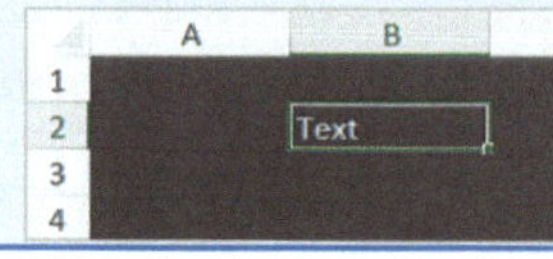

Shortcuts
Sie können in den meisten Fällen auch sogenannte **Shortcuts** (Tastaturkürzel / Tastenkombination) verwenden, die Ihnen Excel zu bestimmten Aktionen und Befehlen zur Verfügung stellt.

Wenn Sie beispielsweise mit dem **Mauszeiger** über einem Befehl im Menüband oder den Registerkarten verweilen, zeigt Excel Ihnen neben der Erklärung zum Befehl auch evtl. vorhandene Shortcuts an, die Sie verwenden können, um den Befehl auszuführen.

Wenn Sie Zellen formatieren möchten, können Sie das Dialogfenster *Zellen formatieren* auch über den Shortcut **Strg+1** öffnen.

Sie können Zellenformatvorlagen übrigens auch in andere Excel-Dateien übertragen. Öffnen Sie hierzu parallel die Datei, auf die Sie das Format übertragen wollen. Öffnen Sie dann in dieser Datei im Register *Start* | *Formatvorlagen* mit dem kleinen Pfeilsymbol das Menü mit den Formatvorlagen und dort den Befehl *Formatvorlagen zusammenführen...*. Im Dialogfenster wählen Sie Ihre Datei aus, von der die Vorlagen übertragen werden sollen und bestätigen mit *OK*.

Zeilenhöhe und Spaltenbreite einstellen

Im Register *Start* befindet sich die Gruppe *Zellen* mit den Menüs *Einfügen*, *Löschen* und *Format*.

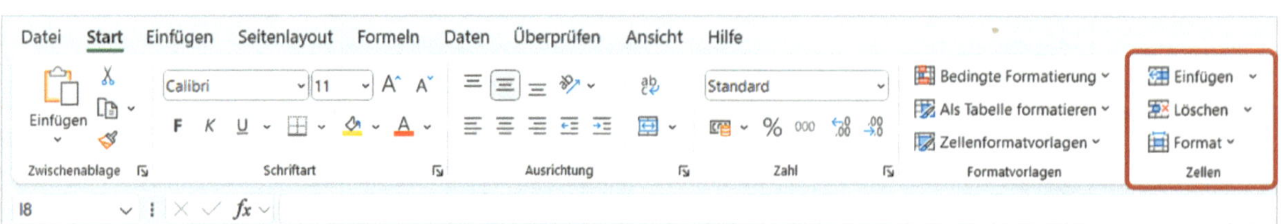

Namenfeld

In der Bearbeitungsleiste oberhalb der Spaltenbeschriftung befindet sich links das sogenannte Namenfeld, in dem unter anderem die jeweils markierte Zelle angezeigt wird. Wenn Sie ein Objekt anklicken, sehen Sie den Namen des Objekts. Hier kann auch schnell zu einer Tabelle und zu definierten Bereichen navigiert werden. Dazu später mehr.

Als Erstes stellen wir die Höhe der ersten drei Zeilen auf die nachfolgenden Werte ein, indem wir nacheinander die jeweilige Zeilennummer am linken Rand ❶ mit der **rechten Maustaste** anklicken, im Kontextmenü den Befehl *Zeilenhöhe...* wählen und im nachfolgenden Fenster folgende Werte ❷ eintragen:

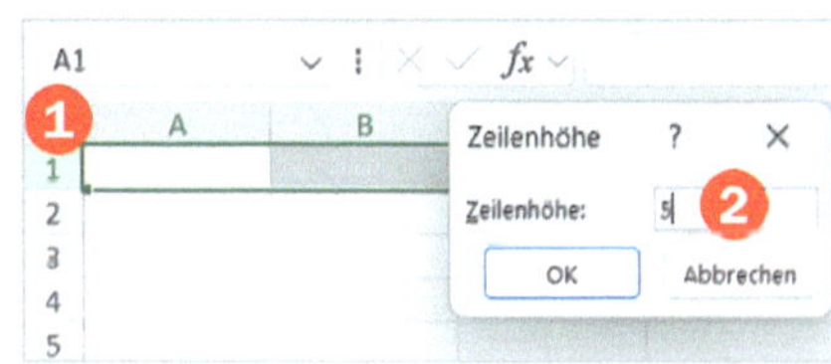

Zeile 1	Zeile 2	Zeile 3
5	30	43

Alternativ können Spaltenbreite und Zeilenhöhe auch über die Registerkarte *Start* | *Zellen* im Menü *Format* festgelegt werden.

Sie können auch mit gedrückter *linker Maustaste* durch Verschieben der Begrenzungslinien zwischen den Spalten und Zeilen die Größe verändern.

Um zu vermeiden, dass spätere Tabellen, Datenschnitte etc. ganz links beginnen, wollen wir über die Spalte **A** einen Abstand zum linken Seitenrand herstellen, indem wir die Spaltenbreite auf 1 einstellen. Dadurch können wir spätere Objekte auch besser ausrichten. Dies können Sie wieder über das **Kontextmenü** der Spalte **A** und den Befehl *Spaltenbreite...* oder mit dem Menü *Format* im Register *Start* | *Zellen* erledigen.

2.2 Überschrift erstellen

Unsere Titelzeile soll sich später in Zeile **3** befinden, weshalb wir diese farblich hervorheben wollen. Markieren Sie die gesamte Zeile 3, indem Sie mit der **rechten Maustaste** auf die **Zeilennummer** klicken und ändern Sie über das Symbol des Kontextmenüs die *Füllfarbe* zu *Akzent 3*.

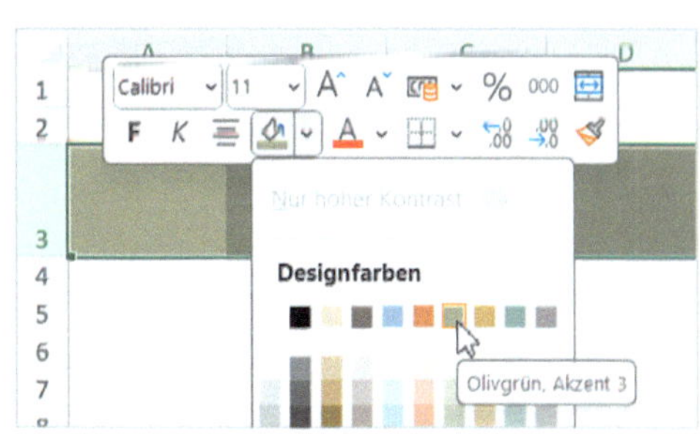

Kommen wir jetzt zur eigentlichen Überschrift bestehend aus einem Piktogramm und einem Textfeld.

Piktogramm einfügen und formatieren

Im Register *Einfügen* befindet sich die Gruppe *Illustrationen*, die Menüs und Befehle zum Einfügen von Objekten und Formen enthält.

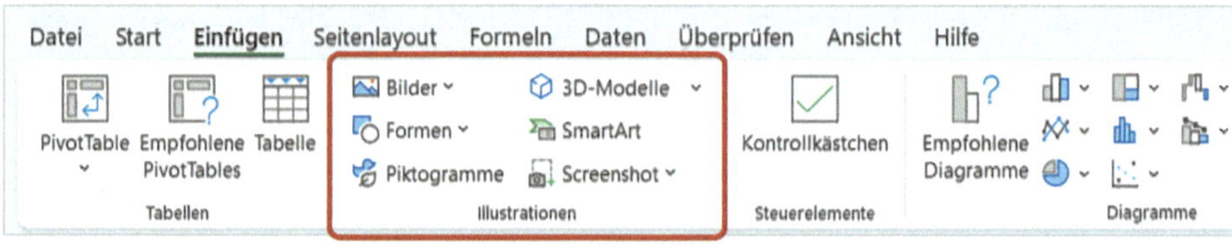

Darüber hinaus gibt es in der Registerkarte *Einfügen* und der Gruppe *Symbole* noch weitere Möglichkeiten, Objekte einzufügen. Über den Befehl *Symbol* können Symbole hinzugefügt werden, die nicht auf der Tastatur vorhanden sind. Mit dem Menü *Formel* lassen sich mathematische Ausdrücke und Formeln einfügen. Schauen Sie sich diese Möglichkeiten ruhig einmal genauer an.

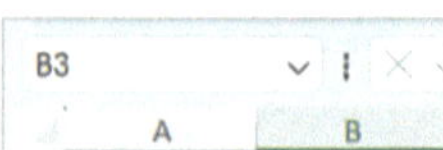

Damit sich das Piktogramm gleich an der richtigen Stelle befindet, klicken Sie **vor** dem Einfügen die Zelle **B3** an. Überprüfen Sie im Namenfeld der Bearbeitungsleiste, ob Sie sich an der richtigen Position befinden. Nun fügen wir über die Registerkarte *Einfügen* | *Illustrationen* mit dem Befehl *Piktogramme* das abgebildete Piktogramm ein. In Excel 365 geben Sie dazu einfach den Suchbegriff „Buch" ein, in Excel 2019 können Sie alternativ auch zuerst die Kategorie *Ausbildung* wählen.

In Excel 2019 werden diese kontextbezogenen Registerkarten zusätzlich unter der Bezeichnung ...*tools*, z. B. *Grafiktools* oder *Tabellentools* zusammengefasst.

Registerkarten zu Objekten und Tabellen
Sobald ein Objekt oder eine Tabelle eingefügt oder ein bestehendes Objekt angewählt wird, tauchen im Menüband eine oder mehrere kontextbezogene Registerkarten auf, mit deren Befehlen das Objekt formatiert werden kann, im Bild unten *Grafikformat*. Wenn Sie Formatierungen vornehmen wollen, schauen Sie daher zuerst in diese Registerkarte.

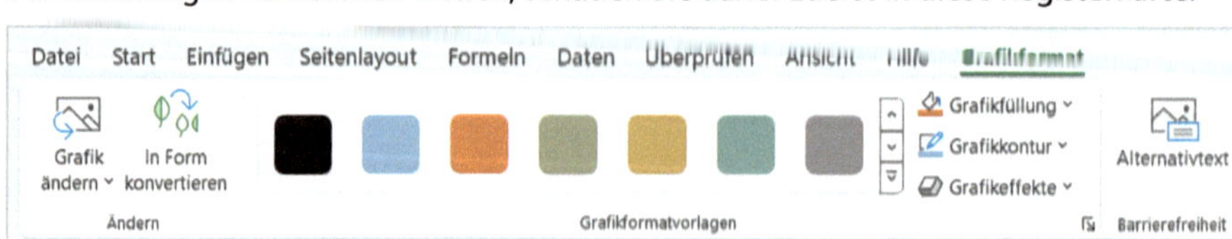

Legen wir mit Hilfe dieser neuen Registerkarte *Grafikformat* in der Gruppe *Grafikformatvorlagen* die *Grafikfüllung* des Piktogramms auf *Text 1* und in der Gruppe *Größe* die *Höhe* und *Breite* jeweils auf 1,5 cm fest.

Sicherlich ist Ihnen beim Ändern der Höhe aufgefallen, dass sich die Breite ebenfalls verändert hat. Dies liegt daran, dass das Seitenverhältnis des Objekts gesperrt ist. Diese und weitere Einstellungen finden Sie im Aufgabenbereich zum Objekt.

Der Aufgabenbereich Objekt formatieren

Weitere Formatierungen zu Objekten, die nicht in den kontextbezogenen Registerkarten enthalten sind, finden Sie in einem zusätzlichen Aufgabenbereich am rechten Bildschirmrand. Dieser kann im Register *Grafikformat* des Menübands mit Klick auf den kleinen Pfeil ⧅ der Gruppe *Größe* geöffnet werden. Alternativ wird der Aufgabenbereich auch über das Kontextmenü des jeweiligen Objekts und unter anderem mit dem Befehl *Größe und Eigenschaften...* geöffnet.

Solange dieser Bereich nicht mit dem Symbol *Schließen* (x) rechts oben geschlossen wird, zeigt er automatisch stets die Eigenschaften des ausgewählten Objekts an.

Sie können bei Bedarf die Breite des Bereichs anpassen. Wenn Sie den **Mauszeiger** an den linken Rand bewegen, erscheint ein Doppelpfeil, mit dem Sie den Bereich verkleinern oder vergrößern können.

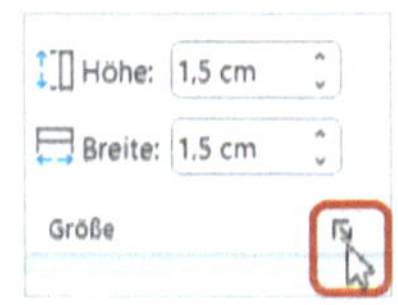

Textfeld hinzufügen

Im Register *Einfügen* befindet sich die Gruppe *Text*, mit deren Symbolen unter anderem Textfelder, Kopf- und Fußzeilen und Signaturzeilen eingefügt werden können.

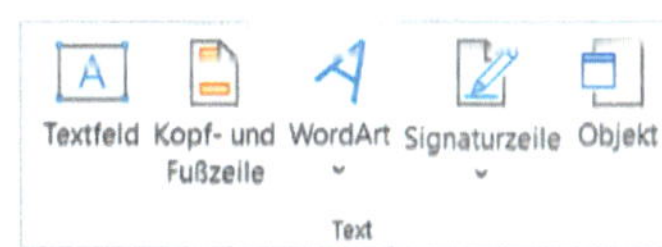

Bevor wir das benötigte Textfeld einfügen, aktivieren wir in der *Symbolleiste für den Schnellzugriff* noch den Befehl *Am Raster ausrichten*.

Wenn ein Symbol in der Symbolleiste für den Schnellzugriff aktiviert ist, ändert sich der Hintergrund der Schaltfläche. Daran erkennen Sie schnell, ob der Befehl aktiv oder inaktiv ist. Dies gilt aber nur für Einstellungen, die aktiviert und deaktiviert werden können.

Fügen wir nun ein Textfeld mit dem Befehl *Textfeld* ein. Wenn Sie auf den Befehl klicken und den Mauszeiger zurück in das Tabellenblatt bewegen, sehen Sie ein kleines Fadenkreuz, mit dem Sie das Textfeld erstellen können. Starten wir in der Zelle **C3** und ziehen mit gedrückter linker Maustaste ein Rechteck über die Zellen **C3** bis **I3** auf.

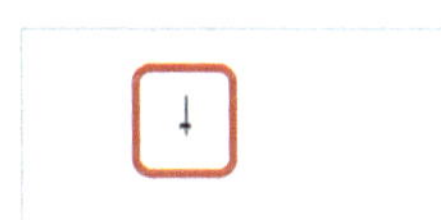

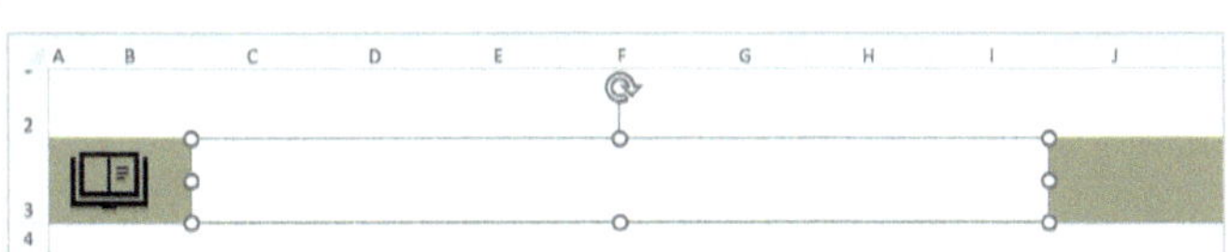

Wenn *Am Raster ausrichten* aktiviert ist, werden Sie beim „Aufziehen" feststellen, dass sich die Textfeldgröße automatisch an die Zellen anpasst und Sie so das Textfeld jeweils zellenweise vergrößern können.

Excel 2019: Zeichentools | Format

Nehmen Sie nun im Menüband, Register *Formformat*, Gruppe *Formenarten* folgende Einstellungen vor:

- *Fülleffekt: Keine Füllung* | *Formkontur: Keine Kontur*
- *Größe* | *Breite: 16 cm*

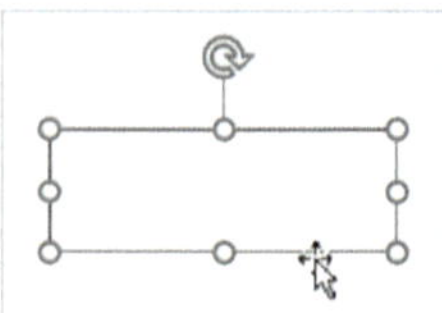

Ob ein Objekt ausgewählt ist, erkennen Sie am Rahmen um das Objekt. Eventuell erscheinen auch noch ein kreisförmiger Pfeil oberhalb oder vier Richtungspfeile am Objekt. Mit dem kreisförmigen Pfeil können Sie das Objekt drehen und mit den Richtungspfeilen verschieben.

Wechseln Sie zur Registerkarte *Start* und legen Sie in den Gruppen *Schriftart* und *Ausrichtung* noch folgende Einstellungen fest:

- *Schrift: Calibri Light (Überschriften)* | *28* | *fett* | *Schriftfarbe: Text 1*
- *Textausrichtung Vertikal: Zentriert ausrichten*

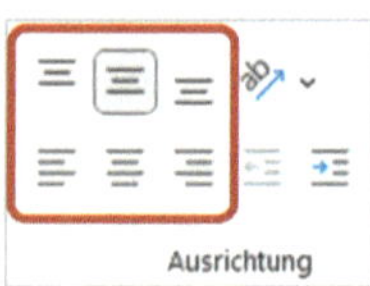

Im Register *Start* | *Ausrichtung* können Sie Text sowohl vertikal als auch horizontal ausrichten. Die oberen drei Symbole steuern die vertikale und die unteren Symbole die horizontale Ausrichtung.

Jetzt beschriften wir das Textfeld noch mit *Haushaltsjournal.* Abschließend markieren Sie beide Objekte, indem Sie zusätzlich zum bereits ausgewählten Textfeld mit gedrückter **Strg-Taste** das Piktogramm anklicken. Nun sollten beide Objekte markiert sein.

Mehrfachauswahl
In manchen Fällen ist es sinnvoll und möglich, Einstellungen gleichzeitig für mehrere Objekte vorzunehmen. Hierzu müssen die Objekte alle zusammen markiert werden. Dies erreichen Sie, indem Sie mit gedrückter **Strg-Taste** die Objekte nacheinander anklicken.

Wollen Sie eine Vielzahl von Objekten markieren, bietet sich der Befehl *Objekte auswählen* in der Registerkarte *Start* | *Bearbeiten* unter dem Menü *Suchen und Auswählen* an. Einfach aktivieren und ein Rechteck mit gedrückter linker Maustaste um alle gewünschten Objekte ziehen. Allerdings muss der Befehl nach dem Markieren wieder deaktiviert werden, da ansonsten das Markieren von Zellen und somit die weitere Bearbeitung nicht mehr möglich ist.

Im Aufgabenbereich *Objekt formatieren* am rechten Bildschirmrand navigieren wir zu *Formoptionen* ❶ | *Größe und Eigenschaften* ❷ und wählen unter *Eigenschaften* die Einstellung *Von Zellposition und -größe unabhängig* ❸. Stellen Sie unbedingt sicher, dass sowohl das Piktogramm als auch das Textfeld markiert sind, bevor Sie die Einstellung vornehmen.

Die Einstellung *Von Zellposition und -größe unabhängig* wollen wir immer dann verwenden, wenn die Objekte genau an der platzierten Stelle verbleiben und auch in ihrer Größe nicht verändert werden sollen. Unabhängig davon, ob die Zeilenhöhe oder Spaltenbreite verändert oder neue Zeilen/Spalten eingefügt werden.

Probieren Sie es ruhig aus und belassen Sie die Einstellung auf *Von Zellposition und -größe abhängig*. Verkleinern Sie nun die Zeilenhöhe von Zeile 3 soweit, dass sie kleiner als das Piktogramm ist *(Zeilenhöhe < 35)* und beobachten Sie, was passiert.

Machen Sie Ihre Änderung an der Zeilenhöhe mit dem Befehl *Rückgängig* aus der Symbolleiste für den Schnellzugriff oder mit **Strg**+**Z** wieder rückgängig, markieren wieder beide Objekte und wählen die Einstellung *Von Zellposition und -größe unabhängig* wie oben beschrieben.

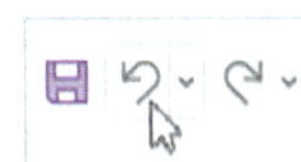

2.3 Tabellenblätter anlegen und Überschriften anpassen

Für unser Haushaltsbuch wollen wir nun fünf Tabellenblätter wie folgt anlegen:

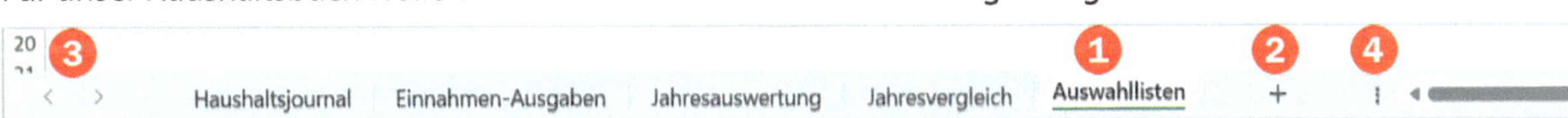

Tabellenblätter
Am unteren Rand des Excel-Fensters befindet sich der Navigationsbereich mit den Navigationsschaltflächen und den Blattregisterkarten. Das aktuelle Tabellenblatt ist hervorgehoben ❶. Rechts von den Tabellenblättern können über das Plussymbol ❷ weitere Blätter eingefügt werden.

Im **Kontextmenü** finden Sie Befehle, mit denen Sie das Blatt schützen, umbenennen, kopieren, Farbe ändern, ausblenden oder löschen können. Sie können ein Blatt auch verschieben, indem Sie es mit gedrückter linker Maustaste an die gewünschte Position ziehen.

Mit den kleinen Pfeilen links von den Blattregisterkarten ❸ können Sie zum ersten oder letzten Blatt scrollen (**linke Maustaste**) oder sich alle Blätter anzeigen lassen (**rechte Maustaste**). Mit den drei Punkten ❹ können Sie die horizontale Scroll-Leiste verkleinern oder vergrößern, indem Sie mit gedrückter linker Maustaste nach links oder rechts ziehen.

Nachdem wir mit dem *Speichern*-Symbol in der Symbolleiste für den Schnellzugriff zwischengespeichert haben, kopieren wir das Tabellenblatt viermal. Dazu klicken wir im **Kontextmenü** des Tabellenblatts *Tabelle1* auf den Befehl *Verschieben oder kopieren...*, wählen im nachfolgenden Fenster *(ans Ende stellen)* ❶ und *Kopie erstellen* ❷ (Wichtig!) und bestätigen mit *OK*. Dies wiederholen wir noch dreimal, bis wir insgesamt fünf Tabellenblätter haben.

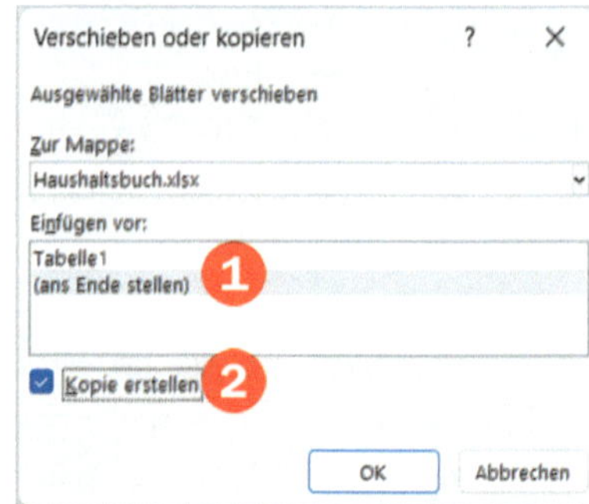

Anschließend benennen wir die Tabellenblätter noch um in *„Haushaltsjournal"*, *„Einnahmen-Ausgaben"*, *„Jahresauswertung"*, *„Jahresvergleich"* und *„Auswahllisten"*, indem wir entweder im **Kontextmenü** den Befehl *Umbenennen* wählen oder auf den Blattnamen **doppelklicken**, den bestehenden Namen überschreiben und mit der **Eingabetaste** bestätigen.

> Alternativ finden Sie die Befehle zu Tabellenblättern auch in der Registerkarte *Start* | *Zellen* im Menü *Format*.

Nun brauchen wir nur noch die Piktogramme und die Titelzeilen der einzelnen Blätter ändern. Dazu navigieren wir nacheinander in die einzelnen Tabellenblätter und nehmen folgende Änderungen an den Piktogrammen und Texten vor. Gerne können Sie stattdessen auch Ihre eigenen Piktogramme verwenden, ganz nach Belieben.

Blatt/Textfeld	**Piktogramm**	**Kategorie/Suchbegriff**
Einnahmen-Ausgaben		Handel
Jahresauswertung		Analyse
Jahresvergleich		Analyse
Auswahllisten		Benutzeroberfläche

Zum Ändern gehen Sie wie folgt vor:

1. Piktogramm markieren, **Kontextmenü** des Piktogramms öffnen und im Untermenü des Befehls *Grafik ändern* auf *Aus Piktogrammen...* klicken.
2. Entsprechendes Piktogramm auswählen, einfügen und im Register *Grafikformat* | *Grafikformatvorlagen* | *Grafikfüllung* oder im **Kontextmenü** des Piktogramms die Grafikfüllung auf *Text 1* einstellen.

   Excel 2019: *Grafiktools* | *Format*
3. Doppelklick auf den Inhalt des Textfeldes und Text entsprechend des Tabellenblattnamens überschreiben.

2.4 Navigationsleiste erstellen

Jetzt brauchen wir nur noch unsere Navigationsleiste erstellen. Dies erledigen wir im Blatt *Haushaltsjournal.*

Um die Anordnung der einzelnen Schaltflächen zu vereinfachen, sollten zunächst die Spalten **B** bis **F** einheitlich eine *Breite* von *29* erhalten. Hierzu mit der Maus den Cursor über die Spaltenüberschrift **B** bewegen, bis ein kleiner, nach unten weisender schwarzer Pfeil erscheint, dann mit gedrückter linker Maustaste nach rechts bis zur Spalte **F** bewegen und die Maustaste loslassen. Nun mit der **rechten Maustaste** das **Kontextmenü** öffnen, Befehl *Spaltenbreite...* wählen und Breite 29 eingeben.

Die hier vorgeschlagenen Größeneinstellungen beziehen sich auf meine Bildschirmauflösung. Zudem hängt die Größe auch von der gewählten Schriftart ab.

Die Spaltenbreite wurde so gewählt, dass sie die Breite der Schaltfläche und zusätzlich einen Abstand zur nächsten Schaltfläche enthält. Gerne können Sie auch individuelle Größeneinstellungen verwenden und so das Aussehen der Navigationsleiste Ihren Vorstellungen entsprechend gestalten. Wie Sie dies am einfachsten bewerkstelligen, erfahren Sie, nachdem wir die erste Schaltfläche erstellt haben.

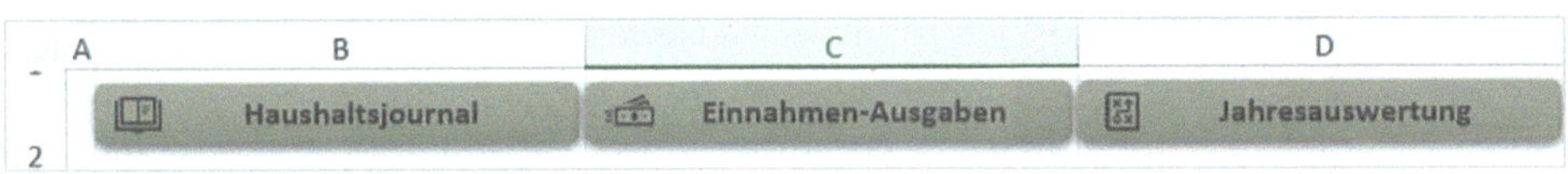

Schaltfläche gestalten

Fügen wir für die erste Schaltfläche eine Form ein, nämlich ein *Rechteck: abgerundete Ecken* aus der Registerkarte *Einfügen* | *Illustrationen* unter dem Menü *Formen*.

Überprüfen Sie, ob *Am Raster ausrichten* in der Symbolleiste für den Schnellzugriff noch aktiviert ist und beginnen Sie in Zelle **B2**. Das Rechteck wird beim „Aufziehen" mit gedrückter linker Maustaste automatisch so groß wie die Zelle **B2**.

Machen Sie sich ruhig mit der Funktion *Am Raster ausrichten* bei der Erstellung von Formen vertraut und testen Sie diese, indem Sie eine beliebige Form auswählen und mit gedrückter linker Maustaste erstellen. Sie werden bemerken, dass sich die Form immer an der nächsten Zelle ausrichtet.

Deaktivieren Sie probeweise die Funktion *Am Raster ausrichten* und fügen Sie erneut eine Form ein. Bemerken Sie den Unterschied?

Excel 2019: *Zeichentools | Format*

Im Register *Formformat* befinden sich unter anderem die Gruppen *Formenarten* und *Größe*.

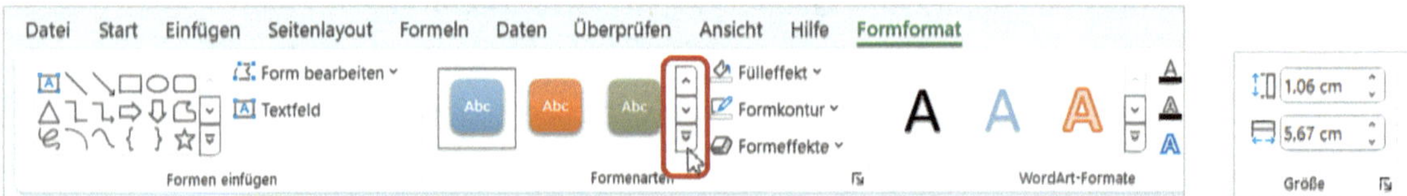

Markieren Sie das Rechteck und wählen Sie im Register *Formformat* | *Formenarten* die Designformatvorlage *Intensiver Effekt, Akzent 1* aus. Um alle Formatvorlagen anzuzeigen, bedienen Sie sich des kleinen Pfeils ▿ am rechten Rand.

> Natürlich können Sie auch eine andere oder keine Formatvorlage anwenden. Ganz wie es Ihnen gefällt. Sollten Sie allerdings keine Designformatvorlage wählen, wirken sich spätere Änderungen an den Effekten nicht auf das Rechteck aus.
>
> Da wir die Schaltfläche kopieren, sollte die Entscheidung hier getroffen werden. Eine spätere Änderung wäre etwas aufwendiger, da dann alle Schaltflächen einzeln geändert werden müssten.

Im Register *Formformat* | *Größe* stellen Sie die Höhe auf 0,7 cm und die Breite auf 5,6 cm ein. Wechseln Sie zur Registerkarte *Start* und nehmen Sie in den Gruppen *Schriftart* und *Ausrichtung* noch folgende Formatierungen vor, bevor Sie das Rechteck mit *„Haushaltsjournal"* beschriften:

- *Schriftgrad:* 11, fett | *Schriftfarbe:* Text 1
- *Textausrichtung:* vertikal und horizontal zentriert

> Wenn Sie ein Objekt, wie z. B. das eben eingefügte Rechteck, beschriften wollen, können Sie dies nicht direkt über die Bearbeitungsleiste tun. Sie müssen hierzu in das Objekt klicken und dort den Text eingeben.

> Sie können Inhalte, Objekte, Zellen etc. schnell bearbeiten, wenn Sie das **Kontextmenü** (**Rechtsklick**) öffnen, da darin die meisten benötigten Befehle enthalten sind. So sparen Sie sich den Umweg über die Registerkarten im Menüband.

Sollte der Bereich *Form formatieren* am rechten Rand nicht mehr geöffnet sein, öffnen wir diesen wieder über das **Kontextmenü** des Rechtecks und den Befehl *Form formatieren...*.

Unter *Formoptionen* ❶ | *Größe und Eigenschaften* ❷ | *Textfeld* stellen wir den *linken Rand* auf 0,6 cm und den *rechten Rand* auf 0 cm ein ❸.

Jetzt können wir das Piktogramm aus der Titelzeile markieren, *kopieren* (**Strg+C**) und, nachdem wir das Rechteck markiert haben, *einfügen* (**Strg+V**) und die Größe in der Registerkarte *Grafikformat* | *Größe* oder im Aufgabenbereich im Menü *Größe* auf die Höhe und Breite von 0,6 cm einstellen.

Alternativ können Sie die Befehle *Einfügen, Ausschneiden* oder *Kopieren* auch im Register *Start* | *Zwischenablage* verwenden.

Damit wir das Piktogramm etwas eingerückt vom linken Rand des Rechtecks platzieren können, müssen wir zunächst in der Symbolleiste für den Schnellzugriff die Funktion *Am Raster ausrichten* deaktivieren und es dann etwas nach rechts verschieben.

Da wir das Objekt nur geringfügig verschieben wollen, sollten Sie es nur mit den **Pfeiltasten** bewegen. Seien Sie hier sparsam mit dem Verschieben, denn wenn sich das Piktogramm zu weit in der Mitte befindet, werden Sie längere Texte nicht mehr in der Schaltfläche unterbringen.

Alternativ können Sie auch mit dem Mauszeiger über das Objekt fahren, bis ein Pfeilkreuz erscheint oder das Pfeilkreuz unter dem markierten Objekt verwenden und dieses mit gedrückter linker Maustaste verschieben.

Drag & Drop
Sie können ein Objekt mit gedrückter linker Maustaste auf der Arbeitsfläche verschieben („*drag*") und am gewünschten Ort wieder loslassen („*drop*"). In Excel lässt sich diese Drag & Drop-Technik auch sehr gut dazu nutzen, um Zellen samt Inhalt an eine andere Stelle im Tabellenblatt zu verschieben. Beachten Sie aber, dass Sie den Mauszeiger so an am Rand der markierten Zellen positionieren, dass vier Richtungspfeile erscheinen. Erst dann können Sie die Zellen verschieben.

Nachdem die horizontale Ausrichtung passt, markieren wir beide Objekte mit Hilfe der gedrückten **Strg-Taste** und der linken Maustaste.

Die Beschriftungen der Registerkarten unterscheiden sich je nach Excel-Version geringfügig.

Ältere Versionen verwenden zusätzlich die Bezeichnungen *Grafiktools* bzw. *Zeichentools*.

Wenn Sie mehrere unterschiedliche Objekttypen markiert haben, dann erscheint im Menüband für jeden Objekttyp eine eigene, entsprechend beschriftete Registerkarte. Wenn Sie Formatierungen vornehmen wollen, die nur einen Objekttyp betreffen, dann achten Sie darauf, dass Sie sich in der richtigen Registerkarte befinden.

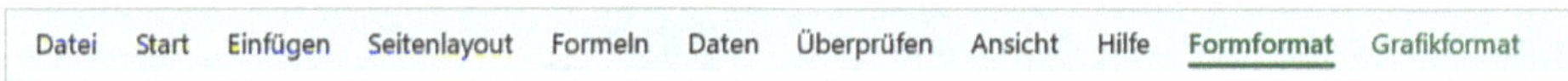

Schaltflächenobjekte ausrichten und gruppieren

Im Register *Grafikformat* befinden sich unter anderem auch die Gruppen *Anordnen* und *Größe*.

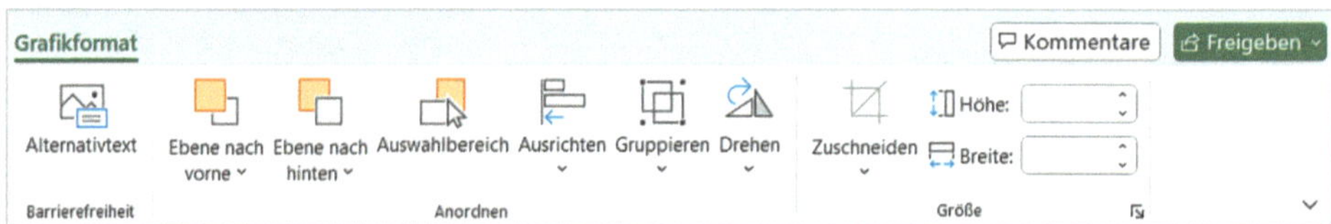

Ausrichtung und Anordnung
In der Gruppe *Anordnen* stehen Ihnen eine Vielzahl an Befehlen zur Verfügung, die die Anordnung und das Ausrichten von Objekten in Excel erheblich vereinfachen.

So können Sie beispielsweise mit den Befehlen aus dem Menü *Ausrichten* mehrere markierte Objekte oben ausrichten und gleichzeitig horizontal verteilen. Damit werden alle auf einer Linie ausgerichtet und erhalten zudem denselben Abstand zueinander. Das Verteilen der Objekte erfordert allerdings mindestens drei Objekte. Einige der Befehle werden wir im weiteren Verlauf noch benötigen und kennenlernen.

Mit den Menüs *Ebene nach vorne* oder *Ebene nach hinten* bestimmen Sie bei überlappenden Objekten unter anderem, welches sichtbar oder verdeckt sein soll.

Schauen Sie sich gerne auch die Menüs *Drehen* und *Zuschneiden*, insbesondere deren Hilfetexte und Vorschau beim Verweilen mit dem Mauszeiger auf den Befehlen in Ruhe an. Die Befehle zum Gruppieren werden wir später noch kennenlernen.

Sie können übrigens auch mit der **Tab-Taste** die Objekte wechseln.

Dialogfenster Auswahlbereich
Sehr hilfreich ist auch der Befehl *Auswahlbereich*, der ein Fenster am rechten Bildschirmrand öffnet, in dem alle Objekte aus dem Tabellenblatt aufgelistet sind. Auf dieses nützliche Fenster werden wir noch des Öfteren zu sprechen kommen.

Die Objekte können in der Liste umbenannt (**Doppelklick** auf den Namen), außerdem einzeln oder mit Hilfe der **Strg-Taste** zusammen markiert und dann wunschgemäß bearbeitet werden. Auch das Ausblenden einzelner Objekte ist möglich.

Nutzen Sie nun die Funktion *Vertikal zentrieren* aus der Registerkarte *Grafikformat* | *Anordnen* und dem Menü *Ausrichten*.

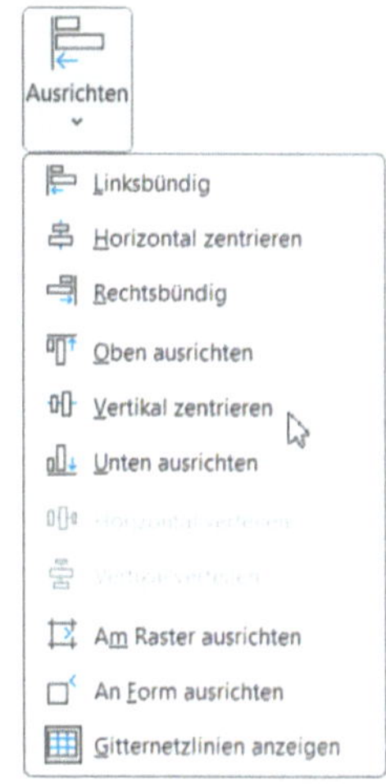

Ihre eigenen Größeneinstellungen anwenden:
Erstellen Sie wie oben ausgeführt zunächst das Rechteck in der Zelle **B2** und beschriften es mit *„Haushaltsjournal"* in der gewünschten Schriftgröße.

Ändern Sie jetzt die Spaltenbreite entsprechend Ihren Vorstellungen ab. Da als Standardeinstellung *Von Zellposition und -größe abhängig* festgelegt ist, sollte sich das Rechteck entsprechend der Spaltenbreite ändern. Berücksichtigen Sie auch, ob Sie einen Abstand zwischen den Schaltflächen wollen, da die eigentliche Schaltfläche dann etwas kleiner als die Spaltenbreite sein sollte (Einstellung im Register *Formformat* | *Größe*).

Auf diese Weise können Sie auch mit der Zeilenhöhe der Zeile **2** verfahren. Auch hier sollten Sie den gewünschten Abstand zur Titelzeile berücksichtigen. Beachten Sie zudem, dass eventuell andere Designschriftarten etwas größer sind und mehr Platz benötigen.

Fügen Sie jetzt das Piktogramm aus der Titelzeile wie oben beschrieben ein und passen Sie auch dessen Größe und Position Ihren Wünschen entsprechend an. Fertig ist Ihre individuelle Schaltfläche.

Wichtig ist jetzt nur noch, dass Sie auch die Spaltenbreiten der übrigen Spalten **C-F** an die gewählte Spaltenbreite von Spalte **B** anpassen müssen.

Bevor Sie weitermachen, öffnen Sie doch einmal den Auswahlbereich zu den Objekten mit dem Befehl *Auswahlbereich* aus dem Register *Grafikformat* (oder *Formformat*) | *Anordnen* und wählen das Piktogramm sowie das Rechteck mit Hilfe der gedrückten **Strg-Taste** aus.

Objekte gruppieren
Jetzt können Sie die beiden markierten Objekte (Piktogramm und Rechteck) mit dem Befehl *Gruppieren* aus der Registerkarte *Grafikformat* | *Anordnen* gruppieren. Die Gruppierung wird anschließend auch im Auswahlbereich angezeigt.

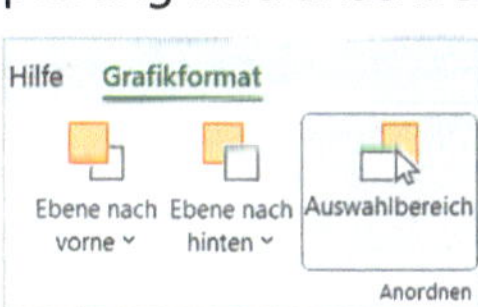

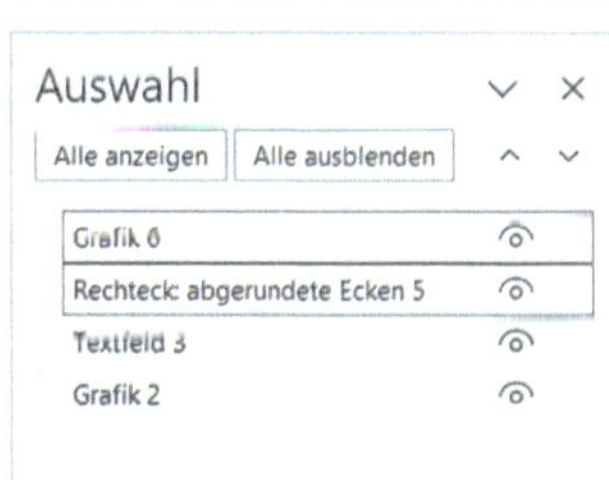

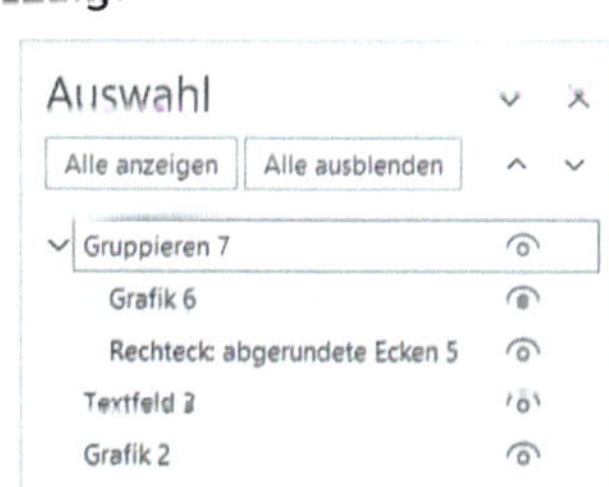

Gruppierung

Um zusammengehörige Objekte nicht jedes Mal einzeln anwählen zu müssen, wenn man sie beispielsweise verschieben oder kopieren möchte, gibt es die Möglichkeit, diese zu gruppieren, also zu einem Objekt zusammenzufassen.

Die Gruppierung kann mit dem Befehl *Gruppierung aufheben* im Register *Format | Anordnen* des gruppierten Objekts auch wieder aufgehoben werden.

Wenn Sie mehrere Objekte in einem Tabellenblatt verwenden, kann es sinnvoll sein, diese aussagekräftig zu benennen. So können Sie bei Bedarf die einzelnen Objekte im *Auswahlbereich* schnell finden und markieren.

Sie können den Auswahlbereich jederzeit wieder schließen, indem Sie nochmals auf den Befehl *Auswahlbereich* oder auf das Schließen-Symbol (x) in der oberen rechten Ecke des Auswahlbereichs klicken.

Abschließend wollen wir noch im Aufgabenbereich *Grafik formatieren* am rechten Rand unter *Formoptionen* | *Größe und Eigenschaften* unter *Eigenschaften* die Option *Von Zellposition und -größe unabhängig* festlegen. So in etwa sollte nun die fertige Schaltfläche aussehen:

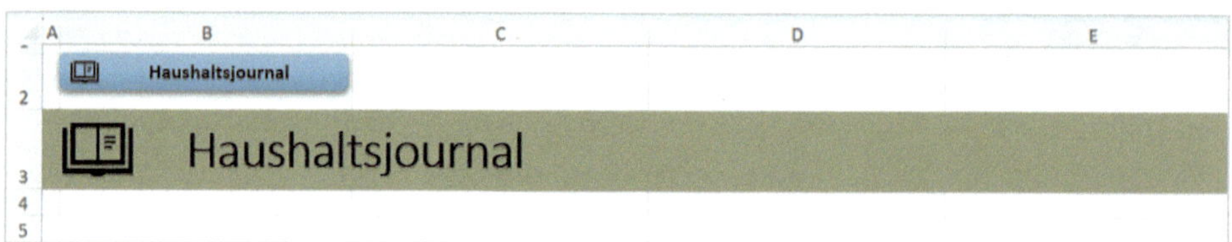

Schaltflächen kopieren

Nun markieren (es muss ein weißer durchgehender Rahmen sichtbar sein) und kopieren wir die Schaltfläche und fügen sie viermal ein. Hierzu das gruppierte Objekt mittels **Kontextmenü** *kopieren*. Dann Zelle **C2** anklicken und *einfügen* (**Rechtsklick** und unter *Einfügeoptionen* auf *Zieldesign verwenden* klicken).

Dies wiederholen wir in den Zellen **D2** bis **F2**. Sie müssen das Objekt nicht jedes Mal neu kopieren, sondern können es, nachdem Sie es einmal kopiert haben, nacheinander in die jeweilige Zelle einfügen.

Wenn Sie den Befehl *Kopieren* ausführen, wird das Objekt, der Text usw. in der Zwischenablage gespeichert. Sie können sich den Inhalt der Zwischenablage anzeigen lassen, indem Sie im Register *Start* | *Zwischenablage* auf den kleinen Pfeil in der unteren rechten Ecke der Gruppe klicken und bei Bedarf die Objekte aus der Liste einfügen.

Probieren Sie das Ganze doch einmal mit den **Tastaturkürzeln** (Shortcuts, s. Seite 30) aus. Markieren Sie dazu einfach eine Schaltfläche und drücken Sie bei gedrückter **Strg**-Taste den Buchstaben **C**. Damit wurde der Befehl *Kopieren* ausgeführt.

Wechseln Sie zur Zielzelle und fügen Sie die Schaltfläche mit den Tasten **Strg** und **V** ein. Tastenkürzel werden üblicherweise wie folgt dargestellt. *Kopieren*: **Strg+C**, *Einfügen*: **Strg+V**, *Ausschneiden*: **Strg+X**.

Schaltflächentexte und Piktogramme anpassen

Jetzt müssen wir nur noch die Beschriftungen und die Piktogramme der kopierten Schaltflächen anpassen. Zunächst ändern wir den Text entsprechend der Reihenfolge der Tabellenblätter:

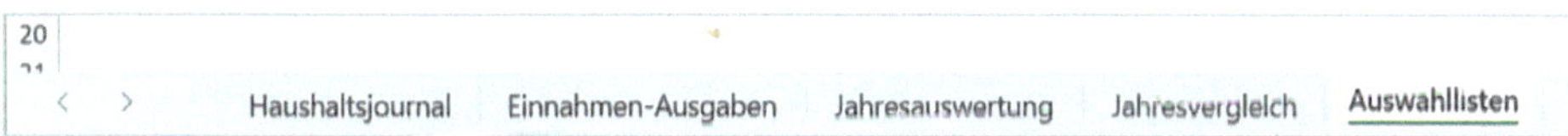

Dann wählen wir, wie oben beschrieben, das jeweilige Piktogramm aus (es muss ein Pfeilkreuz unter dem Piktogramm erscheinen).

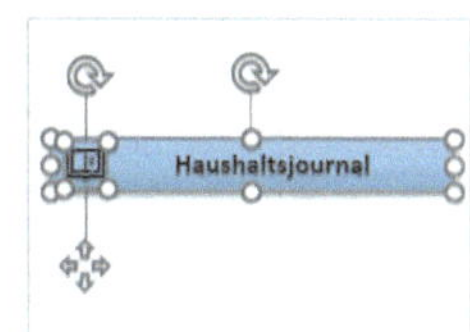

Wenn Sie Objekte gruppiert haben, können Sie nach wie vor die einzelnen Objekte markieren. Hierzu müssen Sie zunächst auf das gruppierte Objekt klicken, um dieses auszuwählen und dann nochmal auf das einzelne Objekt.

Nun ändern Sie das jeweilige Piktogramm entsprechend der Beschriftung der Schaltflächen ab (siehe Seite 36). Hierzu bedienen Sie sich einfach wieder des **Kontextmenüs** des Piktogramms (Untermenü *Grafik ändern*, Befehl *Aus Piktogrammen*). Im Kontextmenü können Sie auch als Füllung *Text 1* auswählen, falls notwendig.

Alternativ können Sie auch wieder das Auswahlfenster im einem der *Format*-Register | *Anordnen* mit dem Befehl *Auswahlbereich* öffnen, die Objekte dort auswählen und sodann bearbeiten. Damit eines der *Format*-Register erscheint, muss allerdings ein beliebiges Objekt markiert werden.

Links zu den Tabellenblättern erstellen

Abschließend gilt es noch, die entsprechenden Links zu den Tabellenblättern auf die Schaltflächen zu legen. Denn schließlich wollen wir auch über unsere selbst gebauten Schaltflächen direkt zu den einzelnen Tabellenblätter navigieren können.

Hierzu öffnen Sie das **Kontextmenü** des ersten gruppierten Objekts (Schaltfläche *Haushaltsjournal*). Klicken Sie dazu entweder in den Freiraum zwischen Piktogramm und Text oder auf den Rand der Schaltfläche (vor dem Anklicken sollte ein Pfeilkreuz sichtbar sein) und danach sollte ein weißer durchgehender Rahmen um das gesamte Objekt erscheinen, wie im Bild unten. Anschließend wählen Sie aus dem Kontextmenü den Befehl *Link* aus.

> Alternativ kann das Dialogfenster *Link einfügen* auch über die Registerkarte *Einfügen* | *Links* mit dem Befehl *Link* geöffnet werden.

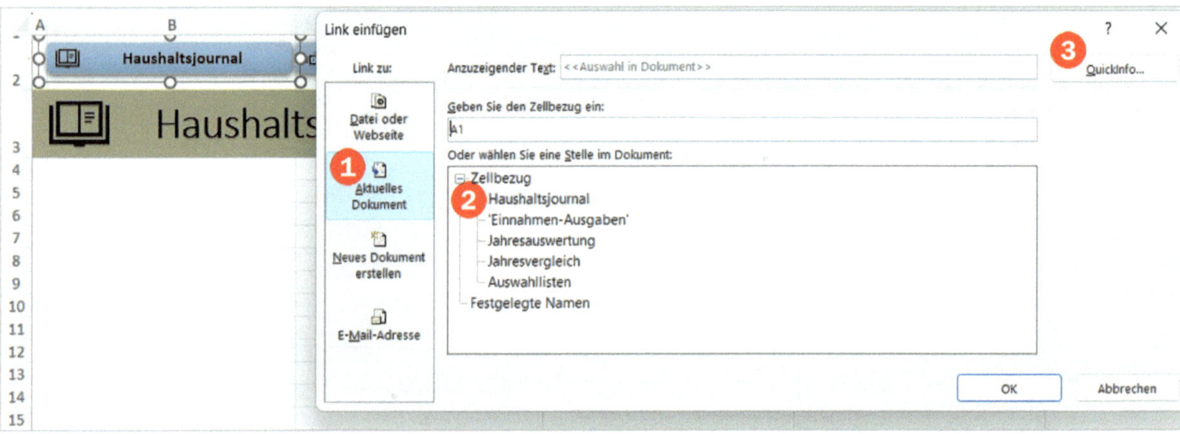

Hier wählen wir bei *Link zu: Aktuelles Dokument* ❶, daneben das jeweilige Tabellenblatt ❷ und im Feld *Geben Sie den Zellbezug ein:* die Zelle **A1**. Fleißige Leser können auch noch die *Quickinfo* ❸ anpassen. Gemeint ist damit der Text, der erscheint, sobald der Mauszeiger für kurze Zeit unbewegt über der Schaltfläche verweilt.

Auf diesem Weg weisen wir jeder Schaltfläche, mit Ausnahme der Schaltfläche *Einnahmen-Ausgaben*, das dazugehörige Tabellenblatt mit der Zelle **A1** zu und erstellen so die Links für die Schaltflächen. Für die Schaltfläche *Einnahmen-Ausgaben* geben Sie allerdings abweichend als Zellbezug die Zelle **B7** an.

> Wenn Sie einem Objekt einen Link zugewiesen haben, können Sie es nicht mehr wie gewohnt mit der linken Maustaste markieren, da ja beim Klicken der Link ausgeführt wird. Um das Objekt jetzt zu markieren, müssen Sie entweder beim Klicken zusätzlich die **Strg-Taste** gedrückt halten, oder mit der **rechten Maustaste** das Objekt anklicken oder vorher den Befehl *Objekte auswählen* (in der Symbolleiste für den Schnellzugriff oder im Register *Start* | *Suchen und auswählen*) aktivieren.

Navigationsleiste in alle Tabellenblätter kopieren

Fast geschafft. Jetzt brauchen wir noch die komplette Navigationsleiste in die einzelnen Tabellenblätter kopieren. Hierzu wollen wir aus allen Schaltflächen erst einmal ein Objekt bilden. Dazu können wir einfach in der Symbolleiste für den Schnellzugriff das Symbol *Objekte auswählen* aktivieren und mit gedrückter linker Maustaste ein Rechteck um alle Schaltflächen aufziehen, sodass alle markiert sind.

> Wenn Sie in einem Tabellenblatt ein Objekt markieren und dann die Tastenkombination **Strg+A** drücken, werden alle Objekte markiert und können nun gegebenenfalls gruppiert oder auch Einstellungen an allen Objekten vorgenommen werden.

> Wenn Sie den Befehl *Objekte auswählen* aktiviert haben, dann sollten Sie diesen, nachdem die gewünschten Objekte markiert wurden, auch wieder deaktivieren. Andernfalls können Sie Zellen nicht mehr markieren bzw. den Cursor in einer Zelle platzieren und weiterarbeiten, da Excel ja versucht, Objekte zu markieren.

Anschließend die markierten Objekte mit dem Befehl *Gruppieren* aus der Registerkarte *Formformat* oder *Grafikformat* | *Anordnen* gruppieren. Zudem stellen wir die *Eigenschaft* des gruppierten Objekts im Aufgabenbereich *Objekt formatieren* am rechten Rand auf *Von Zellposition und -größe unabhängig* ein.

Sollte der Aufgabenbereich nicht mehr geöffnet sein, einfach auf den kleinen Pfeil im Register *Formformat* oder *Grafikformat* | *Größe* klicken und unter *Formoption* | *Größe und Eigenschaften* im Untermenü *Eigenschaften* die Einstellung wählen.

Mit Hilfe des **Kontextmenüs** oder dem Shortcut **Strg+C** kopieren wir die Navigationsleiste und fügen diese mit Hilfe des Kontextmenüs oder des Shortcuts **Strg+V** in den jeweiligen Tabellenblättern in Zelle **B2** ein.

Gratulation, fertig sind unsere Blätter mit Titelzeile und Navigationsleiste!

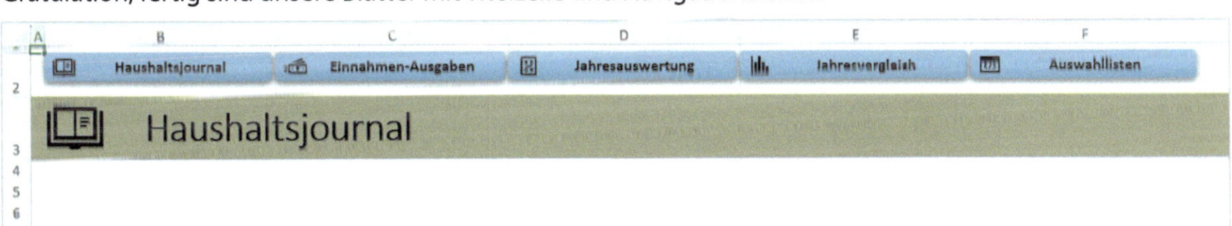

> Sollten Sie Änderungen an der Navigationsleiste vornehmen wollen, rate ich Ihnen, die Navigationsleiste im Tabellenblatt *Haushaltsjournal* zu ändern, danach die Navigationsleiste in allen anderen Blättern zu löschen und dann die geänderte Navigationsleiste jeweils wieder einzufügen.

3 Das Tabellenblatt Auswahllisten

Einleitung und Vorbereitung

Bevor es nun an die Erstellung und Dateneingabe im Haushaltsjournal geht, wollen wir noch unsere Auswahllisten für das Haushaltsjournal erstellen. Bei den Spalten *Kategorie* und *Konto* möchten wir die Möglichkeit haben, bei der Eingabe Daten aus einer Liste zu übernehmen bzw. nur vorgegebene Daten zuzulassen. Zudem wollen wir unseren Kategorien auch gleich noch eine Kostenart zuweisen, um diese nicht jedes Mal neu bestimmen zu müssen. Dies hat zum einen den Vorteil, dass die Eingabe schneller erfolgen kann und zum anderen wird verhindert, dass sich Daten im Feld befinden, die nicht sinnvoll sind oder Tippfehler enthalten.

Wir werden daher in unserem Haushaltsjournal für die Spalten *Kategorie* und *Konto* jeweils eine Auswahlliste erstellen, aus der die Daten übernommen werden können.

Wechseln Sie also zu unserem Tabellenblatt *Auswahllisten*.

3.1 Die Auswahlliste Kategorie und Kostenart

Daten eingeben

Text in Excel eingeben
Wenn Sie Text in eine Zelle eingeben wollen, können Sie dies auf zwei Wegen bewerkstelligen. Sie können die Daten entweder direkt in die Zelle eingeben oder in die Bearbeitungsleiste. Die Standardausrichtung von Text ist linksbündig. Sie können in den Zellen mit der **Tab-Taste** (eine Spalte nach rechts), **Eingabetaste** (eine Zeile nach unten) oder mit den **Pfeiltasten** navigieren.

Starten wir mit der Tabelle für die Kategorien und Kostenarten, indem wir im Tabellenblatt *Auswahllisten* in Zelle **B5** mit der Eingabe beginnen.

Spalte B	Spalte C
Kategorie	**Kostenart**
Abhebung	var. Kosten
Abos	var. Kosten
Altersvorsorge	Fixkosten

Spalte B	Spalte C
Bars & Restaurants	var. Kosten
Bau & Reparatur	var. Kosten
Essen & Lebensmittel	Fixkosten
Familie & Freunde	var. Kosten
Freizeit & Unterhaltung	var. Kosten
Gehalt	Einnahmen
Geldnebenkosten	Fixkosten
Gesundheit & Drogerie	var. Kosten
Gewinnspiele	var. Kosten
Haushalt & Nebenkosten	Fixkosten
Kapitalerträge	Einnahmen
Medien & Elektronik	Fixkosten
Reisen & Urlaub	var. Kosten
Shopping	var. Kosten
Sonstiges	var. Kosten
Sparen & Investieren	var. Kosten
Spenden	var. Kosten
Steuern & Abgaben	Fixkosten
Transport & Auto	var. Kosten
Verkaufserlöse	Einnahmen
Versicherungen	Fixkosten

B5 | fx | Kategorie

	A	B	C	D
4				
5		Kategorie	Kostenart	
6		Abhebung	var. Kosten	
7		Abos	var. Kosten	
8		Altersvorsorge	Fixkosten	
9		Bars & Restaurants	var. Kosten	
10		Bau & Reparatur	var. Kosten	
11		Essen & Lebensmittel	Fixkosten	
12		Familie & Freunde	var. Kosten	
13		Freizeit & Unterhaltung	var. Kosten	
14		Gehalt	Einnahmen	
15		Geldnebenkosten	Fixkosten	
16		Gesundheit & Drogerie	var. Kosten	
17		Gewinnspiele	var. Kosten	
18		Haushalt & Nebenkosten	Fixkosten	
19		Kapitalerträge	Einnahmen	
20		Medien & Elektronik	Fixkosten	
21		Reisen & Urlaub	var. Kosten	
22		Shopping	var. Kosten	
23		Sonstiges	var. Kosten	
24		Sparen & Investieren	var. Kosten	
25		Spenden	var. Kosten	
26		Steuern & Abgaben	Fixkosten	
27		Transport & Auto	var. Kosten	
28		Verkaufserlöse	Einnahmen	
29		Versicherungen	Fixkosten	
30				

Die angeführten Kategorien und Kostenarten sind natürlich nur Vorschläge. Verwenden Sie gerne Ihre gewünschte Aufteilung und Einordnung.

Markieren Sie die beiden Spalten **B** und **C** und passen Sie mit einem **Doppelklick** auf die Trennlinie zwischen den Spalten die Spaltenbreite automatisch an den Spalteninhalt an.

Listen als Tabelle formatieren

Excel - Tabellen
Wenn Sie Daten in ein Tabellenblatt eintragen, haben Sie zwar eine Tabelle, bestehend aus Spalten und Zeilen, vor sich. Allerdings handelt es sich streng genommen noch nicht um eine Excel-Tabelle.

Durch das Erstellen einer „intelligenten" Tabelle wird ein bestimmter Zellbereich als dynamischer Tabellenbereich definiert. Das bedeutet, nachträglich eingefügte oder gelöschte Zeilen oder Spalten werden erkannt, Formatierungen wirken sich auf die gesamte Tabelle aus, in Formeln können Zellbezüge auf einfache Weise erstellt werden, Filtern und Sortieren werden erleichtert und es kann eine Ergebniszeile mit Zusammenfassungen pro Spalte erstellt werden. Dies sind nur einige der vielen Vorteile einer Excel-Tabelle, Details werden Sie im Folgenden noch näher kennen lernen.

Leider haben wir noch keine intelligente Tabelle, mit der wir auch richtig arbeiten können. Wir sollten daher die soeben beschrifteten Zellen als Tabelle formatieren.

Im Register *Einfügen* befindet sich die Gruppe *Tabellen*, über die *Pivot Tabellen*, *Empfohlene Pivot Tabellen* und *Tabellen* eingefügt werden können. Klicken Sie auf die Zelle **B5** ❶ und führen Sie dann den Befehl *Tabelle* ❷ in der Registerkarte *Einfügen* | *Tabellen* aus. Excel erkennt, dass die Zellen **B5** bis **C29** Werte enthalten. Setzen Sie im Dialogfenster *Tabelle erstellen* den Haken bei *Tabelle hat Überschriften* ❸ und bestätigen Sie mit *OK*.

Sie können aber auch, bevor Sie den Befehl ausführen, den gesamten Zellbereich von **B5** bis **C29** markieren.

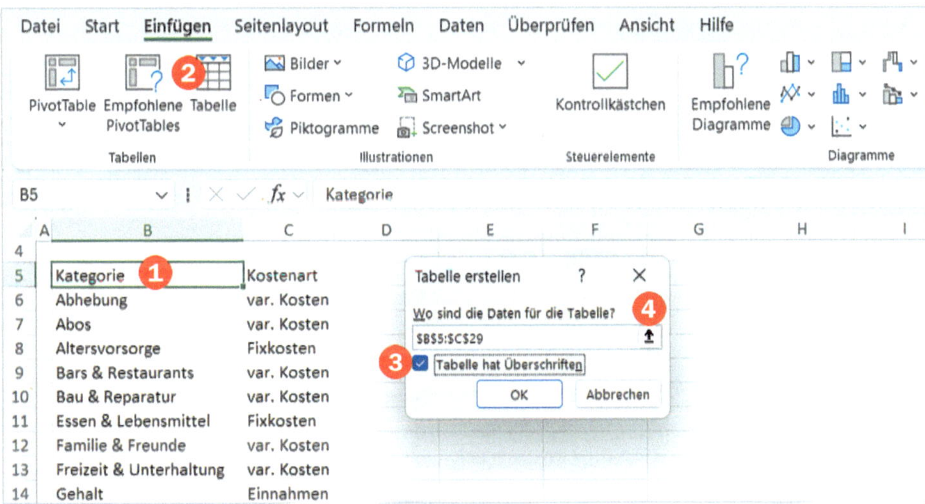

Alternativ kann die Tabelle auch über die Registerkarte *Start* | *Formatvorlagen* und das Menü *Als Tabelle formatieren* (einfach eine Vorlage wählen) oder mit dem Shortcut **Strg+T** erstellt werden.

Sollte der Tabellenbereich nicht passen, können Sie das Dialogfenster mit dem *Pfeil nach oben*-Symbol ❹ bis auf das Eingabefeld ausblenden, den gewünschten Tabellenbereich markieren, danach das Dialogfenster wieder einblenden und die Erstellung abschließen.

Eine formatierte Tabelle kann auch wieder in einen „normalen“ Bereich geändert werden. Hierzu einfach in der Tabelle eine Zelle anklicken und im Register *Tabellenentwurf* | *Tools* den Befehl *In Bereich konvertieren* ausführen oder den Befehl *In Bereich konvertieren* aus dem Untermenü *Tabelle* im Kontextmenü der Tabelle wählen.

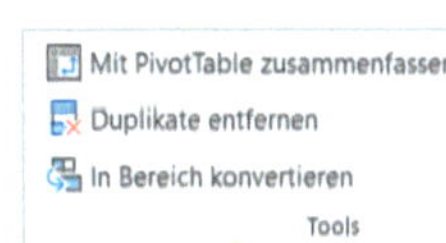

Auch für die soeben erstellte Tabelle erscheint im Menüband eine kontextbezogene Registerkarte mit dem Namen *Tabellenentwurf*, sobald eine Zelle in der Tabelle markiert ist.

Excel 2019: *Tabellentools - Entwurf*

Tabellenname und Tabellenformatvorlagen

Im Register *Tabellenentwurf* befinden sich unter anderem die Gruppen *Eigenschaften* und *Tabellenformatvorlagen*.

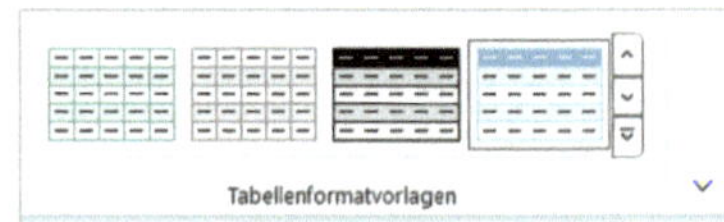

Wichtig ist es, zunächst den Tabellennamen in der Registergruppe *Eigenschaften* von *Tabelle1* in *Kategorien* zu ändern, um einen eindeutigen Namen für die Tabelle zu haben, aus dem auch erkennbar ist, welche Daten die Tabelle enthält.

> Wenn Sie jetzt das Dropdown-Menü des Namenfeldes im linken Bereich der *Bearbeitungsleiste* mit dem kleinen Pfeil öffnen, dann sehen Sie, dass Excel die soeben erstellte Tabelle hinzugefügt hat. Klicken Sie dort auf den Tabellennamen, so werden die Daten der dazugehörigen Tabelle ohne Überschriften markiert.
>
> Sie können die Größe des Namenfeldes verändern, indem Sie den Mauszeiger auf die drei Punkte bewegen und mit gedrückter **linker Maustaste** nach links oder rechts ziehen.

Jetzt wollen wir unserer Tabelle ein optisch ansprechendes Aussehen verpassen. Hierzu könnten wir grundsätzlich im Register *Tabellenentwurf* | *Tabellenformatvorlagen* eine der zahlreichen Vorlagen wählen. Mit dem kleinen schwarzen Pfeil in der rechten unteren Ecke blenden Sie den gesamten Katalog ein.

> **Tabellenformatvorlagen**
> Wie mit den bereits vorgestellten Zellenformatvorlagen (s. Seite 27) können Sie auch mit den Tabellenformatvorlagen verschiedene Zellformate, wie Schriftgröße und -farbe, Ausrichtung, Rahmen, Füllfarben für die einzelnen Tabellenelemente, wie z. B. Spalten, Überschriften- oder Ergebniszeile etc. in einer Vorlage festlegen und so mit nur einem Klick auf Ihre Tabelle anwenden.
>
> Dies hat den Vorteil, dass sich eine Änderung der Formatvorlage auf alle Tabellen auswirkt, denen Sie diese Vorlage zugewiesen haben. Das funktioniert ganz einfach, indem Sie in die Tabelle klicken und dann im Register *Tabellenentwurf* | *Tabellenformatvorlagen* die gewünschte Formatvorlage wählen.

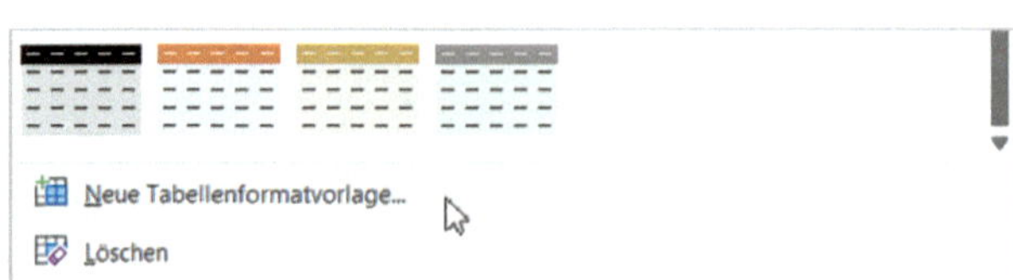

> **Eigene Tabellenformatvorlagen**
>
> Sie können aber auch Ihre eigene Formatvorlage erstellen, indem Sie mit dem kleinen schwarzen Pfeilsymbol das Formatvorlagenmenü aufklappen und dort den Befehl *Neue Tabellenformatvorlage...* wählen.
>
> Es können nur benutzerdefinierte Formatvorlagen geändert werden. Wenn Ihnen eine Standard-Formatvorlage grundsätzlich zusagt und Sie nur einige Änderungen vornehmen wollen, können Sie die Vorlage mit dem Befehl *duplizieren* im **Kontextmenü** der Vorlage kopieren und dann ändern.

Da wir später eventuell einen dunklen Hintergrund verwenden wollen, sind die Vorlagen für unsere Farbpalette nicht ganz passend bzw. schlecht lesbar. Erstellen wir daher für die Tabellen in unserem Haushaltsbuch eine neue Tabellenformatvorlage.

Hierzu öffnen wir mit dem kleinen schwarzen Pfeil die Liste der vorhandenen Formatvorlagen ⊽ und wählen den Befehl *Neue Tabellenformatvorlage....* Es öffnet sich das Dialogfenster *Neues Tabellenformat*, in dem wir für die einzelnen Tabellenelemente jeweils über die Schaltfläche *Formatieren* folgende Einstellungen vornehmen:

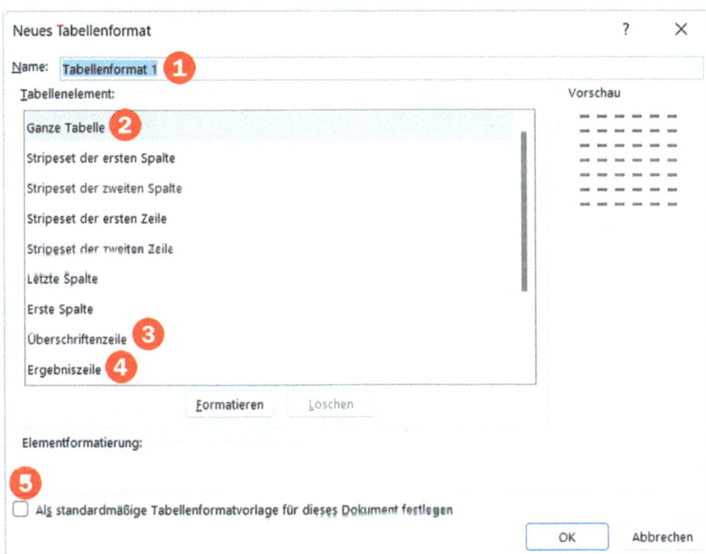

> Wenn Sie im Register *Ausfüllen* die Hintergrundfarbe auswählen, werden Sie feststellen, dass die Farbbezeichnung nicht angezeigt wird, wenn Sie mit dem Mauszeiger über der Farbe verweilen. Wenn Sie nicht wissen, welche Farbe *Hintergrund 1* ist, müssen Sie ggf. zurück auf den Reiter *Rahmen* oder *Schrift*, dort die Farbe suchen und sich die Position merken. In unserem Fall ist es die Farbe ganz links.

Element	Formateinstellungen
❶ **Name**	*Design1-Tabellenformat*
❷ **Ganze Tabelle**	*Schrift* | *Farbe*: Text 2 *Rahmen* | *Farbe*: Akzent 3, dunkler 25 % | *Rahmenposition*: oben, mitte, unten | *Voreinstellungen*: Keine *Ausfüllen* | *Hintergrundfarbe*: Hintergrund 1

Element	Formateinstellungen
❸ **Überschriftenzeile,** ❹ **Ergebniszeile**	*Schrift* | *Farbe*: Text 2 *Ausfüllen* | *Hintergrundfarbe*: Akzent 3
❺ *Als standardmäßige Tabellenformatvorlage für dieses Dokument festlegen* aktivieren	

Zuletzt noch im Register *Tabellenentwurf* | *Tabellenformatvorlagen* die soeben erstellte benutzerdefinierte *Formatvorlage Design1-Tabellenformat* auswählen.

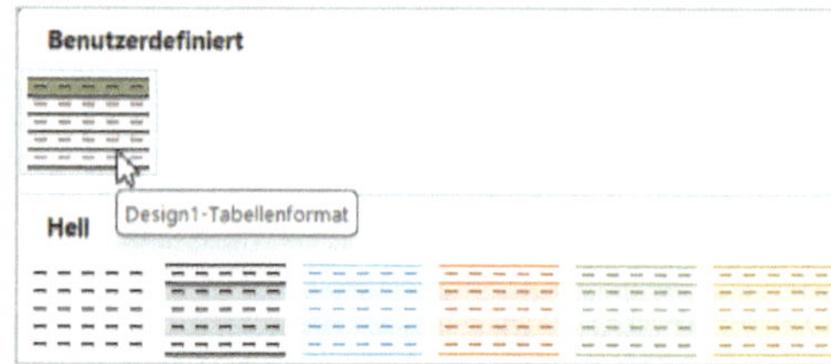

Um eine größere Tabelle schnell komplett zu markieren, einfach eine Zelle in der Überschriftenzeile markieren und **Strg+A** drücken. Wenn Sie dagegen eine beliebige Tabellenzelle anklicken und **Strg+A** drücken, werden nur die Daten, ohne Überschriften- und Ergebniszeile markiert.

Sie können in Tabellen auch mit gedrückter **Strg-Taste** und den Pfeiltasten navigieren. Hierbei springt die Markierung immer bis zur nächsten leeren Zelle. Wenn Sie dabei die Zellen auch markieren wollen, drücken Sie zudem noch gleichzeitig die **Umschalttaste**.

Tabellenformatoptionen

Im Register *Tabellenentwurf* befindet sich auch die Gruppe *Tabellenformatoptionen*.

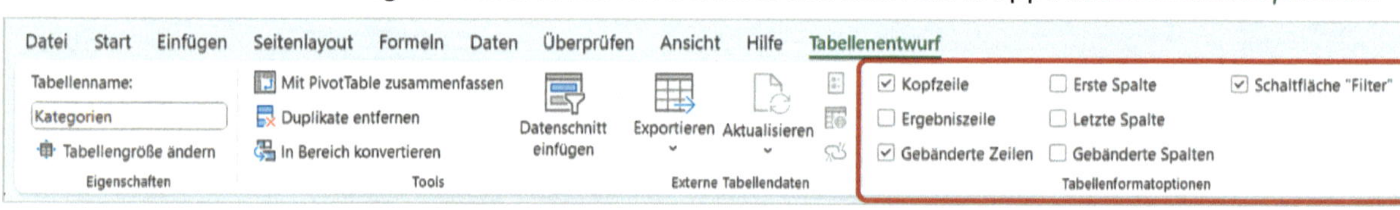

Tabellenformatoptionen
Links von der Gruppe *Tabellenformatvorlagen* befindet sich die Gruppe *Tabellenformatoptionen*, mit deren Hilfe sich verschiedene Elemente schnell und einfach durch Anklicken der Kästchen ein- oder ausblenden lassen.

Sie können dort die *Kopfzeile* ein- oder ausblenden. Neben der Funktion als Spaltenbeschriftung hat die Kopfzeile außerdem den Vorteil, dass sie auch sichtbar bleibt, wenn Sie in größeren Tabelle nach unten scrollen. Dann werden die Spaltenbuchstaben durch die Überschriften ersetzt, sofern eine Zelle in der Tabelle markiert ist.

In der *Ergebniszeile* lassen sich schnell verschiedenste Berechnungen für einzelne Spalten durchführen.

Mit den Optionen *Gebänderte Zeilen* und *Spalten* können Sie die Zeilen und Spalten mit abwechselnden Farben hervorheben, ebenso mit *erster* und *letzter Spalte*. Für diese müssen dann allerdings in Ihrer Vorlage auch Formatierungen vorhanden sein.

Mit dem Kästchen *Schaltfläche „Filter"* können Sie zudem noch den Autofilter (Pfeilschaltfläche) bei den Spaltenüberschriften für die Tabelle ein- oder ausblenden.

Da wir für unsere Auswahlliste lediglich eine *Kopfzeile* benötigen, wollen wir die übrigen Häkchen, insbesondere bei *Schaltfläche „Filter"* entfernen.

Die Auswahlliste Konto

Die vorige Vorgehensweise wiederholen wir nun auch für die Auswahlliste *Konto*. Da zwei verschiedene Tabellen nicht unmittelbar nebeneinander angeordnet werden dürfen, lassen wir Spalte **D** frei und beginnen mit der Dateneingabe in Zelle **E5**.

Konto
Raiba
Sparkasse
PayPal
Kasse

Sie können natürlich auch gleich Ihre eigenen Konten angeben. Auch die jeweiligen Bezeichnungen bleiben Ihnen überlassen (beispielsweise Kto.-Nr. oder nur „Sparkonto").

Die Daten formatieren wir wieder als Tabelle.

Sie können hierzu ganz einfach die Zelle **E5** durch Anklicken markieren und den Shortcut **Strg+T** verwenden.

Wenn Sie, wie vorher angegeben, die benutzerdefinierte Tabellenformatvorlage als Standard festgelegt haben, wird diese automatisch angewendet. Ansonsten ist es jetzt an der Zeit dies nachzuholen, indem Sie im **Kontextmenü** der benutzerdefinierten Formatvorlage *Design1-Tabellenformat* die Einstellung *Als standardmäßige Tabellenformatvorlage für dieses Dokument festlegen* aktivieren.

Abschließend noch im Register *Tabellenentwurf* | *Tabellenformatoptionen* den Haken bei *Schaltfläche „Filter"* entfernen und nicht vergessen, den *Tabellennamen* in *„Konten"* zu ändern.

	A	B	C	D	E	F	G	H	I
4									
5		Kategorie	Kostenart		Konto				
6		Abhebung	var. Kosten		Raiba				
7		Abos	var. Kosten		Sparkasse				
8		Altersvorsorge	Fixkosten		PayPal				
9		Bars & Restaurants	var. Kosten		Kasse				
10		Bau & Reparatur	var. Kosten						

3.2 Tabellen als Auswahllisten definieren – Namen zuweisen

Damit wir diese Daten auch im Haushaltsjournal als Auswahllisten verwenden können, sollten wir für die Kategorien- sowie für die Kontenbezeichnungen einen Namen definieren.

Da wir nur aus den Kategoriebezeichnungen auswählen wollen, markieren wir hierzu nur die gesamten Daten aus der Spalte *Kategorie*, ohne Überschrift.

Zellen in Excel auswählen (markieren)
Um mehrere Zellen im Tabellenblatt auszuwählen, ziehen Sie einfach mit gedrückter linker Maustaste über die gewünschten Zellen.

Sollten die zu markierenden Zellen nicht direkt nebeneinander liegen, können Sie die Zellen durch Anklicken mit gedrückter **Strg-Taste** nacheinander auswählen.

Wenn Sie in einer „intelligenten" Tabelle eine Datenspalte ohne Überschrift und Ergebniszeile komplett markieren wollen, können Sie den Mauszeiger so über die Spaltenüberschrift bewegen, dass ein nach unten weisender Pfeil erscheint. Wenn Sie jetzt klicken, wird die Datenspalte markiert. Wenn Sie ein weiteres Mal auf den Pfeil klicken, werden auch die Überschriften- und die Ergebniszeile markiert.

Dies funktioniert natürlich auch für die Zeilen. Passen Sie aber auf, dass Sie sich nicht in der Spalten- oder Zeilenbeschriftung des gesamten Arbeitsblatts befinden, da sonst die gesamte Spalte oder Zeile markiert wird.

Um die Datenspalte *Kategorie* ohne Überschrift zu markieren, können Sie auch die Zelle **B6** anklicken und mit dem Shortcut **Umschalttaste+Strg-Taste+Pfeil nach unten** die Daten markieren.

Namen für Zellbereiche vergeben
Im Register *Formeln* in der Gruppe *Definierte Namen* befinden sich unter anderem der *Namensmanager* sowie das Menü *Namen definieren*.

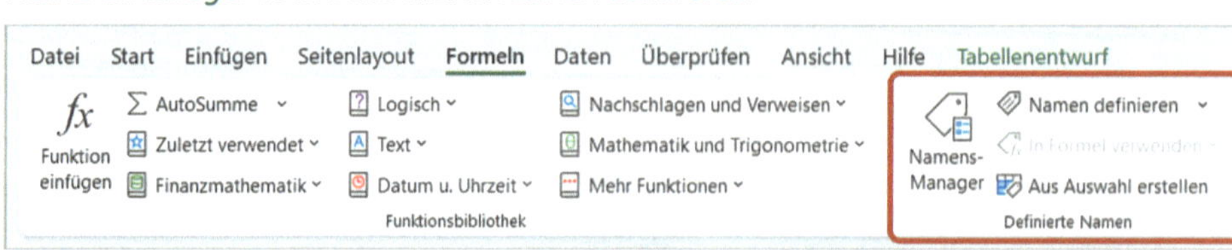

Mit dem Befehl *Namen definieren* können Sie nun den Namen festlegen. Hier vergeben wir den Namen *AuswahlKategorie* und bestätigen die Eingabe mit *OK* oder mit der **Eingabetaste**.

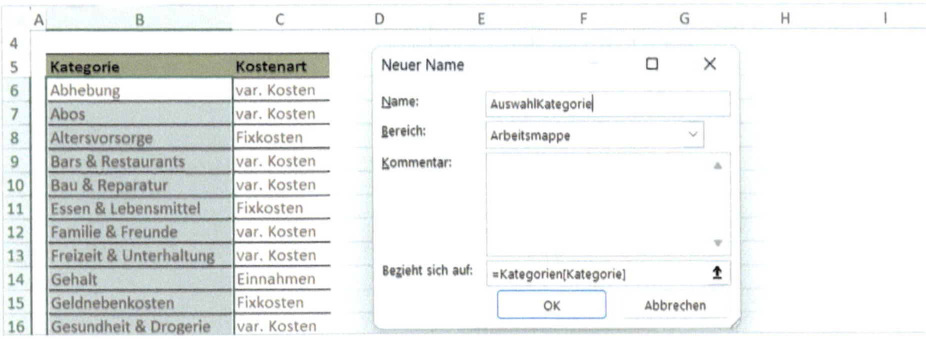

Dasselbe nehmen wir auch für die Daten (ohne Überschrift) der Tabelle *Konten* vor und vergeben den Namen *AuswahlKonto*.

Namens-Manager

In der Registerkarte *Formeln* | *Definierte Namen* befindet sich der *Namens-Manager*. Dort können Sie sich die definierten Namen sowie die bereits bestehenden Tabellen und Datenschnitte anzeigen lassen.

Falls Sie den Namen einer Tabelle nicht geändert haben, sehen Sie dies ebenfalls, da dann die Tabelle mit ihrem Standardnamen, z. B. *Tabelle1*, aufgeführt ist. In diesem Fall können Sie auch im Namens-Manager auf die jeweilige Zeile doppelklicken und die Änderungen dort vornehmen.

Sie können die Zellen, auf die sich der Name bezieht, auch im Feld *Bezieht sich auf* unter der Liste verändern, indem Sie auf den Pfeil am rechten Rand klicken und die Daten dann auswählen.

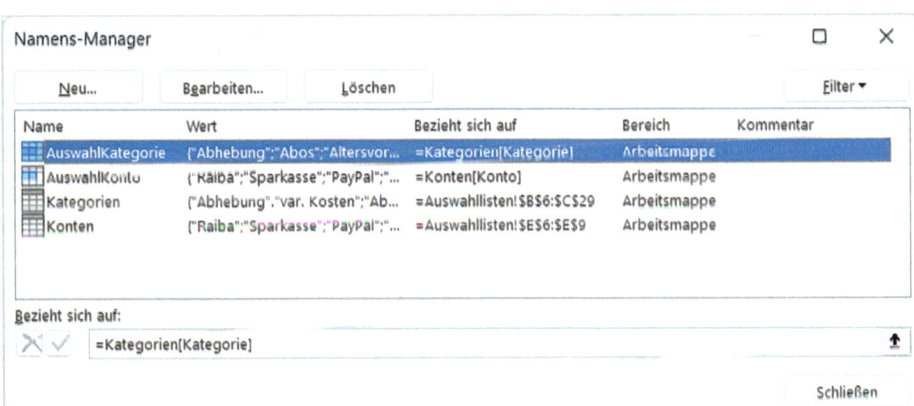

Das Tabellenblatt *Auswahlliste* ist damit fertig. Selbstverständlich sollten Sie die Inhalte der Auswahllisten Ihren Bedürfnissen entsprechend anpassen.

4 Das Tabellenblatt Haushaltsjournal

Vorbereitende Formatierungen

Beginnen wir mit unserem Haushaltsjournal, indem wir im Tabellenblatt *Haushaltsjournal* für die Zeile **5** eine Höhe von *160* festlegen, da in dieser Zeile später die Datenschnitte platziert werden sollen.

> Grundsätzlich können Sie die Höhe der übrigen Zeilen in der Standardeinstellung belassen. Sollte Ihnen jedoch der Zeilenabstand zu gering/eng sein, können Sie natürlich auch die Höhe der übrigen Zeilen ebenfalls vergrößern.

4.1 Tabelle erstellen

Als Nächstes schreiben wir die Überschriften der benötigten Spalten für das Journal in die Zellen **B6** bis **L6** wie folgt:

Datum | *Kategorie* | *Unterkategorie* | *Bezeichnung* | *Konto* | *Einnahme* | *Ausgabe* | *Jahr* | *Monat* | *Art* | *Kostenart*

> Einfach die Überschrift in die Zelle schreiben und mit der **Tab-Taste** zur nächsten Zelle springen.

Die Spaltenbreiten können natürlich ebenfalls festgelegt werden. Allerdings dürfte dies erst sinnvoll sein, sobald Daten in die Tabelle eingegeben wurden. Wer dies aber jetzt schon vornehmen möchte, kann folgende Breiten für die Spalten **B** bis **L** verwenden, die aus meiner Sicht ausreichend sein dürften, damit sämtliche Texte und Werte in die Spalten passen:

B	C	D	E	F	G	H	I	J	K	L
12	30	30	30	15	12	12	8	8	15	15

> Natürlich ist es auch möglich, die Spaltenbreite nicht einzeln zu definieren, sondern dies automatisch von Excel vornehmen zu lassen.
>
> Hierzu einfach die Spalten markieren und im Register *Start* | *Zellen* im Menü *Format* den Befehl *Spaltenbreite automatisch anpassen* wählen.
>
> Um die *Spaltenbreite* exakt an die benötigte Breite anzupassen, reicht es aus, im Bereich der Spaltenüberschriften (**A**, **B**, **C**,...) auf einer beliebigen Begrenzungslinie einen **Doppelklick** auszuführen. Dies setzt allerdings voraus, dass sich bereits Daten in der Spalte befinden, an welche die Breite angepasst werden kann.

Das Ganze formatieren Sie wieder als *Tabelle*. Wie auf Seite 48 beschrieben, reicht es aus, die Zelle **B6** anzuklicken bzw. zu markieren und dann in der Registerkarte *Einfügen* | *Tabellen* den Befehl *Tabelle* auszuführen. Hierbei nicht vergessen, dass die *Tabelle* Überschriften hat und anschließend noch den Tabellennamen in *Haushaltsjournal* zu ändern.

> Sie können natürlich auch einfach wieder den Shortcut **Strg**+**T** verwenden.

> Da die benutzerdefinierte Tabellenformatvorlage *Design1-Tabellenformat* als Standard festgelegt wurde, wird diese automatisch auf die neu erstellte Tabelle angewendet.

Zudem sollten Sie im Register *Tabellenentwurf* | *Tabellenformatoptionen* das Häkchen bei *Schaltfläche „Filter“* entfernen. Außerdem benötigen wir für das Haushaltsjournal noch eine *Ergebniszeile*, weshalb wir dort einen Haken setzen.

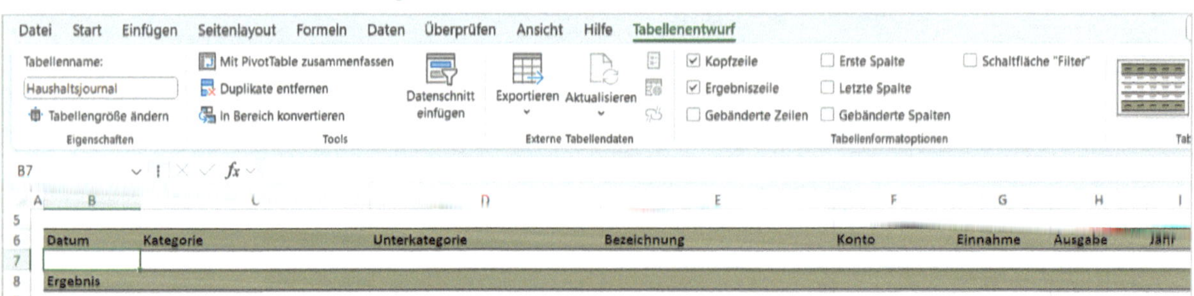

4.2 Spalten gruppieren/gliedern

Im Register *Daten* in der Gruppe *Gliederung* befinden sich unter anderem die Menüs zur *Gruppierung*.

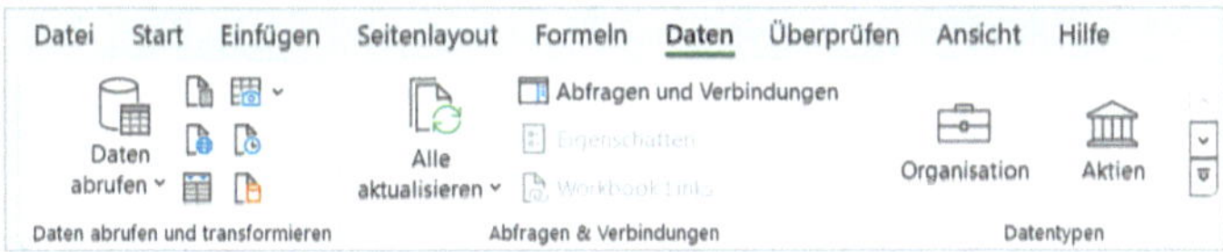

Spalten / Zeilen ausblenden

Oft ist es in umfangreichen Tabellen nicht nötig, dass alle Spalten oder Zeilen sichtbar sind. Es kann somit sinnvoll sein, einzelne Spalten und Zeilen aus- und bei Bedarf wieder einzublenden.

Wenn eine Spalte oder Zeile ausgeblendet ist, erscheint zwischen den angrenzenden Spalten/Zeilen eine doppelte Linie.

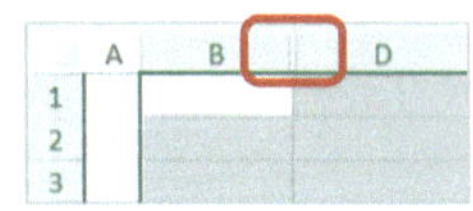

Für das Aus- und Einblenden gibt es mehrere Möglichkeiten, wobei auch eine Mehrfachauswahl mit Hilfe der gedrückten **Strg-Taste** möglich ist.

- **Kontextmenü der Spalten/Zeilen**: Hierzu müssen Sie die gewünschten Spalten/Zeilen markieren, indem Sie auf den Spaltenbuchstaben oder die *Zeilennummer* klicken. Anschließend können Sie im **Kontextmenü** den Befehl *Ausblenden* verwenden.
- **Menüband**, Register *Start* | *Zellen* - *Format* | *Sichtbarkeit* | *Ausblenden und Einblenden*: Hierzu reicht es aus, in eine Zelle der gewünschten Spalte oder Zeile zu klicken oder mehrere Zellen zu markieren. Sie können natürlich auch die gesamte Spalte oder Zeile markieren. Jetzt können Sie die Befehle *Zeilen ausblenden* oder *Spalten ausblenden* verwenden.
- **Shortcut**: Noch schneller geht es, wenn Sie in irgendeine Zelle in der gewünschten Spalte oder Zeile klicken und dann **Strg+8** (für die Spalte) oder **Strg+9** (für die Zeile) verwenden. Vorsicht: Wenn Sie eine Spalte markieren und dann den Shortcut für die Zeilen verwenden, werden alle Zeilen ausgeblendet. Dies gilt auch für die Spalten, wenn Sie eine Zeile markieren und den Shortcut der Spalte anwenden.

Spalten / Zeilen einblenden

Wenn Sie die Spalten/Zeilen wieder einblenden wollen, müssen Sie entweder links und rechts bzw. oben und unten die angrenzenden Spalten oder Zeilen markieren oder Sie markieren mit **Strg+A** das gesamte Tabellenblatt und verwenden dann die Befehle im Kontextmenü, die Registerkartenbefehle oder die Shortcuts **Umschalttaste+Strg+8** (Spalten) oder **Umschalttaste+Strg+9** (Zeilen).

Da wir einige Spalten nur zur Filterung mittels Datenschnitt brauchen und diese Spalten Formeln enthalten, sollten diese ausgeblendet werden. Natürlich könnte man dies, wie oben beschrieben, auch dauerhaft vornehmen. Allerdings sind die ausgeblendeten Spalten dann nicht leicht zu erkennen und das Einblenden erfordert etwas mehr Aufwand.

Ich habe mich daher für die Gruppierung entschieden, da die Spalten so bei Bedarf schnell wieder sichtbar gemacht werden können.

Spalten / Zeilen gruppieren

Anstatt die Zeilen oder Spalten auszublenden, besteht auch die Möglichkeit der Gruppierung. Sie können auch bereits gruppierte Spalten nochmals gruppieren und so bei Bedarf mehrere Gliederungsebenen erstellen, die mittels Schaltflächen schnell auf- und zugeklappt werden können. Entweder klappen Sie die jeweiligen Bereiche mit den Schaltflächen + und - auf oder zu oder verwenden Sie die Ziffernschaltflächen am linken Rand, um alle Spalten der jeweiligen Gliederungsebene ein- oder auszublenden.

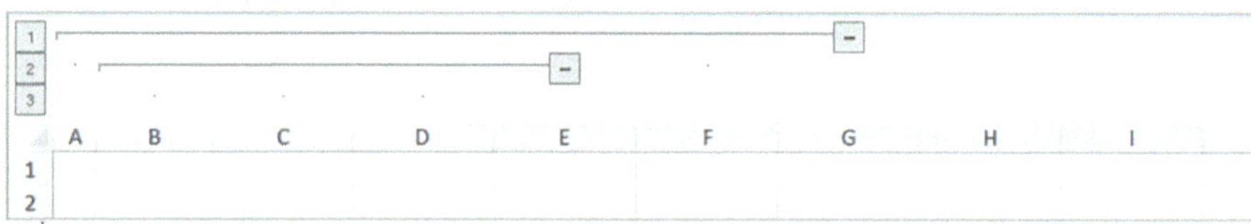

Wenn Sie allerdings nebeneinanderliegende Spalten gruppieren, werden alle Spalten zu einer Gruppe zusammengefasst. Um dies zu verhindern, sollte eine Spalte leer gelassen oder ggf. eingefügt werden.

Das Ganze funktioniert natürlich auch mit den Zeilen.

Markieren wir also die Spalten **I** - **L** und gruppieren diese, indem wir in der Registerkarte *Daten* | *Gliederung* im Menü *Gruppieren* den Befehl *Gruppieren* auswählen. Dadurch werden von Excel zwei Gliederungsebenen hinzugefügt und die Spalten können nun schnell über die Nummernschaltflächen ein- und ausgeblendet werden.

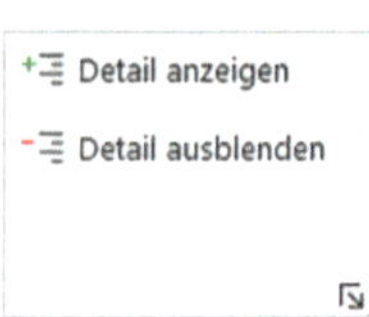

Alternativ können die gruppierten Spalten auch über die Befehle *Detail anzeigen* und *Detail ausblenden* im Register *Daten* | *Gliederung* auf- oder eingeklappt werden. Allerdings muss dann irgendeine Zelle in der gruppierten Spalte markiert sein.

Wenn sich die Markierung in der Spalte mit dem + oder - Symbol befindet, können Sie mit dem kleinen Pfeil ⧅ in der rechten unteren Ecke der Gruppe *Gliederung* zudem ein Dialogfenster mit weiteren Einstellungen zur Gliederung öffnen.

4.3 Datenschnitte einfügen

Jetzt wollen wir noch dafür sorgen, dass wir unser Haushaltsjournal filtern können.

Tabellenspalten filtern
Wenn Sie mit dem Haushaltsjournal über einen längeren Zeitraum arbeiten, werden Sie an den Punkt kommen, an dem die Tabelle sehr viele Datensätze enthält. Dann ist es notwendig, die Daten zu filtern, da nicht immer alle Datensätze relevant sind. So wollen Sie sicherlich nicht immer alle vergangenen Jahre oder Monate angezeigt bekommen, wenn Sie einen neuen Monat eingeben. Vielleicht wollen Sie aber auch nur die Einnahmen eines bestimmten Monats oder die Ausgaben einer bestimmten Kategorie sehen.

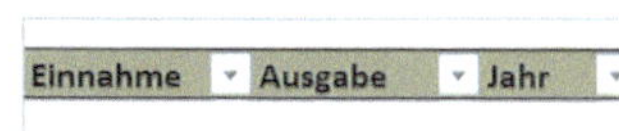

Natürlich könnten wir uns hierzu der Filterfunktion der Tabelle bedienen, indem wir im Register *Tabellenentwurf | Tabellenformatoptionen* das Häkchen bei *Schaltfläche „Filter"* setzen. Damit erscheinen nämlich neben jeder Spaltenüberschrift kleine Pfeilschaltflächen über die wir ein Filtermenü öffnen können.

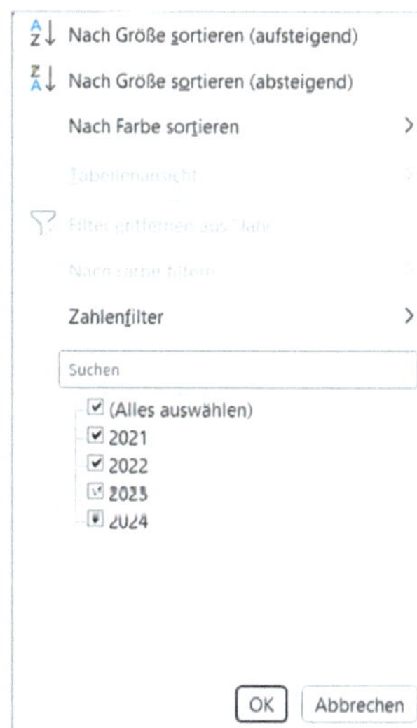

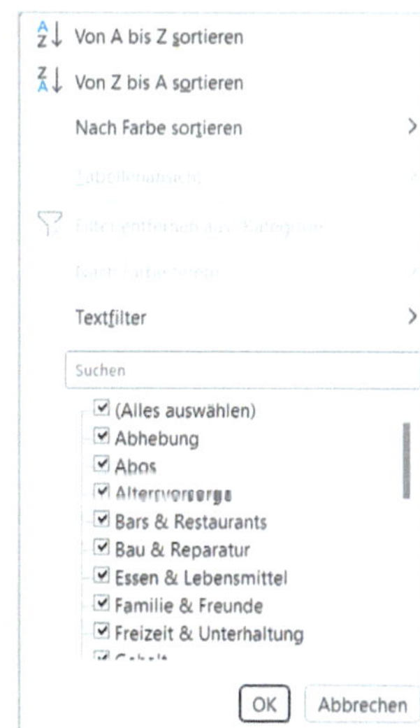

Je nachdem, ob es sich um eine Spalte mit Datumswerten, Zahlen oder Text handelt, bietet Excel hierzu verschiedene Auswahlfenster an, mit denen wir sowohl sortieren, als auch filtern können.

Allerdings stellt dies meines Erachtens keine optimale Lösung für eine schnelle und unkomplizierte Filterung dar, da wir so in jede Spalte separat klicken müssten, um mehrere Filter miteinander zu kombinieren. Wir bedienen uns für die Filterung daher der sogenannten **Datenschnitte**.

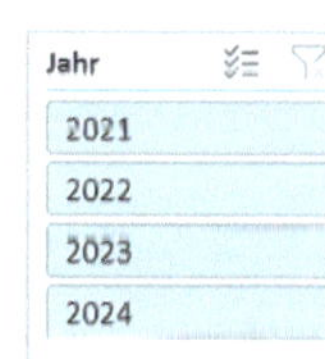

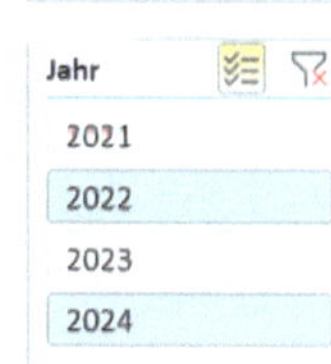

Datenschnitte
Bei den Datenschnitten (engl. Slicer) handelt es sich um Bedienelemente, mit denen Sie visuelle Filter erstellen können, mit deren Hilfe sich Datensätze schnell und optisch ansprechend filtern lassen. Zusätzlich sehen Sie an den Datenschnitten auch den aktuellen Filterstatus, sodass Sie leicht erkennen können, was genau aktuell angezeigt wird. Voraussetzung für den Einsatz von Datenschnitten ist allerdings, dass Sie die Daten als Tabelle formatiert haben oder eine Pivot-Tabelle vor sich haben. Indem man eine Schaltfläche anklickt, wird der entsprechende Filter gesetzt und nur der gefilterte Wert wird hervorgehoben. Sollten Sie mehrere Werte benötigen, können Sie die Mehrfachauswahl aktivieren und sich so Ihren Filterwunsch zusammenstellen. Aufheben kann man den Filter mit dem Symbol rechts oben.

Im Register *Tabellenentwurf* befindet sich unter anderem die Gruppe *Tools*. Datenschnitte können hinzugefügt werden, indem wir in die Tabelle klicken und im Register *Tabellenentwurf* | *Tools* den Befehl *Datenschnitt einfügen* auswählen.

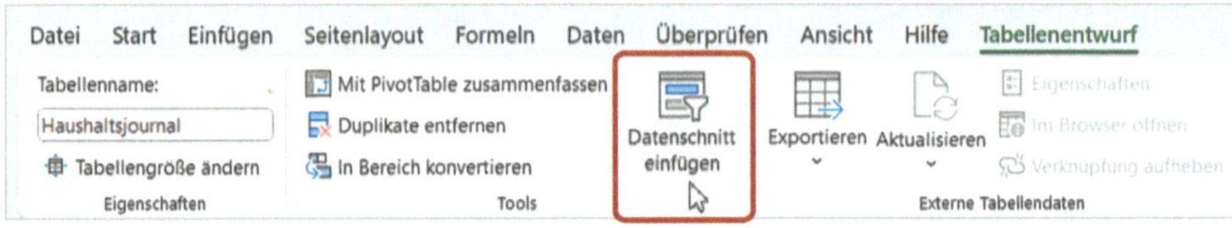

Alternativ können die Datenschnitte auch über die Registerkarte *Einfügen* | *Filter* und den Befehl *Datenschnitt* erstellt werden. Wichtig ist in beiden Fällen, dass eine Zelle innerhalb der Tabelle markiert ist.

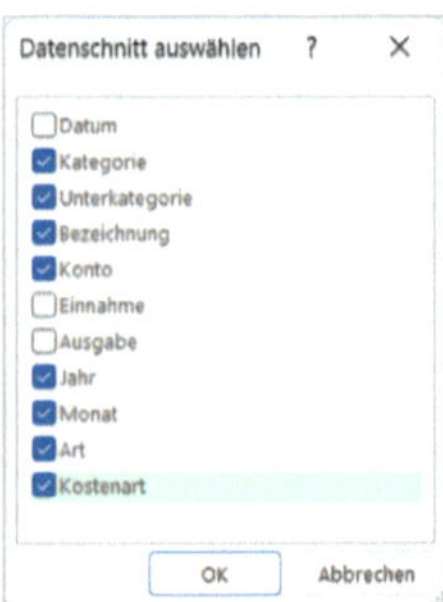

Datenschnitt auswählen und einfügen

Im Dialogfenster *Datenschnitt auswählen* können wir dann die nachfolgenden Spalten als Datenschnitte auswählen und die Auswahl mit *OK* bestätigen:

Kategorie | *Unterkategorie* | *Bezeichnung* | *Konto*
Jahr | *Monat* | *Art* | *Kostenart*

Wenn Sie anschließend im Register *Formeln* | *Definierte Namen* nochmals den bereits bekannten *Namens-Manager* (s. Seite 55) öffnen, sehen Sie, dass dort auch die soeben erstellten Datenschnitte angelegt wurden.

Sie haben daher bei den *Datenschnitteinstellungen...* im **Kontextmenü** des Datenschnitts die Möglichkeit dem Datenschnitt einen Namen zu geben, der dann in der Liste verwendet wird. Alternativ können Sie auch im Namens-Manager mit Doppelklick auf die jeweilige Zeile die Änderungen vornehmen.

Datenschnitt - Formatvorlage erstellen

Excel 2019: *Datenschnitt-tools - Optionen*

Wie gewohnt, erscheint auch für Datenschnitte im Menüband eine kontextbezogene Registerkarte mit dem Namen *Datenschnitt*. Diese ist immer dann sichtbar, wenn ein Datenschnitt ausgewählt wurde. In diesem Register befindet sich unter anderem die Gruppe *Datenschnitt-Formatvorlagen*.

Erstellen wir auch hier eine neue Datenschnitt-Formatvorlage. Dazu klicken Sie auf einen beliebigen Datenschnitt, öffnen mit dem kleinen Pfeil den Katalog der vorhandenen Formatvorlagen und wählen den Befehl *Neue Datenschnitt-Formatvorlage...*. Im Dialogfenster *Neues Datenschnittformat* nehmen Sie dann bei für die unten aufgeführten Datenschnittelemente über die Schaltfläche *Formatieren* folgende Einstellungen vor:

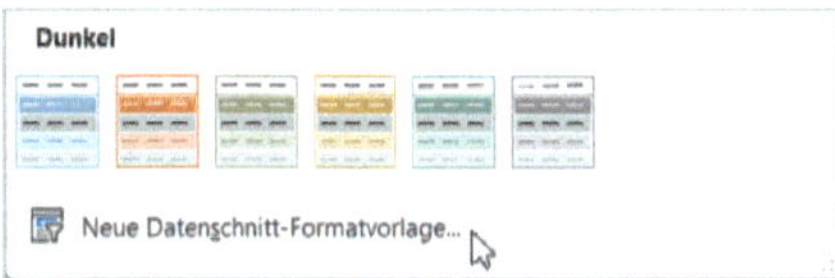

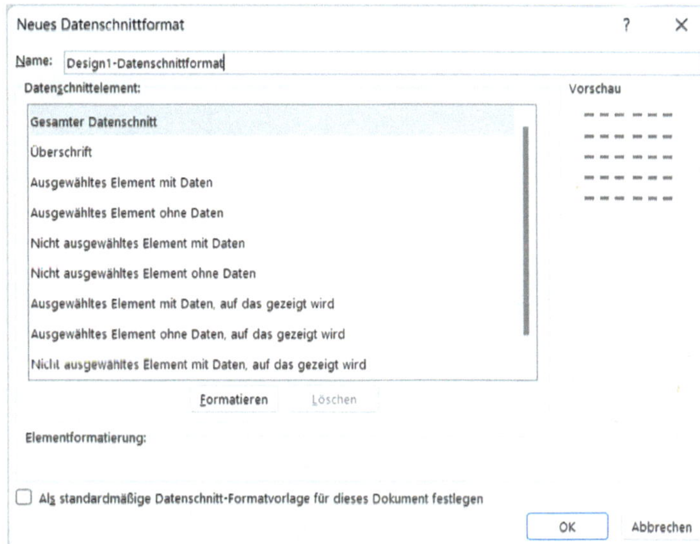

Element	Formateinstellungen
Name	*Design1-Datenschnittformat*
Gesamter Datenschnitt	*Schrift* | *Schriftart*: Calibri (Textkörper) | *Schriftgrad*: 10 *Rahmen* | *Farbe*: Akzent 1 | *Voreinstellungen*: Außen *Ausfüllen* | *Hintergrundfarbe*: Hintergrund 1
Überschrift	*Schrift* | *Schriftschnitt*: Fett | *Farbe*: Text 2
Ausgewähltes Element mit Daten	*Schrift* | *Farbe*: Text 1 *Ausfüllen* | *Hintergrundfarbe*: Akzent 1
Nicht ausgewähltes Element mit Daten	*Schrift* | *Farbe*: Text 2
Ausgewähltes Element mit Daten, auf das gezeigt wird	*Schrift* | *Farbe*: Text 1 *Rahmen* | *Voreinstellungen*: Keine *Ausfüllen* | *Hintergrundfarbe*: Akzent 3
Nicht ausgewähltes Element mit Daten, auf das gezeigt wird	*Schrift* | *Farbe*: Text 2 *Rahmen* | *Voreinstellungen*: Keine *Ausfüllen* | *Hintergrundfarbe*: Akzent 3
Als standardmäßige Datenschnitt-Formatvorlage für dieses Dokument festlegen aktivieren	

Mit Hilfe des aktivierten Befehls *Objekte auswählen* in der *Symbolleiste für den Schnellzugriff* können wir nun alle eingefügten Datenschnitte markieren, den Befehl *Objekte auswählen* wieder deaktivieren und die soeben erstellte Formatvorlage zuweisen.

Zukünftige Änderungen der Formatvorlage wirken sich dann auf alle Datenschnitte aus, denen diese Formatvorlage zugeordnet wurde, ohne dass diese nochmals ausgewählt und geändert werden müssten.

Datenschnitte - allgemeine Formatierungen

Im Register *Datenschnitt* befinden sich auch die Gruppen *Schaltflächen* und *Größe*. Da noch alle Datenschnitte markiert sein sollten, können wir nun in der Gruppe *Schaltflächen* die *Höhe* der Schaltflächen mit 0,6 cm und in der Gruppe *Größe* die *Höhe* der Datenschnitte mit 5,1 cm festlegen.

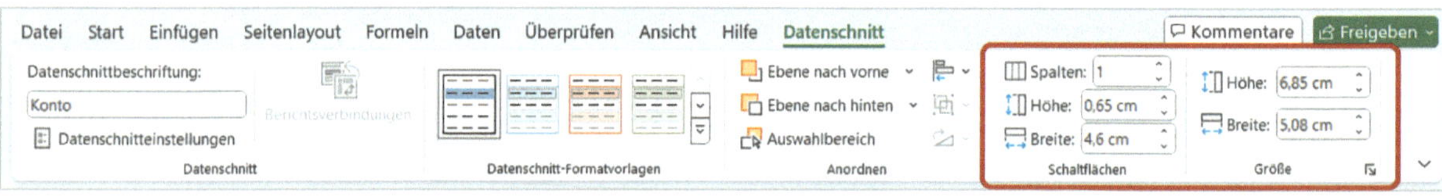

> Sowohl die Schaltflächenhöhe als auch die Höhe des gesamten Datenschnitts sind mit *Höhe* beschriftet. Achten Sie also darauf, dass Sie die Änderungen in der richtigen Registerkartengruppe vornehmen.

> Die Schaltflächenhöhe sowie die Gesamthöhe des Datenschnitts wurden so gewählt, dass jeweils sechs Elemente sichtbar sind.
>
> Gerne können Sie auch Ihre individuellen Größeneinstellungen verwenden und so die Höhe der Datenschnitte Ihren Vorstellungen entsprechend gestalten, sobald Sie genügend Daten eingegeben haben, um die benötigte Größe abschätzen zu können.

Im Register *Datenschnitt* befindet sich auch die Gruppe *Datenschnitt*. Hier können Sie die Beschriftung des jeweils markierten Datenschnitts ändern, sowie das Dialogfenster *Datenschnitteinstellungen* öffnen.

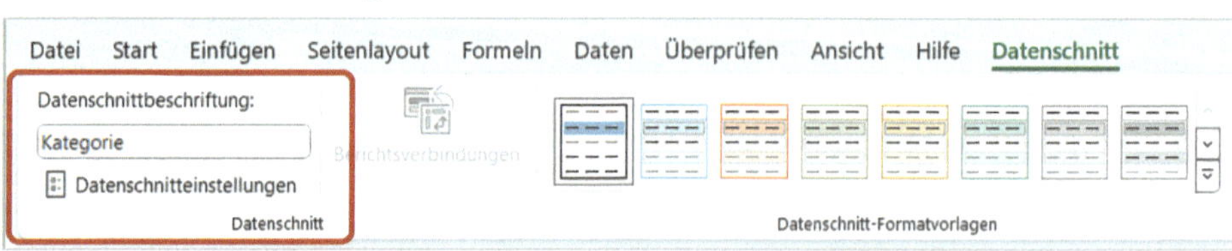

Da auch die nächste Einstellung alle Datenschnitte betrifft und diese noch markiert sind, öffnen wir mit dem Befehl *Datenschnitteinstellungen* das gleichnamige Dialogfenster und setzen einen Haken bei *Elemente ohne Daten ausblenden*.

Alternativ kann das Dialogfenster *Datenschnitteinstellungen* auch über das **Kontextmenü** des Datenschnitts mit dem Befehl *Datenschnitteinstellungen...* geöffnet werden.

Datenschnitte formatieren, positionieren und ausrichten

Jetzt brauchen wir nur noch die **Breite** der einzelnen Datenschnitte festlegen und diese positionieren und ausrichten. Hierzu bedienen wir uns wieder der Gruppen *Schaltflächen* und *Größe* im Register *Datenschnitt*. Legen Sie dort zunächst die Spaltenanzahl (Gruppe *Schaltflächen*) und Breite (Gruppe *Größe*) der einzelnen Datenschnitte fest.

Wenn Sie mit der **linken Maustaste** in das Feld *Größe* klicken, wird dessen gesamter Inhalt markiert und Sie können über die Tastatur die gewünschte Größe ohne den Zusatz cm eingeben und mit der **Eingabetaste** bestätigen.

Datenschnitt	Spalten	Breite (cm)
Kategorie	1	6
Unterkategorie	1	7
Bezeichnung	1	7
Konto	1	6

Datenschnitt	Spalten	Breite (cm)
Jahr	1	3
Monat	2	4,5
Art	1	3
Kostenart	1	4

Die Breite richtet sich nach dem Umfang der jeweiligen Einträge. Dieser ist natürlich auch abhängig von der gewählten Schriftart und -größe. Planen Sie daher ruhig etwas mehr Platz ein, wenn Sie Ihre individuellen Größeneinstellungen und Anzahl der Spalten verwenden wollen. Auch die Reihenfolge können Sie jederzeit ändern.

Sodann wählen wir den Datenschnitt *Jahr* aus und positionieren ihn mittels Drag & Drop in der linken oberen Ecke der Zelle **B5** mit Hilfe der gedrückten **Alt-Taste**.

> Um ein Objekt am Raster auszurichten, halten Sie während des Ziehens die **Alt-Taste** gedrückt.

Die übrigen Datenschnitte positionieren wir ebenfalls in Zeile **5** mit etwas Abstand in der unten ausgeführten Reihenfolge nebeneinander. Wichtig ist hierbei, dass jeder Datenschnitt so positioniert wird, dass sich der obere Rand immer etwas unterhalb des Datenschnitts *Jahr* befindet. Diese Anordnung ist notwendig, da sich Excel beim Befehl *Oben ausrichten* an dem Objekt orientiert, das sich am weitesten oben befindet und alle anderen daran ausrichtet.

Jahr | *Monat* | *Kategorie* | *Unterkategorie* | *Bezeichnung* | *Konto* | *Art* | *Kostenart*

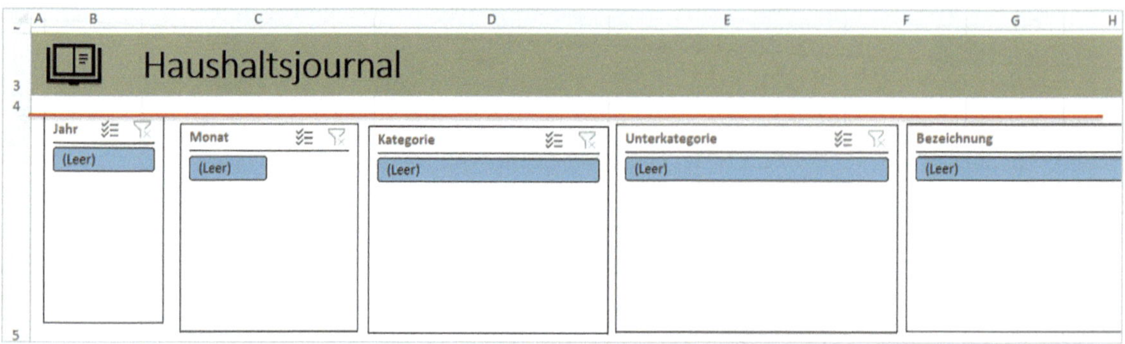

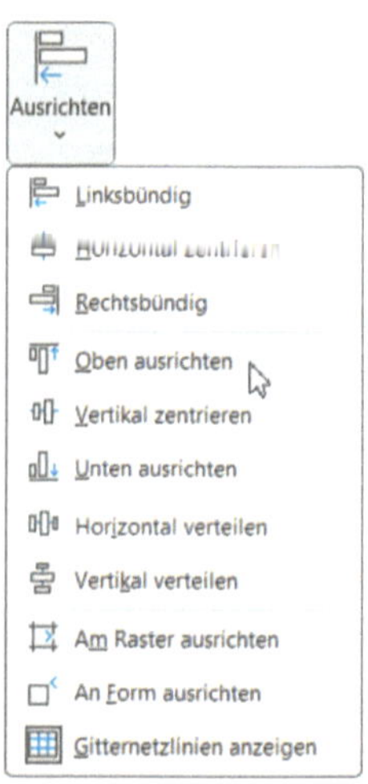

Im Register *Datenschnitt* befindet sich auch die Gruppe *Anordnen*.

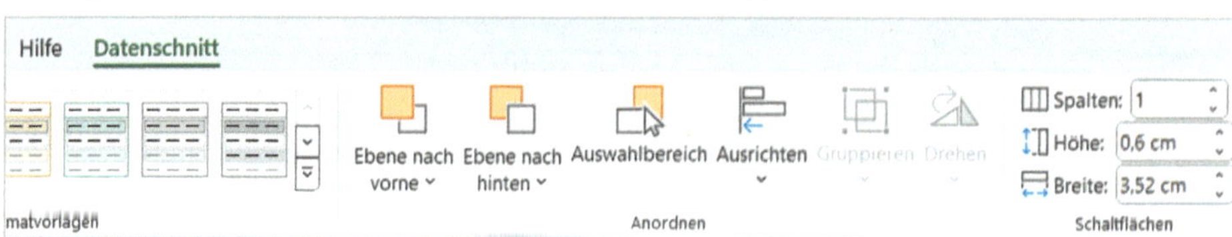

Jetzt können alle Datenschnitte wieder mit Hilfe des Befehls *Objekte auswählen* in der *Symbolleiste für den Schnellzugriff* markiert werden und mit Hilfe des *Ausrichten*-Menüs im Register *Datenschnitt* | *Anordnen* zunächst mit dem Befehl *Oben ausrichten* exakt oben ausgerichtet werden. Danach stellen Sie mit dem Befehl *Horizontal verteilen* gleiche Abstände her.

Zuletzt öffnen Sie mit dem kleinen Pfeil ↘ im Register *Datenschnitt* | *Größe* den Aufgabenbereich *Datenschnitt formatieren* und kontrollieren dort unter *Größe und Eigenschaften* | *Eigenschaften*, ob die Einstellung *Von Zellposition und -größe unabhängig* aktiviert ist.

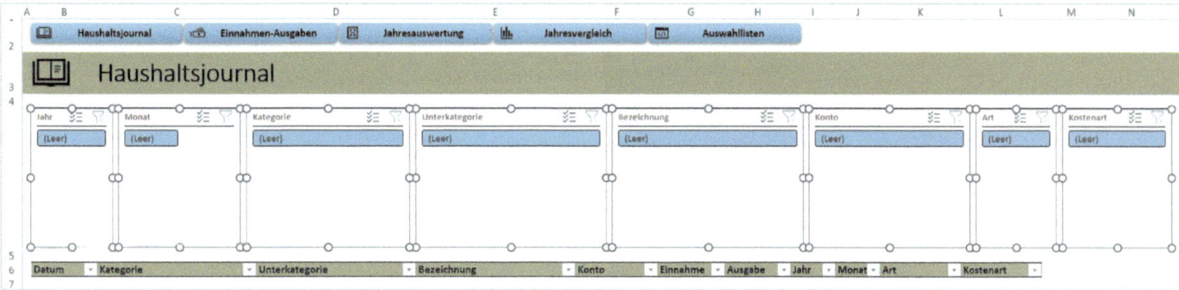

Sollten Sie im Nachhinein eine Zeile einfügen oder beispielsweise die Höhe der Zeile **1** ändern wollen, empfehle ich Ihnen folgende Vorgehensweise:

Markieren Sie mit dem Befehl *Objekte auswählen* oder dem Shortcut **Strg+A** (ein Objekt muss markiert sein) alle Objekte (Schaltflächen, Piktogramm, Titelzeile und Datenschnitte) und ändern Sie vorübergehend die Eigenschaft auf *Nur von Zellposition abhängig*. Nach Anpassung der Zeilenhöhe ändern Sie diese dann wieder zurück in *Von Zellposition und -größe unabhängig*. Diese Methode hat den Vorteil, dass dann alle Objekte mit verschoben werden.

4.4 Fenster fixieren

Leider haben wir noch das Problem, dass sowohl die Navigationsleiste nebst Titelzeile als auch unsere Datenschnitte verschwinden, wenn wir im Tabellenblatt nach unten scrollen, was ja bei vielen Datensätzen notwendig wird. Um dies zu verhindern, wollen wir den oberen Teil des Tabellenblattes bis einschließlich der Kopfzeile der Tabelle fixieren.

Im Register *Ansicht* befindet sich die Gruppe *Fenster*, mit deren Hilfe verschiedene Einstellungen zum Excel-Fenster vorgenommen werden können.

Markieren Sie zum Fixieren des Fensters die gesamte Zeile **7**, indem Sie mit der linken Maustaste auf die Zeilennummer klicken, öffnen Sie in der Registerkarte *Ansicht* | *Fenster* das Menü *Fenster fixieren* und wählen Sie den ersten Befehl *Fenster fixieren*.

> In der Gruppe *Fenster* finden sich noch weitere nützliche Möglichkeiten zur Anordnung von Fenstern. Lesen Sie einfach die jeweilige Kurzinfo durch (auf dem Menü bzw. Symbol mit dem Mauszeiger verweilen) und probieren Sie ruhig auch die Befehle aus.

4.5 Dropdown-Listen, Ergebniszeile und Dateneingabe

Bevor wir unsere Tabelle mit Daten füllen, wollen wir zunächst aus den erstellten Auswahllisten *AuswahlKategorie* und *AuswahlKonto* Dropdown-Listen zur Eingabe erstellen sowie für die Spalten *Jahr*, *Monat*, *Art* und *Kostenart* die benötigten Formeln einfügen.

Dropdown-Listen erstellen

Im Register *Daten*, Gruppe *Datentools* befindet sich unter anderem das Menü zur *Datenüberprüfung*.

Als Erstes wollen wir die oben genannten Auswahllisten in die jeweiligen Spalten des Haushaltsjournals übernehmen. Dies geschieht über die Registerkarte *Daten* | *Datentools* im Menü *Datenüberprüfung* und mit dem Befehl *Datenüberprüfung...*.

Hierzu markieren Sie den gesamten Datenbereich der Spalte *Kategorie* ohne Überschrift und ohne Ergebniszeile. In unserem Fall einer leeren Tabelle also lediglich die Zelle **C7**.

> Wenn Sie in einer „intelligenten" Tabelle einer Spalte eine Datenüberprüfung hinzufügen möchten, sollten Sie die komplette Datenspalte markieren. Werden später weitere Zeilen hinzugefügt, wird die Datenüberprüfung automatisch auch in die neuen Zeilen übernommen.

Datenüberprüfung

Bei der Datenüberprüfung handelt es sich um eine Funktion von Excel, die die Dateneingabe auf bestimmte, zuvor festgelegte Werte beschränkt. Am häufigsten wird dabei sicherlich die Auswahl aus einer Dropdown-Liste verwendet.

Die Datenüberprüfung wird in der Registerkarte *Daten | Datentools* im Menü *Datenüberprüfung* mit dem Befehl *Datenüberprüfung...* aufgerufen. Es öffnet sich ein Dialogfenster, in dem die weiteren Einstellungen vorgenommen werden können.

Neben der angesprochenen Liste, die auch wir verwenden werden, stehen noch die selbsterklärenden Möglichkeiten *Jeden Wert*, *Ganze Zahl*, *Dezimal* sowie Zeiträume (Datum/Zeit) und *Textlänge* zur Auswahl. Bei *Benutzerdefiniert* können Sie jede beliebige Formel verwenden.

Wenn Sie nur wenige Begriffe zulassen wollen, können Sie mit der Auswahl *Liste* auch die Begriffe im Feld *Quelle* direkt nacheinander in Anführungszeichen und getrennt durch ein Semikolon eingeben, z. B. "Ja";"Nein".

Im Reiter *Eingabemeldung* können Sie angeben, ob und wenn ja, welche Meldung angezeigt werden soll, wenn die Zelle ausgewählt wird.

Im Reiter *Fehlermeldung* legen Sie fest, ob bei Eingabe nicht zulässiger Werte eine Fehlermeldung angezeigt werden soll und wenn ja, welcher Typ und welcher Text. Wenn keine Fehlermeldung ausgewählt wird, können auch Werte eingegeben werden, die den Gültigkeitskriterien widersprechen. Allerdings werden diese Werte in der Zelle markiert und können im Register *Daten | Datentools* im Menü *Datenüberprüfung* mit dem Befehl *Ungültige Daten einkreisen* hervorgehoben werden.

Wählen Sie nun im Menü *Datenüberprüfung* den Befehl *Datenüberprüfung...*, danach im Feld *Zulassen* den Eintrag *Liste* und geben Sie im Feld *Quelle: =AuswahlKategorie* ein. Außerdem wollen wir noch eine Fehlermeldung erstellen, die erscheinen soll, wenn im Feld *Kategorie* eine Eingabe vorgenommen wird, die nicht in der Liste enthalten ist. Hierzu wechseln wir zum Reiter *Fehlermeldung* und setzen einen Haken bei *Fehlermeldung anzeigen, wenn ungültige Daten eingegeben wurden*.

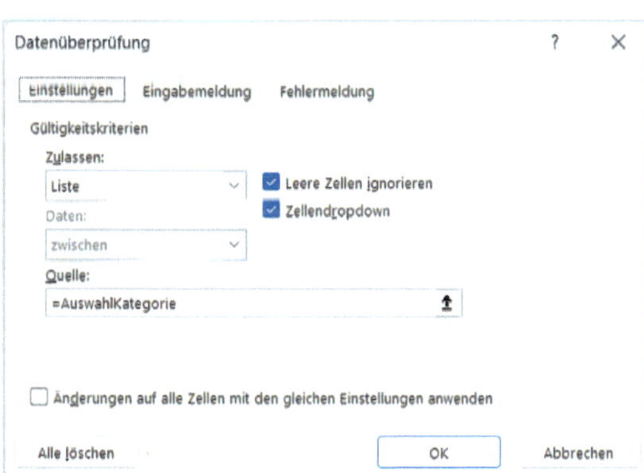

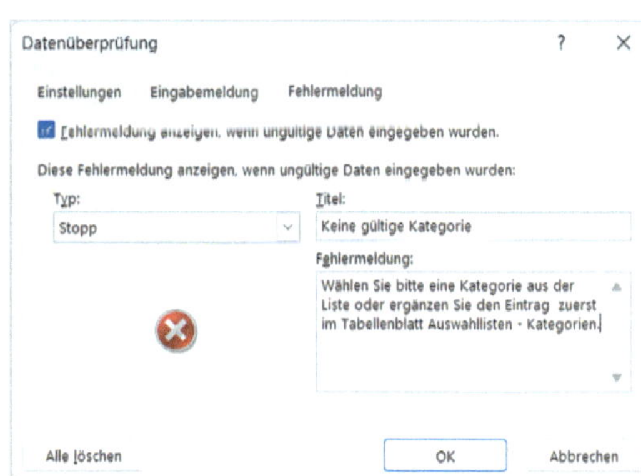

Die weiteren Einstellungen zur Fehlermeldung:

Typ	Stopp
Titel	Keine gültige Kategorie
Fehlermeldung	Wählen Sie bitte eine Kategorie aus der Liste oder ergänzen Sie den Eintrag zuerst im Tabellenblatt Auswahllisten - Kategorien.

Dasselbe wiederholen Sie auch für die Spalte *Konto* (Zelle **F7**) mit der Quellenangabe *=AuswahlKonto* und entsprechend angepasster Fehlermeldung.

Sobald wir nun in den Spalten *Kategorie* oder *Konto* eine Zelle markieren, erscheint rechts von der Zelle eine Schaltfläche mit einem nach unten weisenden Pfeil (Dropdown-Pfeil). Ein Klick darauf öffnet das dazugehörige Listenfeld und wir können unsere Kategorie bzw. unser Konto auswählen.

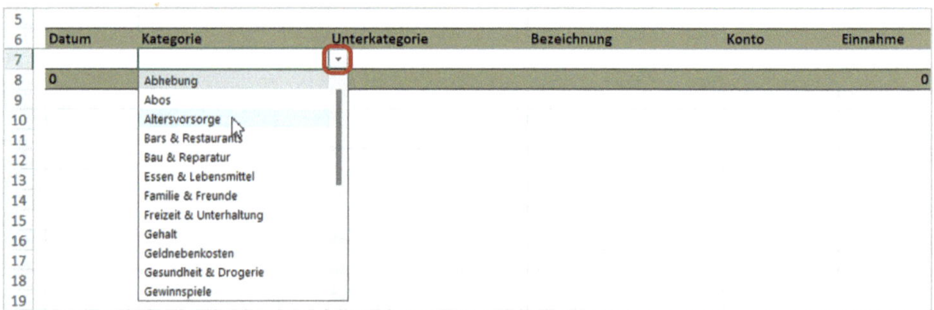

> Wenn in eine Spalte mit Datenüberprüfung Daten eingegeben werden sollen, die nicht in der Liste enthalten sind, muss vorher die Auswahlliste erweitert und sortiert werden.
>
> Damit die Daten auch in der Liste erscheinen, ist es ggf. notwendig, dass in der Registerkarte *Daten* | *Abfragen und Verbindungen* der Befehl *Alle aktualisieren* gewählt wird.

Ergebniszeile formatieren

Als Nächstes kümmern wir uns um die Ergebniszeile. Mit der Ergebniszeile einer definierten Tabelle haben Sie die Möglichkeit, schnell und unkompliziert Berechnungen über die jeweilige Spalte anzeigen zu lassen.

Wenn Sie in der Ergebniszeile eine Zelle markieren, erscheint rechts davon ein Dropdown-Pfeil mit verschiedenen Berechnungsarten. Wählen Sie für folgende Spalten die aufgeführten Funktionen:

- *Datum:* Anzahl
- *Einnahme:* Summe
- *Ausgabe*: Summe

Die übrigen Spalten sollen kein Ergebnis beinhalten. Falls hier ein Eintrag vorhanden sein sollte, ändern Sie diesen auf *Ohne*.

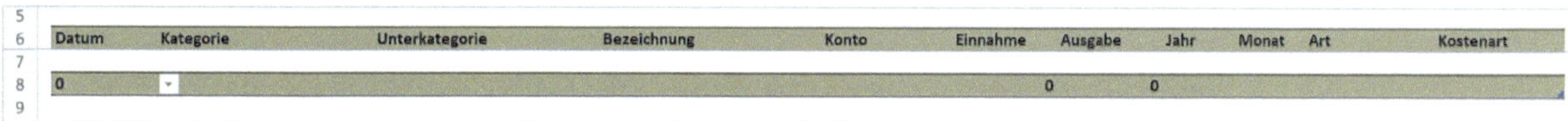

Außerdem wollen wir die Ergebniszellen der genannten Spalten auch gleich noch korrekt formatieren.

Im Register *Start* befinden sich die Gruppen *Schriftart*, *Ausrichtung* und *Zahl*, mit denen Sie die meisten Formatierungen schnell vornehmen können. Die Befehle bzw. Symbole dürften größtenteils selbsterklärend sein. Wenn Sie hier unsicher sind, machen Sie sich am besten mit den einzelnen Befehlen und Menüs vertraut, indem Sie mit der Maus darauf zeigen und die Hilfetexte betrachten. Mit dem Befehl *Verbinden und zentrieren* werden wir uns im weiteren Verlauf noch beschäftigen.

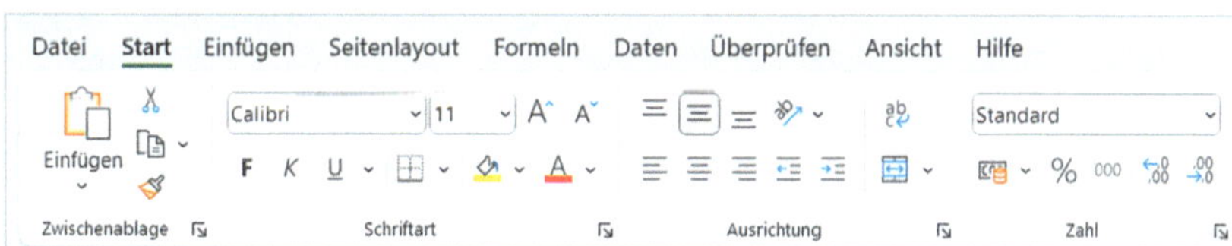

Mit den kleinen Pfeilen ⧉ in der jeweils rechten unteren Ecke jeder Gruppe können Sie zudem das Dialogfenster *Zellen formatieren* öffnen, in dem Sie noch weitere Formatierungsmöglichkeiten finden. Sie haben das Dialogfenster schon bei der Gestaltung der Zellen- und Tabellenformatvorlagen kennengelernt, als Sie Einstellungen in den Reitern *Ausrichtung*, *Schrift*, *Rahmen* und *Ausfüllen* vorgenommen haben. Für die Formatierung unserer Daten im Haushaltsjournal benötigen wir den Reiter *Zahlen* ❶ bzw. reicht uns das Listenfeld ❷ in der Gruppe *Zahl* des Menübands.

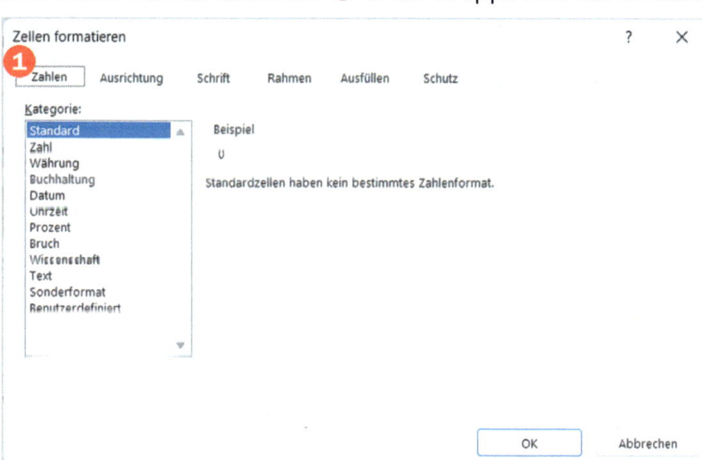

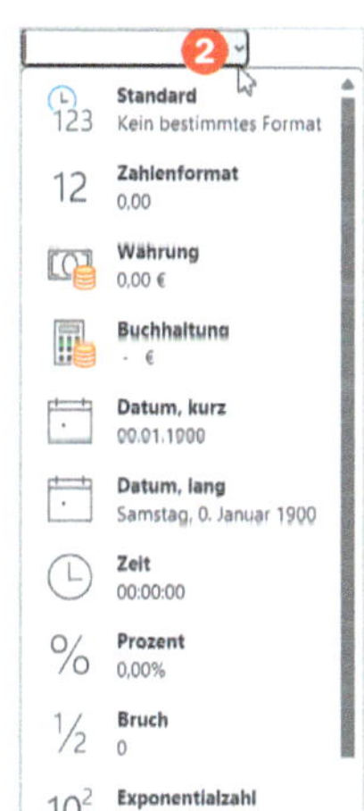

> Alternativ können Sie das Dialogfenster *Zellen formatieren* auch über das Kontextmenü der Zelle und den Befehl *Zellen formatieren...* öffnen.

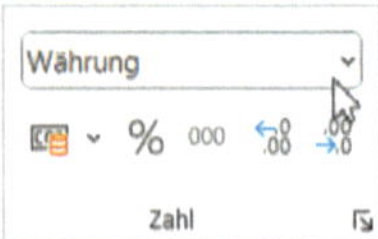

Die Anzahl der Einträge in der Spalte *Datum* möchten wir linksbündig ausgerichtet haben. Klicken Sie die Ergebniszelle dieser Spalte an und wählen Sie im Register *Start* | *Ausrichtung* das Symbol *Linksbündig ausrichten*.

Markieren Sie dann in der Ergebniszeile die Ergebnisse für die Spalten *Einnahme* und *Ausgabe* und wählen Sie in der Registerkarte *Start* | *Zahl* im Listenfeld *Zahlenformat* das Format *Währung* aus.

Dateneingabe und Formatierung

Jetzt ist es an der Zeit, die ersten Daten in unser Haushaltsjournal einzugeben und auch gleich die jeweiligen Spalten für die Eingabe weiterer Daten zu formatieren.

Hierzu wollen wir zunächst alle Gruppierungsebenen sichtbar machen, indem wir auf die Ebene mit der höchsten Zahl, in unserem Fall die Ebene 2, klicken.

Die Schaltfläche mit der höchsten Zahl zeigt immer alle Ebenen an.

Dies ist bei der späteren Dateneingabe natürlich nicht notwendig. Im Gegenteil, hierzu sollte auf *Ebene 1* gewechselt werden, da sich in den gruppierten Feldern Formeln befinden und dort ohnehin keine Eingabe erfolgen darf. Um jedoch nach der Eingabe der ersten Datenzeile in den dafür vorgesehenen Spalten die benötigten Formeln erstellen zu können, wollen wir sie für diesen Zweck ausnahmsweise aufgeklappt lassen.

Beginnen Sie also in Zelle **B7** mit der Eingabe Ihrer Daten.

Datum eingeben

Geben Sie das Datum der ersten Buchung in die dafür vorgesehene Spalte *Datum* ein.

Datumswerte eingeben und formatieren

Wenn Sie ein Datum in eine Zelle eingeben, ändert Excel automatisch das Standardformat in ein Datumsformat. Sie erkennen das aktuelle Format beim Blick in das Listenfeld *Zahlenformat* im Register *Start* | *Zahl*.

Excel wandelt auch gängige Datumsangaben, die nicht dem Kurzformat entsprechen, in ein Datum um. Geben Sie beispielsweise „Jan 25“ in die Zelle ein, so sehen Sie in der Bearbeitungsleiste das Datum 01.01.2025.

Sie finden im Dialogfenster *Zellen formatieren* im Reiter *Zahlen* und der Kategorie *Datum* eine Vielzahl von Möglichkeiten, um die Anzeige des Datum in der Zelle zu steuern. Wenn Sie einen Typ auswählen, sehen Sie oberhalb ein Beispiel mit dem aktuellen Zellinhalt.

Außerdem können Sie in der Kategorie *Benutzerdefiniert* noch viele weitere Formatierungsmöglichkeiten wählen oder sogar Ihre eigenen erstellen.

Hier alle Formatierungsmöglichkeiten für Datumswerte aufzuführen, würde sicherlich den Rahmen sprengen. Was Sie allerdings wissen sollten, ist die Bedeutung der Buchstaben T, M und J und deren Verwendung.

Nachdem Sie das Datum in Zelle **B7** eingegeben und mit der **Eingabetaste** bestätigt haben (z. B. 01.01.2025), markieren Sie die Zelle **B7**, öffnen Sie das Dialogfenster *Zellen formatieren* (**Strg+1**) und wählen dort im Reiter *Zahlen* die Kategorie *Benutzerdefiniert*.

Sie sollten nun im Feld *Typ* den Eintrag *TT.MM.JJJJ* sehen. Wie Sie sich denken können, steht T für den Tag, M für den Monat und J für das Jahr. Die Anzahl der jeweiligen Buchstaben legt dabei für Zahlen die angezeigten Ziffern fest bzw. die Textlänge, falls Monate und/oder Tage (Wochentage) als Text angezeigt werden sollen. Die Trennzeichen dazwischen (meist Punkte) werden in die Anzeige übernommen.

Geben Sie im Feld *Typ* ❶ probeweise MMM und dann MMMM ein und beobachten Sie im Feld *Beispiel* ❷, was mit Ihrem Datum passiert. Fügen Sie jetzt noch einen Bindestrich und JJ hinzu und betrachten Sie erneut das Ergebnis. So können Sie sich ganz einfach Ihr gewünschtes Datumsformat zusammenstellen.

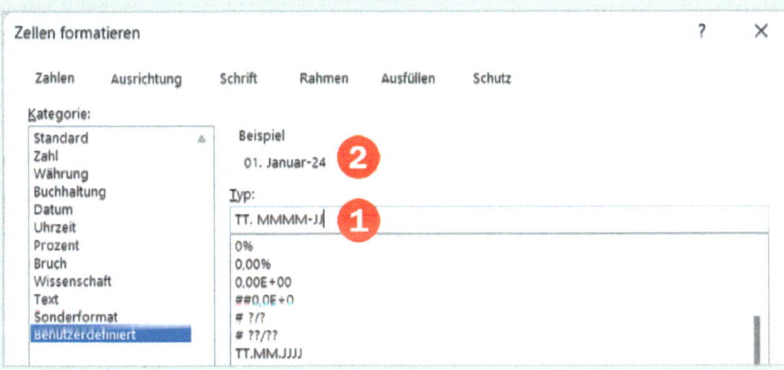

Formatieren Sie jetzt die Spalte *Datum*. Hierzu markieren wir grundsätzlich immer die gesamte Datenspalte der Tabelle, also ohne Überschrift und ohne Ergebniszeile. Bestimmen Sie dann das Format, falls es vom Standard abweichen soll und richten Sie z. B. die Zellinhalte aus.

Sollte die Tabelle bereits mehrere Daten enthalten, können Sie sich zur schnellen Markierung, wie oben beschrieben, des kleinen Pfeils über der Spaltenüberschrift bedienen (Mauszeiger über die Spaltenüberschrift bewegen).

Alternativ können Sie auch das **Kontextmenü** der jeweiligen Spalte öffnen und dort im Untermenü *Auswählen* den Befehl *Tabellenspaltendaten* ausführen.

Wählen Sie im Listenfeld *Zahlenformat* (Registerkarte *Start* | *Zahl*) das Format *Datum, kurz* und richten Sie die Spalte linksbündig aus.

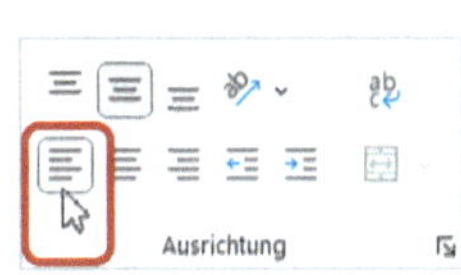

Kategorie, Unterkategorie, Bezeichnung und Konto

Die Formate der nächsten vier Spalten können wir in der Standardeinstellung belassen. Wählen Sie eine Kategorie aus der Liste aus, geben Sie eine Unterkategorie und ggf. noch eine nähere Bezeichnung ein und wählen Sie Ihr Konto aus der Liste aus.

5							
6	Datum	Kategorie	Unterkategorie	Bezeichnung	Konto	Einnahme	Ausgabe
7	01.01.2024	Altersvorsorge	Riester		Raiba		
8	1					0,00 €	0,00 €
9							

Einnahme und Ausgabe

Abschließend legen Sie noch fest, ob es sich um eine Einnahme oder Ausgabe handelt und geben den Betrag in die entsprechende Spalte ein. Beachten Sie, dass alle Werte, also auch die Ausgaben positive Werte sind.

Eingabe von Zahlen in Excel

Wenn Sie eine Zahl in eine Zelle eingeben, ändert sich automatisch die Ausrichtung des Zellinhalts auf rechtsbündig.

Mit den Symbolen unterhalb des Listenfeldes im Register *Start | Zahl* können Sie schnell ein *Buchhaltungszahlenformat* mit dem entsprechenden Währungssymbol, eine *Prozentzahl*, die Anzeige des *Tausendertrennzeichens* und die *Anzahl der Dezimalstellen* festlegen.

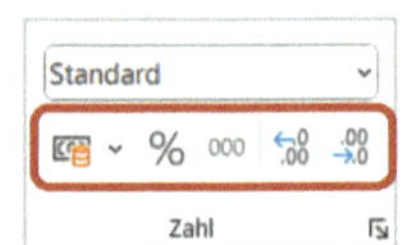

Beachten Sie den Unterschied zwischen *Währungsformat* und *Buchhaltungszahlenformat*, gerade in der Darstellung von negativen Zahlen und der Zahl 0.

Markieren Sie jetzt wieder die beiden kompletten Datenspalten *Einnahme* und *Ausgabe*, wählen Sie aus dem Listenfeld in der Registerkarte *Start | Zahl* das Zahlenformat *Währung* aus und richten Sie auch die Spaltenüberschriften rechtsbündig aus.

Sie können mit dem kleinen Pfeil über der Spaltenüberschrift mit gedrückter linker Maustaste auch mehrere Datenspalten gleichzeitig markieren.

4.6 Formeln eingeben

Grundsätzlich ist es ratsam, die Datentabelle lediglich als „Eingabetabelle" zu verwenden und eventuell notwendige Berechnungen zur Auswertung mittels Pivot-Tabellen vorzunehmen. Dann laufen Sie nicht Gefahr, dass Sie in Zellen mit Formeln versehentlich Eingaben vornehmen und damit die Formeln überschreiben.

Wenn Sie bereits in der Ausgangstabelle berechnete Ergebnisse sehen wollen oder vielleicht keine Pivot-Tabellen benötigen, können Sie natürlich die benötigten Formeln und Berechnungen auch schon in dieser Tabelle unterbringen. Auch wir brauchen ein paar berechnete Felder, die wir mittels Gruppierung ausblenden wollen, um so eine versehentliche Eingabe in den Zellen zu vermeiden.

Formeln in Excel

Bevor Sie sich an die Erstellung von Formeln machen, gilt es genau zu überlegen, welches Ergebnis Sie erzielen wollen und welche Operatoren und Funktionen Sie dafür benötigen.

Als Nächstes sollten Sie wissen, woher Sie die Daten für Ihre Formel beziehen wollen. Neben der eigentlichen Formel bzw. Funktion ist das Verstehen von Zellbezügen einer der entscheidenden Punkte im Umgang mit Formeln.

Sie können bei der Verwendung von Formeln/Funktionen auf Daten in der Arbeitsmappe verweisen, indem Sie in den Formelargumenten einen Zellbezug herstellen. Hierbei wird zwischen relativen, absoluten und gemischten Zellbezügen unterschieden. Alles im Detail darzustellen, würde den Rahmen dieses Buches sprengen. Wir werden aber im Laufe der Erstellung unseres Haushaltsbuches noch auf die verschiedenen Arten von Zellbezügen anhand von Beispielen zu sprechen kommen, s. Seite 125.

Wenn Sie eine Formel eingeben wollen, müssen Sie die Eingabe mit einem Gleichheitszeichen (=) beginnen und mit der Eingabetaste abschließen.

Wenn Sie während der Eingabe oder Änderung einer Formel eine Zelle anklicken, erstellt Excel automatisch einen Zellbezug. Um die Formeleingabe zu beenden, dürfen Sie also nicht einfach in eine Zelle klicken, wenn sich der Cursor noch in der Formel befindet. Verwenden Sie zum Übernehmen der Formel die **Eingabetaste** und zum Abbrechen der Eingabe die **Esc-Taste**.

Hinweise zur Eingabe von Formeln

Die nachfolgenden Ausführungen, insbesondere hinsichtlich der Zellbezüge, gelten speziell für die Eingabe von Formeln in intelligenten Tabellen. Sie können Formeln natürlich aber auch in jede andere Zelle des Arbeitsblatts auf dieselbe Weise eingeben.

Für die Formeleingabe in intelligenten Tabellen muss außerdem in den *Excel-Optionen* (Registerkarte *Datei | Optionen*) in der Kategorie *Formeln* unter *Arbeiten mit Formeln* der Punkt *Tabellennamen in Formeln verwenden* aktiviert sein.

Eingabe per Tastatur

Die Eingabe kann zum einen über die Tastatur erfolgen, entweder in der Bearbeitungsleiste oder direkt in der Zelle.

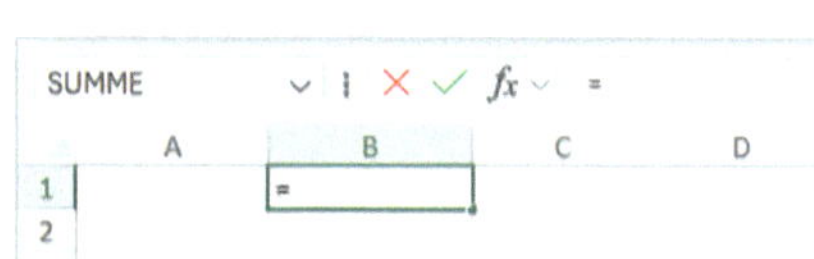

> Wenn Sie Zellen, die eine Formel enthalten, nachträglich bearbeiten wollen, können Sie mit einem Doppelklick in die Zelle von der Ergebnisanzeige zur Formelbearbeitung wechseln (Formel editieren) und die Formel direkt in der Zelle bearbeiten.

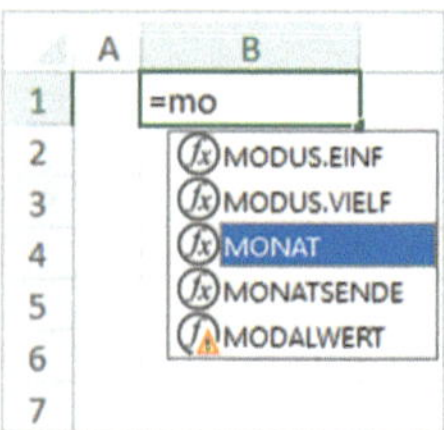

Wenn Sie die Formel per Tastatur eingeben, werden Sie feststellen, dass Excel zu gegebener Zeit Funktionen vorschlägt, die Ihrer Eingabe entsprechen. Diese können dann mit der **Pfeiltaste nach unten/oben** ausgewählt und mittels **Tab-Taste** übernommen werden. Auch zeigt Excel die erforderlichen Argumente der Funktion an.

Zudem listet Excel nach Eingabe einer eckigen Klammer auch alle Spalten der intelligenten Tabelle auf und Sie können nun in der Liste mittels **Pfeiltaste nach oben/nach unten** eine Spalte auswählen und mit der **Tab-Taste** in die Formel übernehmen. Geben Sie danach noch die schließende eckige Klammer ein.

Wichtig ist nur, dass Excel den Bezug zur Spalte erkennt. Dies sehen Sie daran, dass nach der Eingabe die Spaltenbezeichnung farbig hervorgehoben wird. Auch die Bezugsfelder in der Tabelle werden farblich umrandet hervorgehoben, wenn sich der Cursor in der Formel befindet. Um hier Fehler zu vermeiden, rate ich Ihnen, den Bezug von Excel erstellen zu lassen (siehe im weiteren Verlauf).

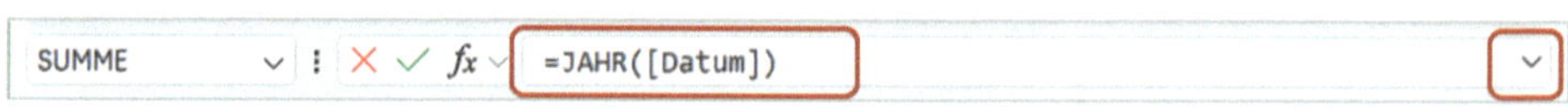

> Sollte der Platz in der Bearbeitungsleiste für die Formel nicht ausreichen, können Sie diesem Bereich mit Klick auf den kleinen Pfeil ganz rechts um eine Zeile erweitern. Bei längeren verschachtelten Formeln können Sie zudem mit der Tastenkombination **Alt+Eingabetaste** einen Zeilenumbruch herbeiführen, dieser beeinflusst die Formel nicht.

Eingabe per Tastatur und Maus

Es ist alternativ auch möglich, in der Formel die betreffende Zelle oder Spalte durch Anklicken mit der Maus auszuwählen. Wichtig ist dabei, dass diese in derselben Zeile wie die Formel ausgewählt wird.

Möglicherweise stellt Excel dem Spaltennamen ein @-Zeichen voran. Dies muss Sie nicht weiter stören und Erläuterungen würden hier zu weit in die Tiefe führen.

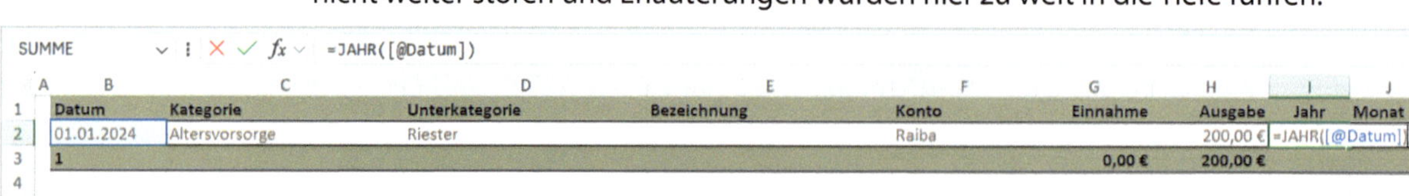

Eingabe über die Hilfe von Excel

Es gibt aber auch noch die Möglichkeit, Formeln über die Hilfefunktion von Excel zu erstellen. Hierzu wird in die betreffende Zelle ein Gleichheitszeichen (=) eingegeben ❶, woraufhin im Namenfeld statt der Zelladresse eine Funktion erscheint und daneben ein kleiner Pfeil ❷, über den noch mehr Funktionen aufgelistet werden können. Aus dieser Liste kann nun die gewünschte Funktion ausgewählt werden, woraufhin sich das Dialogfenster *Funktionsargumente* zur gewählten Funktion öffnet.

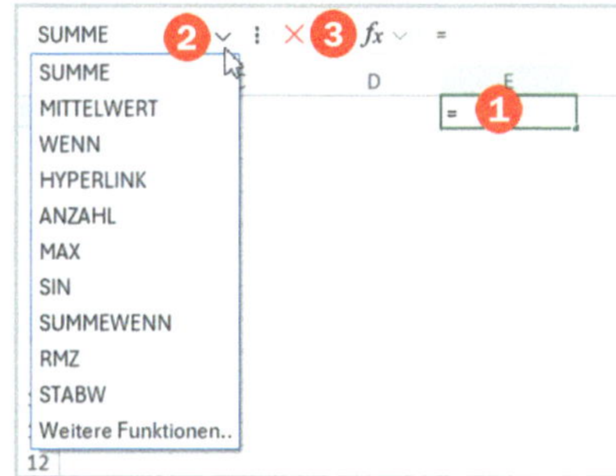

Mit der Auswahl *Weitere Funktionen...* oder mit Klick auf das Symbol *fx* ❸ öffnet sich das Dialogfenster *Funktion einfügen* mit allen Funktionen von Excel. Auch hier kann man die gewünschte Funktion auswählen und gelangt im nächsten Schritt zum Dialogfenster *Funktionsargumente*, in dem die Formel zusammengestellt werden kann.

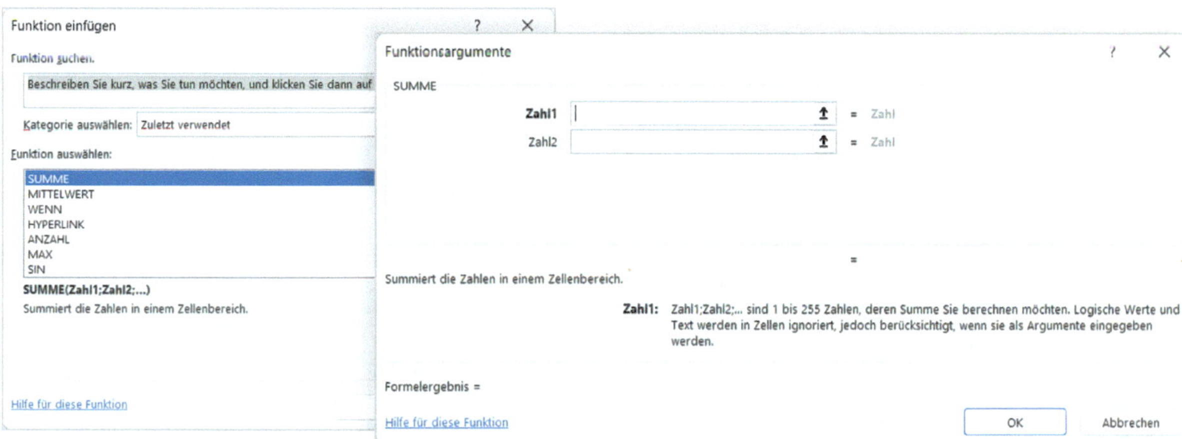

Jahr, Monat und Art ermitteln

Erstellen wir nun unsere ersten beiden Formeln. Da wir unsere Daten mit Datenschnitten nach Jahren und Monaten filtern möchten, benötigen wir zusätzlich Spalten, die nur das Jahr und den Monatsnamen unseres Datums anzeigen.

Jahr

Die Funktion zur Berechnung des Jahres eines Datums lautet wie folgt, wobei Zahl für das Datum steht, aus dem Sie das Jahr ermitteln wollen: *JAHR(Zahl)*

- Da jedoch eine Berechnung nur sinnvoll ist, wenn auch ein Datum eingegeben wurde, verwenden wir zusätzlich noch die *WENN*-Funktion. Diese Funktion gibt einen Wert zurück, wenn eine Bedingung erfüllt ist und einen anderen Wert, wenn die Bedingung nicht erfüllt ist. Die einzelnen Funktionsargumente werden mit einem Semikolon (;) voneinander getrennt.

Theoretisch könnte man die Anzeige des Jahres auch mit dem benutzerdefinierten Datumsformat JJJJ erreichen! Dies ist in unserem Fall allerdings ungeeignet, da wir das Jahr als Zahl für weitere Auswertungen benötigen.

- Ob sich in der Spalte *Datum* ein Wert befindet, prüfen wir mit der Funktion *ISTLEER*.

Unsere Formel lautet somit in Worten:
Wenn die Spalte *Datum* leer ist (""), dann lasse auch die Spalte *Jahr* leer. Wenn aber ein Datum eingetragen wurde, dann schreibe das Jahr des Datums in die Spalte *Jahr*.

Hieraus ergibt sich folgende Syntax für unsere Formel:

=WENN(ISTLEER([Datum]);"";Jahr([Datum]))

Hier die Vorgehensweise für die Eingabe der Formel in der Spalte *Jahr* im Detail, beachten Sie bei der Eingabe die Hilfe und Vorschläge von Excel:

1. in die Zelle **I7** klicken,
2. mit der Tastatur =Wenn(ISTLEER(eingeben und die Zelle **B7** anklicken,
3. danach);"";JAHR(eingeben und erneut in die Zelle **B7** klicken,
4. abschließend)) eingeben und mit der **Eingabetaste** bestätigen.

Die Spalte *Jahr* inklusive Überschrift wollen wir noch zentriert ausrichten.

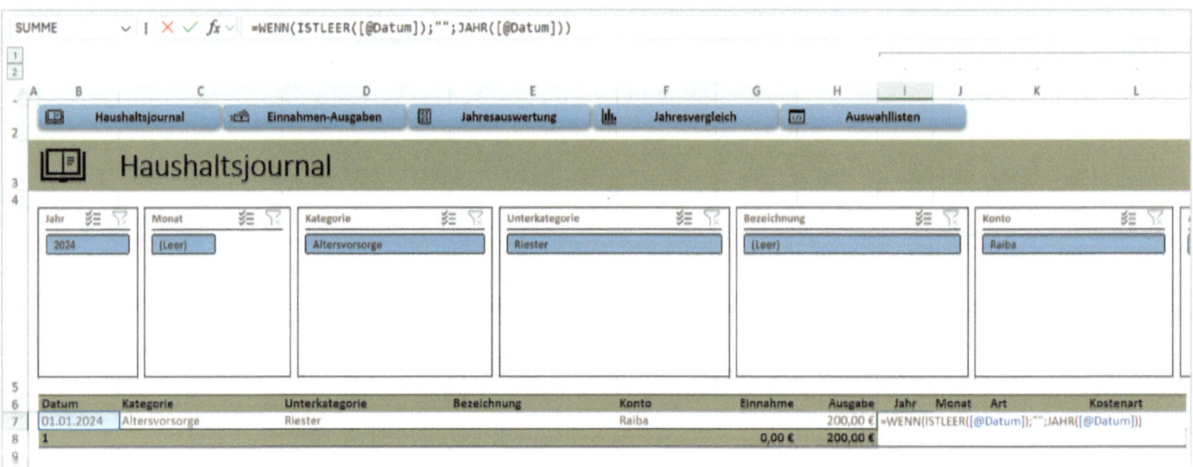

Eine zugegeben noch sehr einfache Formel. Probieren Sie aber ruhig alle oben beschriebenen Wege der Formeleingabe aus, um etwas Übung mit dem Erstellen von Formeln zu erhalten.

Monat

Die Formel für den Monatsnamen ist im Grunde identisch mit der soeben erstellten Formel für das Jahr. Allerdings wollen wir hier den Monat nicht als Zahl, sondern den Monatsnamen im Kurzformat, z. B. *Jan*, *Feb* usw. Dies erreichen wir, indem wir in der Spalte *Monat* das Datum als Text ausgeben lassen.

Hierfür verwenden wir die Funktion *TEXT*. Dazu benötigen wir zwei Argumente, nämlich die umzuwandelnde Zahl (in unserem Fall das *Datum*) und dazu das anzuwendende Format. Damit lautet die Formel:

=WENN(ISTLEER([Datum]);"";TEXT([Datum];"MMM"))

Das Format MMM haben Sie ja bereits bei der Eingabe und Formatierung des Datums kennengelernt (s. Seite 73).

Nach der Eingabe eines Datums in der Spalte *Datum* fügt Excel jetzt automatisch in der Spalte *Jahr* die Jahreszahl und in der Spalte *Monat* den Monatsnamen hinzu.

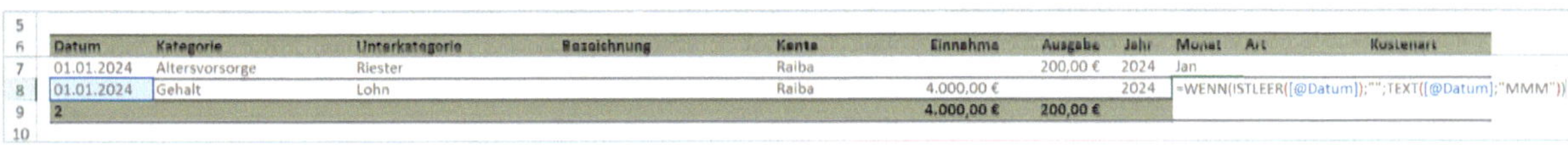

	Datum	Kategorie	Unterkategorie	Bezeichnung	Konto	Einnahme	Ausgabe	Jahr	Monat	Art	Kostenart
7	01.01.2024	Altersvorsorge	Riester		Raiba		200,00 €	2024	Jan		
8	01.01.2024	Gehalt	Lohn		Raiba	4.000,00 €		2024	=WENN(ISTLEER([@Datum]);"";TEXT([@Datum];"MMM"))		
9	2					4.000,00 €	200,00 €				

Art anzeigen

In der Spalte *Art* wollen wir anzeigen lassen, ob es sich um eine Einnahme oder um eine Ausgabe handelt. Dies erreichen wir ganz einfach, indem wir überprüfen, ob eine Eingabe in der Spalte *Einnahme* vorhanden ist. Sollte dies nicht der Fall sein, dann handelt es sich um eine Ausgabe. Die Syntax für unsere Spalte *Art* lautet daher wie folgt:

=WENN([Einnahme]="";"Ausgabe";"Einnahme")

Kostenart per Verweis ermitteln

In der Spalte *Kostenart* soll die Kostenart, abhängig von der gewählten Kategorie, angezeigt werden. Die hierfür erforderlichen Daten können wir aus unserer Tabelle *Kategorien* im Tabellenblatt *Auswahllisten* auslesen.

> **Zur Erinnerung**
> Die Namen der definierten Tabellen können Sie im *Namens-Manager* im Register *Formeln | Definierte Namen* nachschlagen.

Hierfür nutzen wir die Funktion *SVERWEIS*. Diese verwendet folgende Argumente:

=SVERWEIS(Suchkriterium; Matrix; Spaltenindex; [Bereich_Verweis])

Das „S" steht dabei für die senkrechte Suche, also von oben nach unten. Zudem wird das Suchkriterium in der ersten Spalte des Suchbereichs (*Matrix*) gesucht.

Die Bedeutung der Argumente, vereinfacht ausgedrückt:

- *Suchkriterium*: Was möchten Sie nachschlagen?
- *Matrix*: Welcher Tabellenbereich soll in der ersten Spalte nach dem angegebenen Suchkriterium durchsucht werden?
- *Spaltenindex*: In welcher Spalte der Tabelle befindet sich das Gesuchte?
- *[Bereich_Verweis]:* Muss der gefundene Inhalt dem Suchkriterium genau oder ungefähr entsprechen?

Einnahme	Ausgabe	Jahr	Monat	Art	Kostenart
	200,00 €	2024	Jan	Ausgabe	=SVERWEIS(
4.000,00 €		2024	Jan	Einnahme	
4.000,00 €	**200,00 €**				

SVERWEIS(**Suchkriterium**; Matrix; Spaltenindex; [Bereich_Verweis])

> **Wenn Funktionsargumente in eckigen Klammern [] angegeben werden, bedeutet dies, dass sie optional sind, also nicht zwingend eingegeben werden müssen.**

Die Syntax für unsere Formel lautet daher:

=SVERWEIS([Kategorie];Kategorien;2;0)

- Wir wollen, sobald eine Kategorie (*Suchkriterium*) ausgewählt wurde, in der Tabelle *Kategorien* (*Matrix*) nachsehen, ob dieser Eintrag in der ersten Spalte *Kategorie* vorhanden ist und dann in derselben Zeile den Eintrag der zweiten Spalte (*Spaltenindex*) = *Kostenart* anzeigen lassen.

Statt 1 und 0 können auch WAHR und FALSCH verwendet werden.

- Standardmäßig verwendet der *SVERWEIS* die ungefähre Suche (1), weshalb wir als *Bereich_Verweis* auf die genaue Suche (0) umstellen müssen.

> Sie können in der Funktion SVERWEIS als Suchkriterium auch einen festen Wert in Anführungszeichen, z. B. "Müller" eingeben oder auf eine Zelle außerhalb der Tabelle verweisen. Hier einige Syntax-Beispiele:
>
> =SVERWEIS("Test";Kategorien;2;0)
>
> =SVERWEIS($C$2;Kategorien;2;0)
>
> Mit der ersten Formel wird nach dem Begriff "Test" gesucht und mit der zweiten nach dem Wert in der Zelle **C2**.

Allerdings führt die Formel zu dem Fehler *#NV*, wenn der Suchbegriff nicht gefunden wird, was auch dann der Fall ist, wenn keine Kategorie ausgewählt wurde.

5											
6	**Datum**	**Kategorie**	**Unterkategorie**	**Bezeichnung**	**Konto**	**Einnahme**	**Ausgabe**	**Jahr**	**Monat**	**Art**	**Kostenart**
7	01.01.2024	Altersvorsorge	Riester		Raiba		200,00 €	2024	Jan	Ausgabe	Fixkosten
8	01.01.2024	Gehalt	Lohn		Raiba	4.000,00 €		2024	Jan	Einnahme	Einnahmen
9	02.01.2024				Raiba		100,00 €	2024	Jan	Ausgabe	#NV
10	**3**					**4.000,00 €**	**300,00 €**				
11											
12											

Da wir in diesem Fall keine Fehlermeldung, sondern eine leere Zelle wünschen, ergänzen wir die obige Formel noch um die Funktion *WENNFEHLER*. Die Funktion verwendet folgende Argumente:

WENNFEHLER(Wert;Wert_falls_Fehler)

Geben wir also in unserer Spalte *Kostenart* folgende Formel ein:

=WENNFEHLER(SVERWEIS([Kategorie];Kategorien;2;0);"")

> Alternativ könnten Sie auch die oben erwähnte Funktion *ISTLEER* nutzen:
>
> =WENN(ISTLEER([Kategorie]);"";SVERWEIS([Kategorie];Kategorien;2;0))

> Wenn Sie in einer intelligenten Tabelle nachträglich eine Formel ändern wollen oder eine neue Spalte mit einer Formel hinzufügen, reicht es aus, die Formel in einer einzigen Zelle zu ändern oder einzugeben. Diese wird in der Regel automatisch in alle Zellen der Spalte übernommen.

In älteren Excel-Versionen erscheint ein Symbol, über das Sie die Zellen der Spalte mit der geänderten Formel ausfüllen lassen können.

4.7 Datensätze eingeben, kopieren und sortieren

Bevor wir uns jetzt daran machen, die Pivot-Tabellen und Pivot-Charts (Diagramme) für die Auswertung unserer Einnahmen und Ausgaben zu erstellen, ist es an der Zeit, dass Sie Ihr Journal zunächst mit den ersten Daten füllen. Auswertung und grafische Darstellung machen ja erst Sinn, wenn genügend Daten vorhanden sind. Wenn Sie noch keine Daten haben oder erst später mit der Eingabe beginnen wollen, sollten Sie in jedem Fall vorerst mit einigen Testdaten weitermachen.

Wie bereits ausgeführt, sollte hier zur Gliederungsebene 1 gewechselt werden, da sich in den gruppierten Feldern die soeben erstellten Formeln befinden und dort keine Eingabe erfolgen darf.

> Am schnellsten geht die Eingabe, wenn Sie die Daten zeilenweise eingeben, indem Sie sich mit der **Tab-Taste** von Spalte zu Spalte bewegen und in der letzten Spalte nochmals die **Tab-Taste** drücken. Excel fügt dann automatisch eine neue Tabellenzeile an, in der Sie fortfahren können.
>
> Sie könnten auch der *Symbolleiste für den Schnellzugriff* den Befehl *Maske...* hinzufügen und über diesen Befehl die Daten in eine Eingabemaske eingeben. Nachteil ist allerdings, dass Ihnen hier keine Auswahllisten zur Verfügung stehen.

Wenn Sie in der angrenzenden Spalte neben der Tabelle einen Eintrag erstellen und mit der **Eingabetaste** abschließen, fügt Excel automatisch die neue Spalte zur Tabelle hinzu. Dies funktioniert auch, wenn Sie in die leere Zeile unterhalb der letzten Tabellenzeile Daten eingeben. Allerdings müssen Sie hierfür die Ergebniszeile ausblenden.

Es ist auch möglich, Zeilen oder Spalten über das Kontextmenü einer beliebigen Zelle in der Tabelle einzufügen.

Daten aus CSV-Datei importieren/kopieren

Sie können Ihre Daten auch mit Hilfe einer sog. CSV-Datei importieren. Laden Sie sich einfach von Ihrer Bank die Kontoauszüge in Form einer CSV-Datei auf Ihren Computer. Auf diese Weise können Sie relativ schnell auch einen größeren Zeitraum in Ihr Haushaltsjournal aufnehmen. Bevor Sie die benötigten Datenspalten in Ihr Haushaltsjournal kopieren, sollten Sie die CSV-Datei, wie nachfolgend beschrieben, anpassen.

1 Zunächst ist es ratsam, dass Sie eine intelligente Tabelle daraus machen. Da Ihre Datei, wie üblich, nur einen einzigen Betrag mit dem entsprechenden Vorzeichen enthält, rate ich dazu, zwei Spalten rechts von der Betragsspalte einzufügen und jeweils mit folgenden Formeln zu ergänzen, wobei es sich bei der Betragsspalte um die Spalte mit den Beträgen handelt.

   =WENN([Betragsspalte]>=0;[Betragsspalte];"")

   =WENN([Betragsspalte]<0;[Betragsspalte]*-1;"")

   Als Ergebnis haben Sie nun je eine Spalte mit den Einnahmen und mit den Ausgaben ohne Vorzeichen.

2 Entfernen Sie in Ihrem Haushaltsjournal vorübergehend die Ergebniszeile. Kopieren Sie dann zuerst die Einträge der Spalte *Datum* in der CSV-Datei und fügen Sie diese am Ende der Tabelle *Haushaltsjournal* in die Spalte *Datum* ein.

   Beachten Sie, dass Sie nur die **Werte** der kopierten Daten und nicht die Formeln in das Haushaltsjournal einfügen (über das **Kontextmenü** im Menü *Einfügeoptionen* den Bereich *Werte* auswählen)!

3 Dies wiederholen Sie dann nacheinander für den *Verwendungszweck* (in die Spalte *Bezeichnung*) und die berechneten Spalten *Einnahmen* und *Ausgaben*.

4 Zuletzt brauchen Sie nur noch die *Kategorie/Unterkategorie* eintragen, ggf. die Bezeichnung anpassen und Ihr Konto auswählen.

Kopierte Daten einfügen - Einfügeoptionen

Wenn Sie Daten kopiert haben, können Sie beim Einfügen entscheiden, wie diese an der gewünschten Stelle wieder eingefügt werden sollen.

Im Register *Start* | *Zwischenablage* bietet Ihnen Excel im Menü *Einfügen* (Klick auf den Dropdown-Pfeil) mehrere Möglichkeiten an, z. B. die *ursprüngliche Formatierung beibehalten* oder nur *Werte einfügen*.

Schauen Sie sich die Kurzinfo zu den einzelnen Möglichkeiten ruhig genauer an und probieren Sie die unterschiedlichen Möglichkeiten auch ruhig einmal aus, um die Unterschiede zu erkennen. Zudem sehen Sie im Tabellenblatt eine Vorschau, wenn Sie mit dem Mauszeiger über einer Option kurz verweilen.

Auch im Kontextmenü können Sie unter denselben Möglichkeiten wählen; um alle anzuzeigen, klicken Sie hier auf *Inhalte einfügen...*.

Tabelle sortieren

Wenn Sie im fertigen Haushaltsbuch mit der Dateneingabe beginnen bzw. die Daten für einen weiteren Monat eingeben möchten, kann es sinnvoll sein, den vorherigen Monat zu kopieren und die kopierten Zeilen im Anschluss einzufügen und zu bearbeiten, da sich ja viele Einträge wiederholen. Die bereits eingegebenen Daten sollten jedoch vorher auf eine bestimmte Art sortiert werden.

Tabellenspalten sortieren

Wenn Sie die Spalten sortieren wollen, erledigen Sie dies mit dem Kontextmenü der einzelnen Spalten. Einfach in die gewünschte Spalte mit der rechten Maustaste klicken und im Untermenü des Befehls *Sortieren* die gewünschte Sortierfolge wählen.

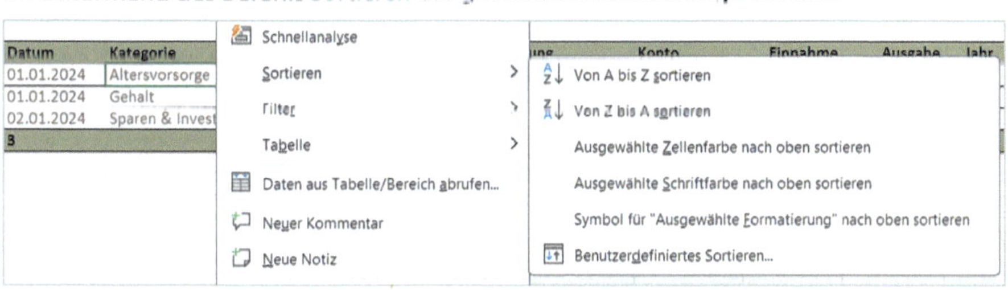

Oder Sie markieren eine Zelle in der jeweiligen Spalte und benutzen im Register *Daten* | *Sortieren und Filtern* die Befehle zum Sortieren.

Da wir aber nach mehreren Spalten gleichzeitig sortieren wollen, benötigen wir den Befehl *Benutzerdefiniertes Sortieren...* oder Klick auf das Symbol *Sortieren*.

Wählen Sie zuerst das *Jahr* aus ❶ und fügen Sie dann nacheinander die Ebenen *Monat Konto* und *Datum* in dieser Reihenfolge hinzu ❷. Standardmäßig dürfte die Sortierreihenfolge ❸ je nach Datentyp der Spalte *Nach Größe (aufsteigend), A bis Z* und *Nach Alter (absteigend)* sein. Bestätigen Sie das Ganze mit *OK*.

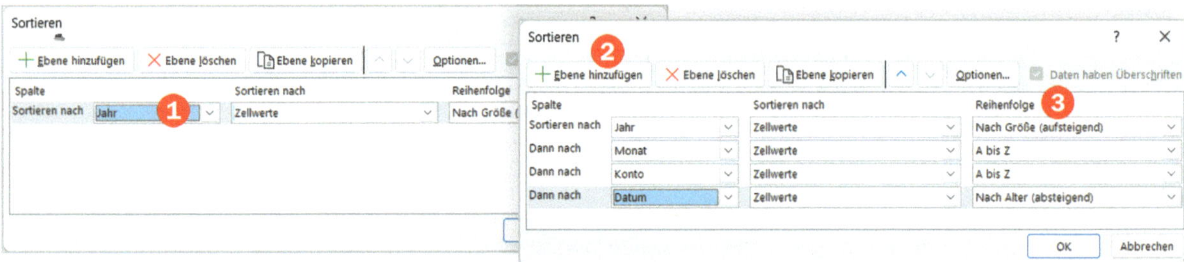

Allerdings werden Sie anschließend feststellen, dass die Monate aufsteigend nach den Monatsnamen sortiert werden, was natürlich weder sinnvoll noch gewünscht ist. Zum korrekten Sortieren bedienen wir hier uns einer weiteren Sortiermöglichkeit von Excel, nämlich den benutzerdefinierten Listen.

Öffnen Sie erneut das Dialogfenster *Sortieren* und wählen Sie für die Spalte *Monat* im Listenfeld *Reihenfolge* den Eintrag *Benutzerdefinierte Liste...*. Hier wählen Sie die Liste *Jan, Feb, Mrz, Apr, Mai, Jun, Jul, Aug, Sep, Okt, Nov, Dez*. Die fertige benutzerdefinierte Sortierung sollte nun aussehen, wie im Bild unten rechts.

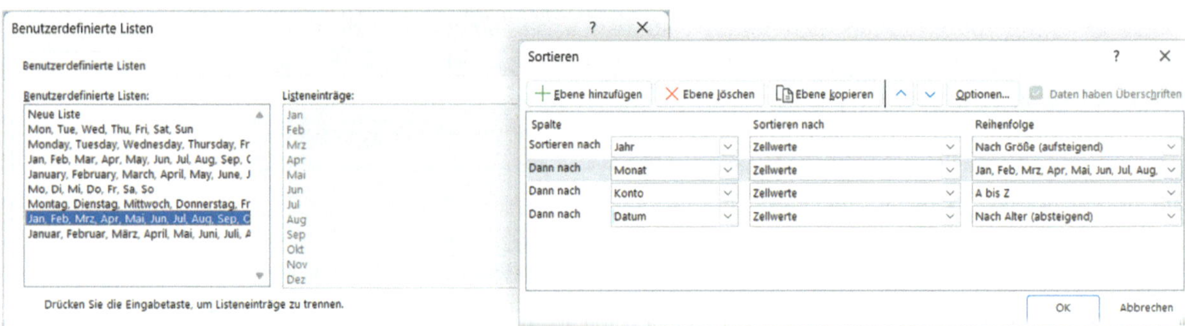

Alternativ können benutzerdefinierte Listen auch in den *Excel-Optionen* (Registerkarte *Datei* | *Optionen*) in der Kategorie *Erweitert* | *Allgemein* über die Schaltfläche *Benutzerdefinierte Listen bearbeiten...* bearbeitet oder erstellt werden.

Im Dialogfenster *Benutzerdefinierte Listen* können Sie sich auch Ihre eigene Liste erstellen. Wählen Sie einfach *Neue Liste*, geben Sie Ihre gewünschte Sortierung im Feld *Listeneinträge* untereinander ein und klicken Sie auf *Hinzufügen*.

Jetzt können Sie zuerst die Ergebniszeile ausblenden und die gewünschten Tabellenzeilen kopieren. Setzen Sie dann den Cursor einfach unterhalb der Tabelle in die nächste leere Zelle der ersten Spalte *Datum* und fügen Sie hier die Werte ein. Excel fügt nun alle kopierten Zeilen automatisch an die Tabelle an.

Anschließend können Sie die Daten wunschgemäß bearbeiten und die Ergebniszeile wieder einblenden.

Nützliche Hilfen

Ergebnisse in der Statusleiste kontrollieren

An dieser Stelle möchte ich nochmal auf die Statusleiste und ihre Vorteile zu sprechen kommen. Sollten Sie mehrere Werte addieren oder subtrahieren müssen, können Sie natürlich eine Excel-Tabellenzelle als Taschenrechner benutzen, indem Sie zuerst ein Gleichheitszeichen eingeben und danach die einzelnen Werte einschließlich der benötigten Operatoren, z. B. =23,56+17,23+51,99-25,19. Sollten Klammern erforderlich sein, geben Sie diese einfach mit ein, z. B. =(8+21)*5

Es gibt aber noch eine andere Möglichkeit, nämlich indem Sie einfach die Werte in Zellen unter- oder nebeneinander schreiben und dann die Zellen markieren. Jetzt können Sie verschiedene Ergebnisse in der Statusleiste ablesen.

Sollte die Statusleiste keine Ergebnisse anzeigen, so klicken Sie mit der rechten Maustaste an eine freie Stelle dieser Leiste und danach auf die gewünschten Zusammenfassungen (Häkchen).

Sollten Sie im Haushaltsjournal mehrere Einträge z. B. zu einer Kategorie haben, können Sie diese mit Hilfe der Datenschnitte filtern und die Einträge markieren.

Angenommen, Sie filtern die Tabelle nach der Kategorie *Essen & Lebensmittel* für ein bestimmtes Jahr. Wenn Sie jetzt alle Einträge in der Spalte *Ausgabe* markieren, brauchen Sie nur einen Blick auf die Statusleiste werfen.

Automatisches Ausfüllen von Zellen

Zu guter Letzt möchte ich noch auf das automatische Ausfüllen von Arbeitsblattzellen mit Daten zu sprechen kommen (AutoAusfüllen). Wenn Sie den Inhalt einer Zelle, beispielsweise ein Datum schnell in die darunterliegenden Zellen übertragen wollen, gehen Sie so vor:

Bewegen Sie den Mauszeiger in die rechte untere Ecke der Zelle, bis ein schwarzes Pluszeichen erscheint (kein Pfeilkreuz, da Sie sonst die Zelle verschieben würden). Jetzt können Sie mit gedrückter linker Maustaste den Zellinhalt nach unten ziehen. Nachdem Sie die Maustaste losgelassen haben, erhalten Sie mit Klick auf das Symbol *Auto-Ausfülloptionen* eine Liste verschiedener Möglichkeiten und Sie können wählen, wie Ihre Daten ergänzt werden sollen, z. B. *Zellen kopieren* oder *Datenreihe ausfüllen*. Probieren Sie ruhig verschiedene Möglichkeiten aus.

Das funktioniert auch mit Ziehen nach rechts, links oder oben.

Fügen Sie zum Ausprobieren am besten ein leeres neues Tabellenblatt hinzu, das Sie später dann wieder löschen können.

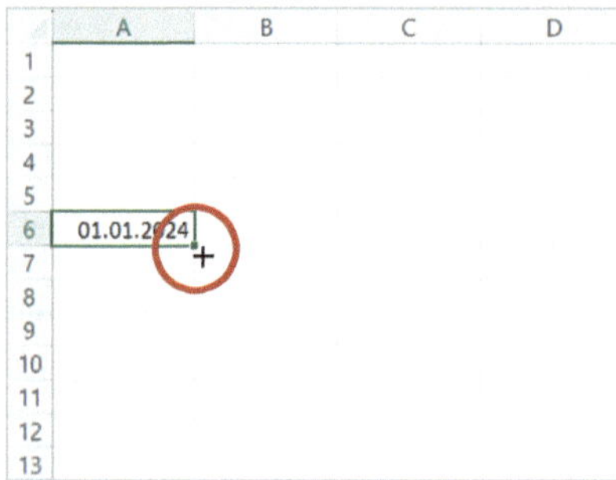

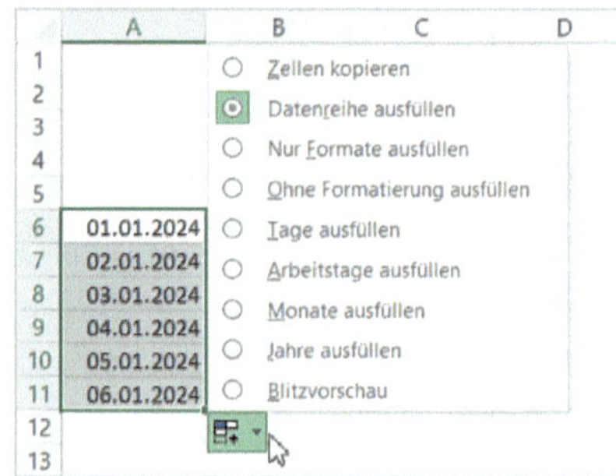

4.8 Auswahllisten nachträglich erstellen

Sollten Sie nach einer Weile bei der Dateneingabe feststellen, dass Sie beispielsweise auch für die Unterkategorie eine Auswahlliste erstellen möchten, um auch dort schnell einen Eintrag auszuwählen, lässt sich dies mit wenig Aufwand realisieren.

1. Markieren und kopieren Sie, wie auf Seite 83 beschrieben, die gesamte Spalte *Unterkategorie* einschließlich Überschrift und fügen Sie diese in Zelle **G5** des Tabellenblatts *Auswahllisten* mit Hilfe des Kontextmenüs und dem Befehl *Werte einfügen* ein.

2. Markieren Sie die eingefügten Daten und erstellen Sie mittels der Tastenkombination **Strg+T** eine Tabelle, diese hat bereits Überschriften.

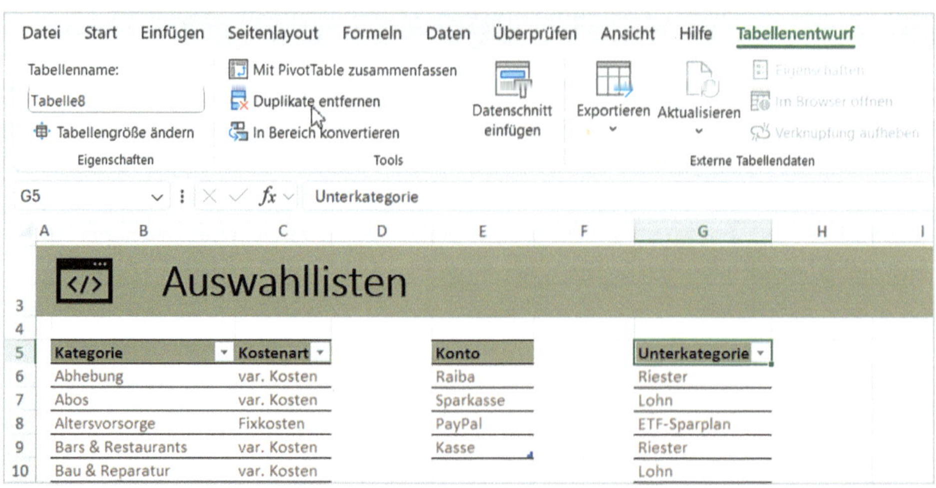

3 Vergessen Sie außerdem nicht, den Tabellennamen in *Unterkategorien* zu ändern.

4 Mehrfach vorkommende Inhalte entfernen Sie aus der Tabellenspalte mit dem Befehl *Duplikate entfernen* im Register *Tabellenentwurf* | *Tools*. Anschließend sollte auch höchstens eine einzige Leerzeile vorhanden sein, die Sie mit dem Kontextmenü und dem Befehl *Tabellenzeilen* aus dem Untermenü *Zeile/Spalte löschen* entfernen können.

5 Sortieren Sie die Spalte noch aufsteigend (von A-Z) und legen Sie für die Datenspalte ohne Überschrift noch den Namen *AuswahlUnterkategorie* (Register *Formeln* | *Definierte Namen* und Befehl *Namen definieren*) an.

6 Nun können Sie, wie auf Seite 68 beschrieben, im Haushaltsjournal für die Spalte *Unterkategorie* die Datenüberprüfung auf *Liste* festlegen und als Quelle geben Sie die soeben definierte Tabelle an: *=AuswahlUnterkategorie*.

Allerdings würde ich hier auch andere Werte zulassen und daher im Reiter *Fehlermeldung* den Haken bei *Fehlermeldung anzeigen, wenn ungültige Daten eingegeben wurden* entfernen.

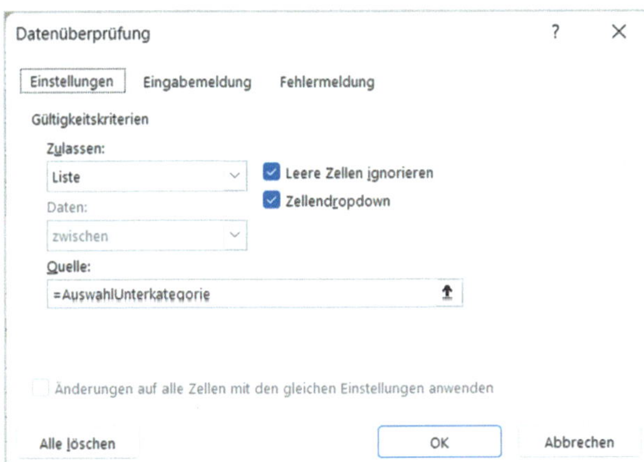

Falls Sie künftig eine Unterkategorie eingeben, die nicht in der Liste enthalten ist, ist dies ohne Weiteres möglich. Die Zelle wird lediglich markiert und Sie können die Markierung ignorieren oder zu gegebener Zeit auch diesen Eintrag in die Auswahlliste *Unterkategorie* aufnehmen.

5 Das Tabellenblatt Einnahmen-Ausgaben

Beginnen wir mit unserem Tabellenblatt *Einnahmen-Ausgaben*, indem wir zunächst für die Zeile 5 eine Höhe von 160 festlegen, da wir hier wieder unsere Datenschnitte platzieren wollen.

5.1 Grundlagen der Erstellung von Pivot-Tabellen

Pivot-Tabellen (PivotTable)
Mit einer Pivot-Tabelle können Daten schnell und einfach zusammengefasst werden. Sie bietet dem Anwender die Möglichkeit, die Daten einer Tabelle auf verschiedenste Arten anzuordnen und auszuwerten, ohne dabei die Ausgangsdaten zu verändern. Pivot-Tabellen sind somit ein großartiges Werkzeug, um größere Datenmengen zu analysieren und damit oft auch Grundlage von PivotCharts (Diagrammen).

In der einfachsten Form einer Pivot-Tabelle werden aus den Inhalten einer Tabellenspalte die Zeilen gebildet und in weiteren Spalten Zusammenfassungen, wie z. B. Anzahl, Summe, Mittelwert usw. berechnet. Manchmal handelt es sich auch um sogenannte **Kreuztabellen**, die die Werte zu Vergleichszwecken nach einem weiteren Feld in Spalten aufteilen und z. B. Ihre Ausgaben nach Jahren oder Kategorien gegenüberstellen.

Keine Angst, im weiteren Verlauf werden Sie dieses Prinzip anhand praktischer Beispiele näher kennen und verstehen lernen.

Damit eine Pivot-Tabelle erstellt werden kann, müssen wir zuerst festlegen, welche Tabelle die Ausgangsdaten für die Pivot-Tabelle enthält.

Sie könnten eine Pivot-Tabelle natürlich auch aus einem Zellbereich erstellen, der nicht als Tabelle definiert ist. Allerdings müssten Sie dann später jedes Mal, wenn Sie die Ausgangsdaten verändern (z. B. Datenzeilen oder -spalten hinzufügen oder löschen), den Bereich der Pivot-Tabelle manuell anpassen. Ich empfehle Ihnen daher, Pivot-Tabellen grundsätzlich nur aus definierten Tabellen zu erstellen.

Zur Erstellung einer Pivot-Tabelle gibt es im Wesentlichen zwei Möglichkeiten.

- **Pivot-Tabelle ausgehend von der Datentabelle**
  Eine Möglichkeit besteht darin, dass Sie eine beliebige Zelle in der Tabelle mit den Ausgangsdaten anklicken und im Register *Einfügen* | *Tabellen* den Befehl *PivotTable* wählen.

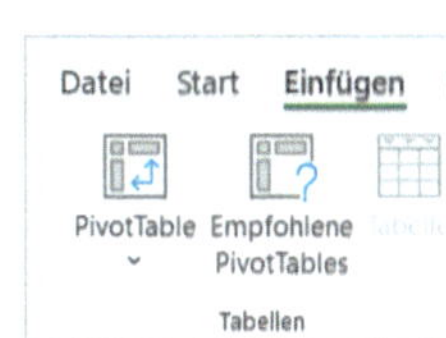

Im sich öffnenden Dialogfenster können Sie nun unter *Tabelle oder Bereich auswählen* kontrollieren oder neu festlegen, aus welchen Daten die Pivot-Tabelle erstellt werden soll. In den meisten Fällen wird die bereits ausgewählte Tabelle erkannt, falls Sie der Tabelle einen Namen gegeben haben, wird dieser hier angezeigt ❶.

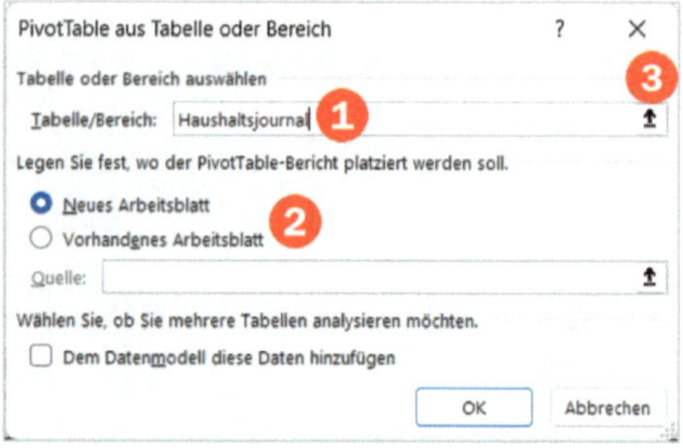

Wählen Sie sodann unter *Legen Sie fest, wo der PivotTable-Bericht platziert werden soll*, ob die Tabelle in einem vorhandenen oder einem neuen Arbeitsblatt erstellt werden soll ❷.

> Alternativ können Sie auch in die Tabelle klicken und im Register *Tabellenentwurf | Tools* den Befehl *Mit PivotTable zusammenfassen* ausführen.

- **Pivot-Tabelle am Einfügeort erstellen**
  Sie können aber auch gleich die Zelle in Ihrem Arbeitsblatt markieren, ab der Sie die Pivot-Tabelle einfügen wollen und im Register *Einfügen | Tabellen* den Befehl *PivotTable* wählen. Anschließend legen Sie im Dialogfenster wieder fest, aus welchen Daten Sie eine Pivot-Tabelle erstellen wollen. Wenn Sie der Datentabelle, wie zuvor beschrieben, einen eindeutigen Tabellennamen gegeben haben, reicht es aus, wenn Sie diesen Namen im Feld *Tabelle/Bereich* eingeben.

  Unter *Legen Sie fest, wo der Pivot-Table-Bericht platziert werden soll* ist im Feld *Quelle* automatisch die aktuell markierte Zelle eingetragen.

> Alternativ können Sie auch auf den Pfeil rechts im Eingabefeld ❸ klicken, dann zum Ort der Datentabelle wechseln und diese komplett (einschließlich der Überschriften) markieren. Excel erkennt den Tabellenbereich und im Eingabefeld erscheint der festgelegte Tabellenname. Falls kein Name vergeben wurde, steht hier der Standardname *Tabelle* gefolgt von einer fortlaufenden Nummer, z. B. *Tabelle1*. Benutzen Sie erneut den Pfeil im Eingabefeld ❹, um das restliche Dialogfenster wieder einzublenden.
>
> 
>

Für unsere erste Pivot-Tabelle möchte ich Ihnen zunächst die erste Vorgehensweise im Detail erläutern. Für die ebenfalls benötigten Pivot-Tabellen zur Diagrammerstellung werden wir uns dann unter anderem mit dem zweiten Weg näher befassen.

5.2 Die Pivot-Tabelle Einnahmen-Ausgaben

Pivot-Tabelle erstellen

Erstellen wir nun eine Pivot-Tabelle aus den Daten des Haushaltsjournals, indem wir, wie oben ausgeführt, eine beliebige Zelle der Tabelle *Haushaltsjournal* anklicken. Wählen Sie dann im Register *Einfügen* | *Tabellen* den Befehl *PivotTable*.

> Mit dem Befehl *Empfohlene PivotTables* können Sie sich Vorschläge anzeigen lassen, die nach Meinung von Excel zu Ihren Daten passen könnten.

Es öffnet sich das Dialogfenster *PivotTable erstellen* und im Feld *Tabelle/Bereich* sollte der Name der Ausgangstabelle *Haushaltsjournal* bereits eingetragen sein ❶.

1. Als Einfügeort wählen Sie *Vorhandenes Arbeitsblatt* ❷ und klicken danach rechts im Eingabefeld *Quelle* auf den nach oben weisenden Pfeil ❸. Das Dialogfenster wird bis auf das Eingabefeld verkleinert und Sie können über das Blattregister (nicht die von uns erstellte Schaltfläche) zum Tabellenblatt *Einnahmen-Ausgaben* ❹ wechseln und dort die gewünschte Zelle, hier **B6** anklicken ❺.

2. Die Zelle erscheint zusammen mit dem Namen des Arbeitsblatts im Eingabefeld ❻. Klicken Sie zum Wiederherstellen des Dialogfensters erneut auf den Pfeil des Eingabefeldes ❼ und bestätigen Sie Ihre Eingaben mit *OK*.

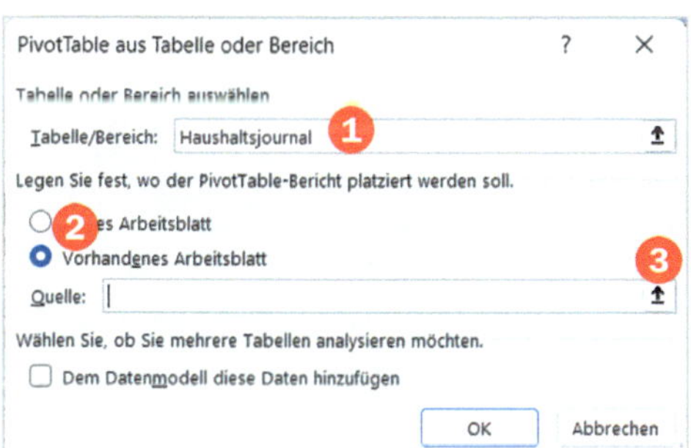

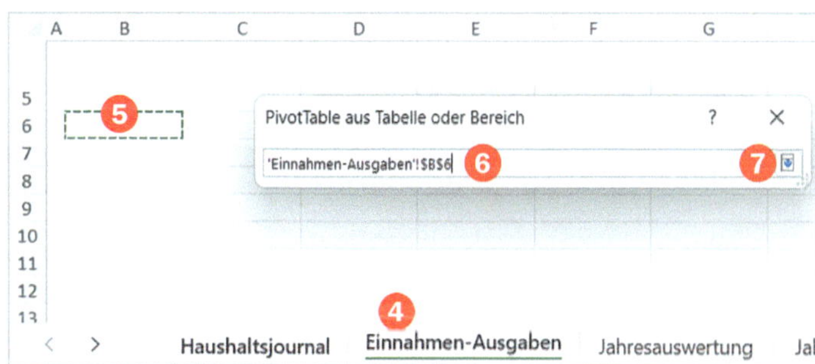

Im Tabellenblatt *Einnahmen-Ausgaben* erscheint nun ab der angegebenen Zelle ein Platzhalter für die neu erstellte Pivot-Tabelle.

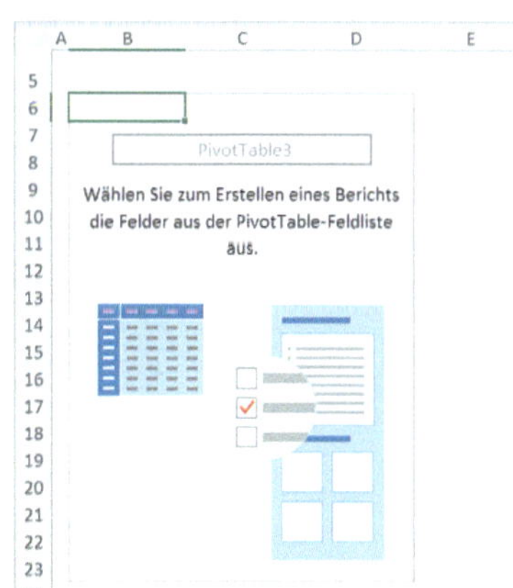

Pivot-Tabellennamen festlegen

Excel 2019: *PivotTable-Tools - Analysieren* und *Entwurf*

Diesmal stehen im Menüband für die soeben erstellte Pivot-Tabelle gleich zwei kontextbezogene Register mit der Bezeichnung *PivotTable-Analyse* und *Entwurf* zur Verfügung. Beide sind immer dann sichtbar, wenn eine Pivot-Tabelle ausgewählt wurde.

Im Register *PivotTable-Analyse* befindet sich unter anderem die Gruppe *PivotTable*. Dort können im Feld *PivotTable-Name* der Name der Pivot-Tabelle geändert und über den gleichnamigen Befehl die *PivotTable-Optionen* geöffnet werden.

Ändern Sie als Erstes den Namen der Pivot-Tabelle in *PivotEAListe*.

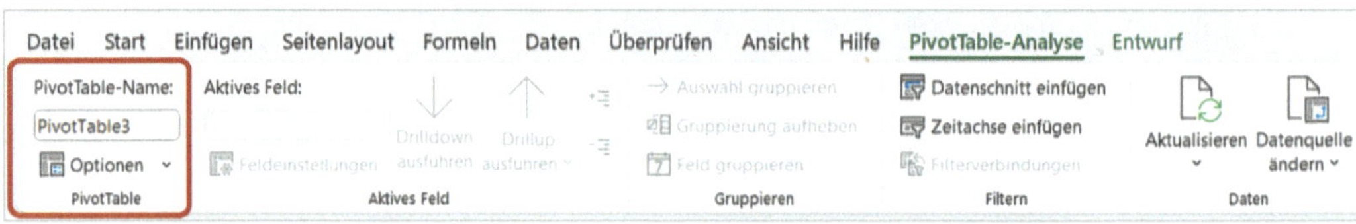

> Alternativ können Sie auch über das Kontextmenü der Pivot-Tabelle den Befehl *PivotTable-Optionen...* aufrufen. Damit öffnet sich das Dialogfenster *PivotTable-Optionen*, wo Sie unter anderem auch den Namen ändern können.

Da Pivot-Tabellen des Öfteren in Listen ausgewählt werden müssen, ist es wichtig darauf zu achten, dass sie einen aussagekräftigen Namen erhalten.

Die PivotTable Feldliste

Sobald Sie die Pivot-Tabelle erstellt haben und hier eine Zelle markiert ist, erscheint am rechten Rand der Bereich *PivotTable-Felder* bzw. die Feldliste.

> **PivotTable-Feldliste**
> Die Feldliste bzw. der Bereich *PivotTable-Felder* enthält im oberen Bereich alle Felder, d. h. Spalten der Ausgangstabelle und im unteren Bereich die Tabellenbereiche, in denen Sie die Felder nach Wunsch anordnen können.
>
> Die Feldliste erscheint, sobald Sie in die Pivot-Tabelle klicken. Falls sie mit dem Schließen-Symbol (x) in der rechten oberen Ecke geschlossen wurde, kann sie über das Kontextmenü der Pivot-Tabelle und den Befehl *Feldliste anzeigen* oder im Register *PivotTable-Analyse* | *Einblenden* mit dem Befehl *Feldliste* wieder eingeblendet werden.
>
> Auf diese Weise kann die Feldliste natürlich umgekehrt auch ausgeblendet werden.

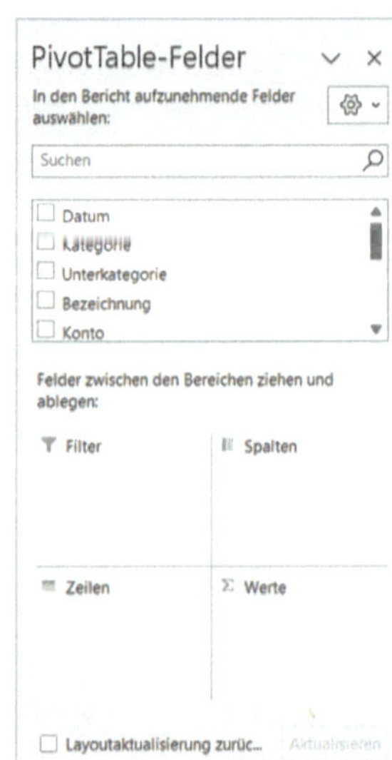

Wie bei allen Aufgabenbereichen können Sie die Breite durch Verschieben der Trennlinie verändern. Zudem gibt es für die Feldliste noch verschiedene Anzeigemöglichkeiten über das Zahnradsymbol rechts oben.

Felder in Pivot-Tabellen anordnen

Sie können die Felder aus der Feldliste nun beliebig in den Bereichen *Filter*, *Spalten*, *Zeilen* und *Werte* anordnen. Am einfachsten erfolgt dies per Drag & Drop, also einfach das Feld mit gedrückter linker Maustaste in den gewünschten Bereich ziehen und dort loslassen. Auf dieselbe Weise können Sie Felder auch von einem Bereich in einen anderen verschieben oder bei mehreren Feldern in einem Bereich die Reihenfolge ändern.

Theoretisch könnten Sie die Felder auch über die Kästchen (Häkchen) auswählen, aber dann erfolgt die Anordnung automatisch und entspricht wahrscheinlich nicht immer Ihren Vorstellungen.

Wenn Sie ein Feld wieder aus einem Bereich entfernen möchten, können Sie einfach das Häkchen neben dem Feld entfernen oder das Feld aus dem Bereich zurück in die Feldliste oder in das Arbeitsblatt ziehen.

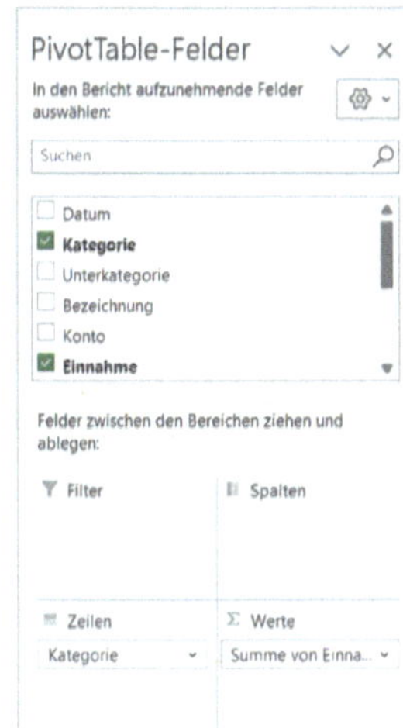

Unsere Felder *Jahr*, *Monat*, *Kategorie* und *Unterkategorie* sollen genau in dieser Reihenfolge in den Bereich *Zeilen* und die Felder *Einnahme* und *Ausgabe* in den Bereich *Werte*. Ziehen Sie daher diese Felder, wie angegeben, in die entsprechenden Bereiche.

Wenn Sie mehrere Felder in den Bereich *Zeilen* einfügen, entstehen in der Pivot-Tabelle hierarchische Ebenen, zu erkennen an den Symbolen + und -, die Sie ein- und ausblenden können (reduzieren und erweitern). Hierfür gibt es mehrere Möglichkeiten.

- Klicken Sie in der Pivot-Tabelle auf die +/- Symbole,
- oder öffnen Sie das Kontextmenü der Spalte und verwenden Sie im Untermenü *Erweitern/Reduzieren* die entsprechenden Befehle,
- oder benutzen Sie in der Registerkarte *PivotTable-Analyse* | *Aktives Feld* die Befehle/Symbole *Feld erweitern* und *Feld reduzieren*.

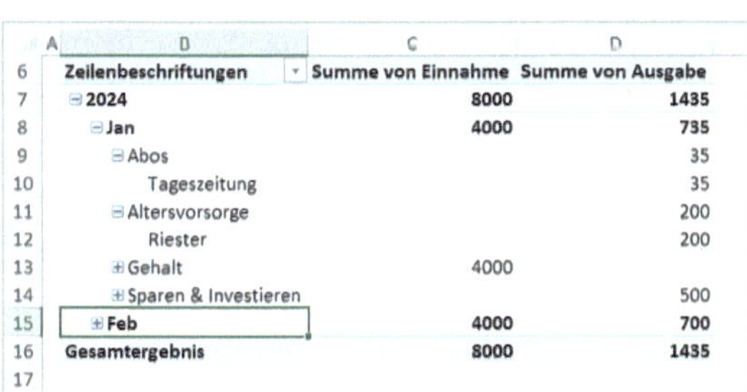

	A	B	C	D
6		Zeilenbeschriftungen	Summe von Einnahme	Summe von Ausgabe
7		⊟2024	8000	1435
8		⊟Jan	4000	735
9		⊟Abos		35
10		Tageszeitung		35
11		⊟Altersvorsorge		200
12		Riester		200
13		⊞Gehalt	4000	
14		⊞Sparen & Investieren		500
15		⊞Feb	4000	700
16		Gesamtergebnis	8000	1435
17				

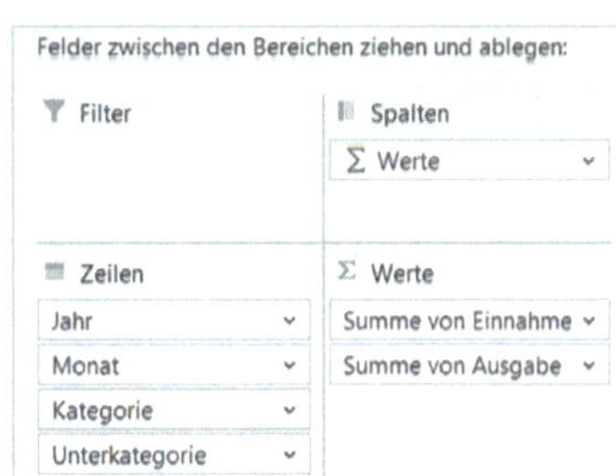

PivotTable-Formatvorlagen

Im Register *Entwurf* befinden sich unter anderem auch die Gruppen *Optionen für PivotTable-Formate* und *PivotTable-Formate*.

Wie für Tabellen (s. Seite 51) können Sie auch für Pivot-Tabellen eigene Formatvorlagen erstellen oder einfach in der Registerkarte *Entwurf* | *PivotTable-Formate* eine bereits vorhandene Vorlage wählen.

Benutzerdefinierte Formatvorlage erstellen

Erstellen wir nun für die Pivot-Tabellen unseres Haushaltsbuchs eine neue PivotTable-Formatvorlage. Hierzu öffnen wir mit dem kleinen Pfeilsymbol ⊽ den Formatvorlagen-Katalog und wählen den Befehl *Neue PivotTable-Formatvorlage...*.

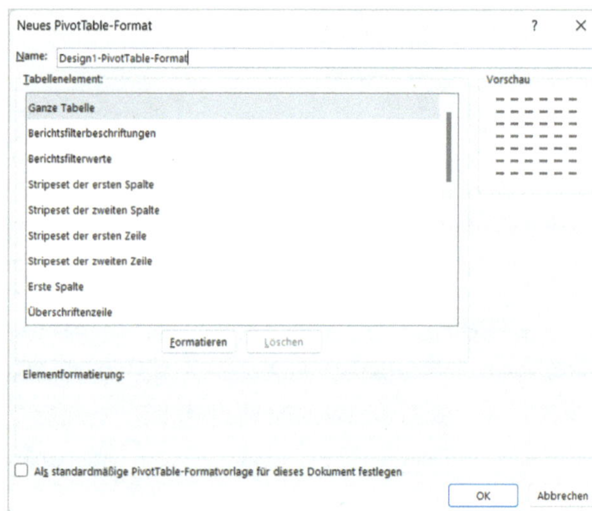

Es öffnet sich das Dialogfenster *Neues PivotTable-Format*, in dem wir für die einzelnen Tabellenelemente die folgenden Einstellungen festlegen:

Element	Formateinstellungen
Name	*Design1-PivotTable-Format*
Ganze Tabelle	*Schrift* | *Farbe*: Text 2 *Rahmen* | *Farbe*: Akzent 3, dunkler 25 % *Voreinstellungen*: Keine | *Rahmen*: oben, Mitte, unten *Ausfüllen* | *Hintergrundfarbe*: Hintergrund 1
Überschriftenzeile / Zeile mit Gesamtergebnis	*Schrift* | *Schriftschnitt*: Fett | *Farbe*: Text 1 *Ausfüllen* | *Hintergrundfarbe*: Akzent 3
Als standardmäßige Datenschnitt-Formatvorlage für dieses Dokument festlegen aktivieren	

Zuletzt noch in der Registerkarte *Entwurf* | *PivotTable-Formate* die soeben erstellte benutzerdefinierte Formatvorlage *Design1-PivotTable-Format* auswählen.

Felder berechnen

Im Register *PivotTable-Analyse* befindet sich unter anderem die Gruppe *Berechnungen*. Wir benötigen neben den Einnahmen und Ausgaben auch noch den Saldo, um zu sehen, ob wir schlussendlich einen Überschuss erzielen oder ein Defizit haben.

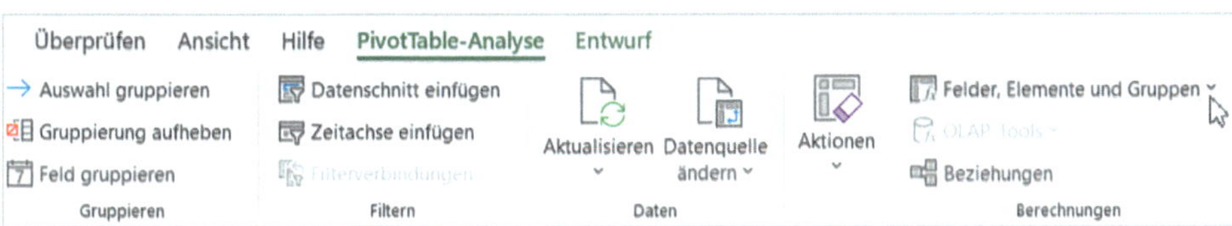

Pivot-Tabellen - Berechnungen
Man kann in Pivot-Tabellen nicht nur Daten aus der zugrundeliegenden Tabelle darstellen, sondern auch weitere Werte aus diesen Daten berechnen.

Genau genommen stellt schon die Zusammenfassung der Ergebnisse aus den Spaltenwerten eine Berechnung dar. Dort werden ja, je nach Berechnungsmethode, die Summe, die Anzahl, Mittelwerte und dergleichen dargestellt (*Werte zusammenfassen nach*). Daneben gibt es noch eine zweite standardmäßig vorhandene Berechnungsmethode, nämlich *Werte anzeigen als*. Darunter fällt z. B. die Anzeige der Werte in % des Gesamtergebnisses, Differenz von, Laufende Summe etc. Auch hierzu werden Sie im weiteren Verlauf praktische Anwendungsmöglichkeiten kennenlernen.

Sollten Sie mit den oben genannten Berechnungsmethoden nicht Ihr gewünschtes Ergebnis erzielen, können Sie eigene Formeln in berechneten Feldern und berechneten Elementen erstellen.

Wir wollen also jetzt ein berechnetes Feld erstellen, welches uns den Saldo ermittelt:

1. Klicken Sie an eine beliebige Stelle der Pivot-Tabelle, öffnen Sie im Register *PivotTable-Analyse | Berechnungen* das Menü *Felder, Elemente und Gruppen* und wählen Sie dort den Befehl *Berechnetes Feld...*.
2. Im Dialogfenster *Berechnetes Feld einfügen* ändern wir den Namen *Feld1* des berechneten Feldes in *Saldo* und geben im Feld *Formel* die folgende Formel ein: *= Einnahme-Ausgabe*

Alternativ können Sie die Felder *Einnahme* und *Ausgabe* über die Schaltfläche *Feld einfügen* an der entsprechenden Stelle der Formel einfügen. Dazu wählen Sie in der Liste *Felder* das Feld *Einnahme* und klicken auf *Feld einfügen*, anschließend geben Sie ein Minuszeichen über die Tastatur ein, wählen das Feld *Ausgabe* und klicken erneut auf *Feld einfügen*.

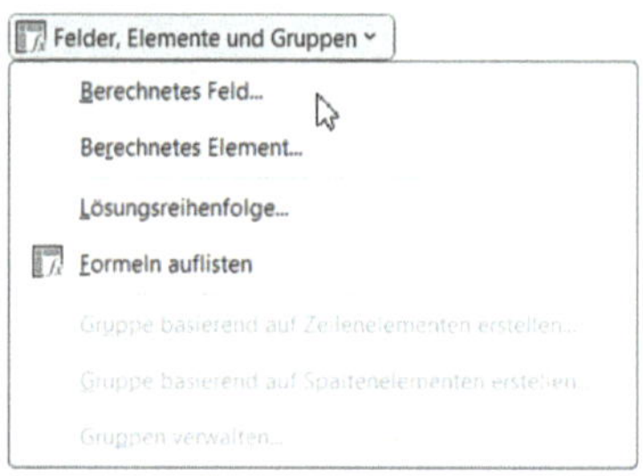

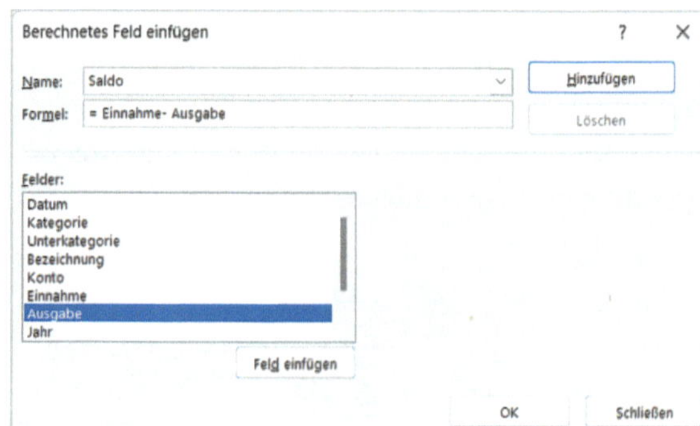

3. Zuletzt können Sie die Formel mit Klick auf die Schaltfläche *Hinzufügen* abschließen und das berechnete Feld *Saldo* wird der Liste *Felder* hinzugefügt. Schließen Sie das Dialogfenster mit dem Befehl *Schließen*. Das berechnete Feld erscheint nun automatisch in der Pivot-Tabelle.

Sollte ein Hinweis erscheinen, dass Ihr Tabellenblatt bereits Daten enthält, können Sie die Frage mit *Ja* beantworten.

Wenn Sie ein berechnetes Feld ändern oder wieder löschen wollen, dann gehen Sie wieder zum Befehl *Berechnetes Feld...*, öffnen im Dialogfenster mit Klick auf den Pfeil im Feld *Name* die Liste aller berechneten Felder und wählen Ihr Feld. Jetzt können Sie die Formel ändern oder das Feld löschen.

Wenn Sie im Register *PivotTable-Analyse | Berechnungen* im Menü *Felder, Elemente und Gruppen* den Befehl *Formeln auflisten* wählen, erstellt Excel ein neues Tabellenblatt, in dem alle berechneten Felder aufgeführt werden. Dieses Tabellenblatt können Sie problemlos auch wieder löschen.

Und schon haben Sie ein berechnetes Feld in einer Pivot-Tabelle erstellt. Zugegeben, zu Beginn noch ein sehr einfaches Beispiel. Die Berechnungsmöglichkeiten sind aber sehr umfangreich. Sie können in der Formel grundsätzlich Operatoren und Ausdrücke genauso verwenden wie in Formeln, die Sie im Arbeitsblatt eingeben. Allerdings können Sie keine Zellbezüge erstellen oder definierte Namen verwenden.

> Wie oben ausgeführt, vermeide ich es grundsätzlich, in reinen Datentabellen (wie unsere Tabelle *Haushaltsjournal*), die lediglich zur Erfassung der Daten als Grundlage dienen, Berechnungen durchzuführen. Befinden sich in dieser Tabelle bereits Formeln, taucht die Spalte automatisch auch in der Feldliste auf und die Berechnung in der Pivot-Tabelle ist dann nicht mehr notwendig.
>
> Dementsprechend enthält unsere Feldliste auch bereits die (berechneten) Felder *Jahr*, *Monat*, *Art* und *Kostenart*.

Spaltenüberschriften, Berechnungsart und Zahlenformate ändern

Als Nächstes wollen wir als Spaltenüberschriften der Wertefelder *Einnahme*, *Ausgabe* und *Saldo* etwas aussagekräftigere Bezeichnungen verwenden, sowie die Zahlen mit dem richtigen Zahlenformat versehen.

Alle diese Einstellungen nehmen Sie im Dialogfenster *Wertfeldeinstellungen* vor, das Sie auf verschiedenen Wegen öffnen:

- Sie können in der Pivot-Tabelle ein beliebiges Feld der zu ändernden Spalte mit der **rechten Maustaste** anklicken und im Kontextmenu den Befehl *Wertfeldeinstellungen...* wählen,
- oder klicken Sie in der Feldliste im Bereich *Werte* mit der linken Maustaste auf das zu formatierende Feld und im Menü auf *Wertfeldeinstellungen...*,
- oder wählen Sie den Befehl *Feldeinstellungen* im Register *PivotTable-Analyse | Aktives Feld*.

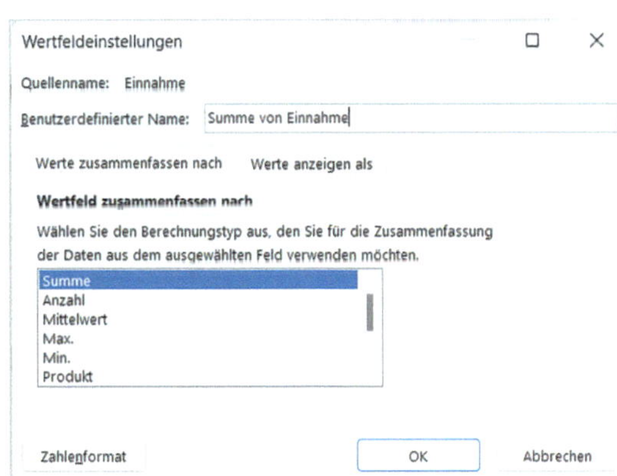

Im Dialogfenster *Wertfeldeinstellungen* wollen wir zuerst im Feld *Benutzerdefinierter Name* den Namen auf *„Einnahmen"* abändern.

> Da der Name vom Berechnungstyp, hier *Summe*, abhängig ist, ist es ratsam, zuerst unter *Wertfeld zusammenfassen nach* den Berechnungstyp auszuwählen und anschließend den Namen anzupassen. Sollte also *Summe* nicht bereits ausgewählt sein, so wählen Sie zuerst *Summe* und ändern danach den Namen.

Alternativ können Sie den Namen bzw. die Spaltenüberschrift auch im Register *PivotTable-Analyse* | *Aktives Feld* abändern. Am einfachsten ist es allerdings, wenn Sie die Spaltenüberschrift direkt in der Zelle in der Pivot-Tabelle ändern.

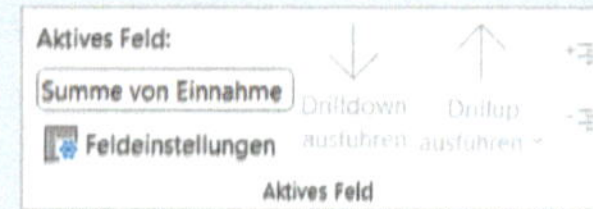

Achtung: Der neue Name darf nicht bereits in der Feldliste vorhanden sein. Sie können also in unserem Beispiel nicht den Namen *Einnahme* verwenden, da dieser schon existiert. Es ist allerdings möglich, an den Namen einfach noch ein Leerzeichen anzufügen.

Der geänderte Name wird dann auch in der Feldliste im Bereich *Werte* angezeigt.

Nachdem Sie im Dialogfenster *Wertfeldeinstellungen* den Namen geändert haben, klicken Sie auf die Schaltfläche *Zahlenformat* und wählen im Dialogfenster *Zellen formatieren* die Kategorie *Währung*. Die übrigen Voreinstellungen können beibehalten werden.

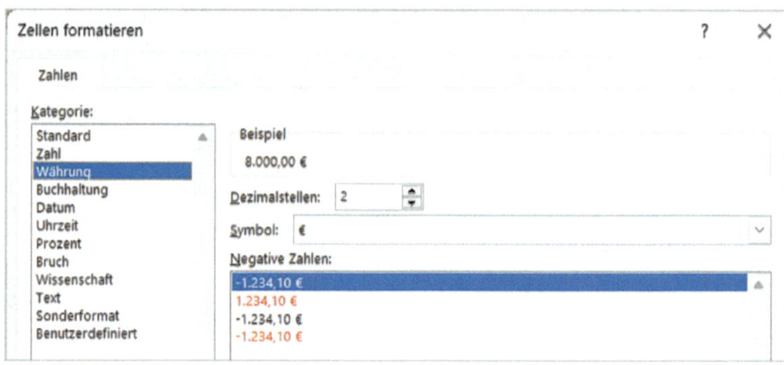

Wenn Sie nur das Zahlenformat ändern wollen, brauchen Sie das Dialogfenster *Wertfeldeinstellungen* nicht zu öffnen, sondern können stattdessen auch in der Pivot-Tabelle eine beliebige Zelle der zu ändernden Spalte mit der rechten Maustaste anklicken und im Kontextmenü direkt den Befehl *Zahlenformat...* wählen.

Ändern Sie nun auch Beschriftung und Zahlenformat der Spalten *Ausgabe* und *Saldo* entsprechend. Der Saldo erhält den Namen „*Ergebnis*".

Markieren Sie die Spaltenüberschriften *Einnahmen*, *Ausgaben* und *Ergebnis* und wählen Sie *Rechtsbündig ausrichten* im Register *Start* | *Ausrichtung*.

Zuletzt ändern Sie noch die Spaltenüberschrift *Zeilenbeschriftungen* direkt in der Zelle in „*Zeitraum, Kategorien*".

Falls Sie die Feldkopfzeile bzw. der Text *Zeilenbeschriftungen* nicht angezeigt werden soll, können Sie diese im Register *PivotTable-Analyse | Einblenden* mit dem Befehl *Feldkopfzeilen* aus- und auch wieder einblenden.

In derselben Gruppe können bei Bedarf auch die Schaltflächen +/- aus- und eingeblendet werden. Wenn Sie die Schaltflächen ausblenden, können Sie die Felder auch per Doppelklick erweitern oder reduzieren.

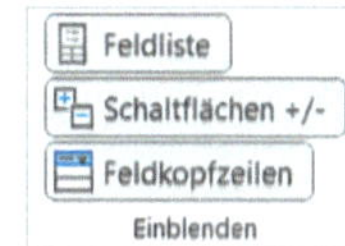

Arbeitsblatthintergrund in Pivot-Tabellen

Ändert sich die Größe der Pivot-Tabelle, beispielsweise durch Filtern, wird nicht mehr die ursprünglich gewählte Hintergrundfüllung verwendet, sondern diese Einstellung gelöscht und durch die Standard-Zellenformatvorlage ersetzt.

Wenn Sie das dunkle Design verwenden (s. Kap. 1.5 auf Seite 20 ff.) und für die Standard-Zellenformatvorlage als Füllung die Farbe *Hintergrund 1* festgelegt und diese Vorlage auf alle Zellen im Tabellenblatt angewendet haben, bleibt die Hintergrundfarbe unverändert.

Falls in der Zellenformatvorlage allerdings kein Füllbereich festgelegt wurde und Sie lediglich eine Füllfarbe für das Tabellenblatt anwenden, erhalten Sie das abgebildete Ergebnis.

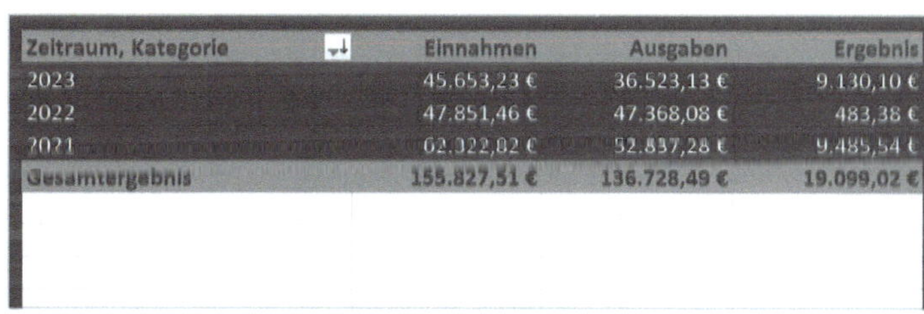

Zeitraum, Kategorie	Einnahmen	Ausgaben	Ergebnis
2023	45.653,23 €	36.523,13 €	9.130,10 €
2022	47.851,46 €	47.368,08 €	483,38 €
2021	62.322,82 €	52.837,28 €	9.485,54 €
Gesamtergebnis	155.827,51 €	136.728,49 €	19.099,02 €

Wenn Sie für die Standardvorlage keinen Füllbereich festlegen wollen, gibt es noch einen anderen Weg, die Farbunterschiede zu verhindern, indem Sie sich einer weiteren Möglichkeit der Hintergrundgestaltung von Excel bedienen.

Im Register *Seitenlayout* befindet sich die Gruppe *Seite einrichten*, die unter anderem den Befehl *Hintergrund* enthält.

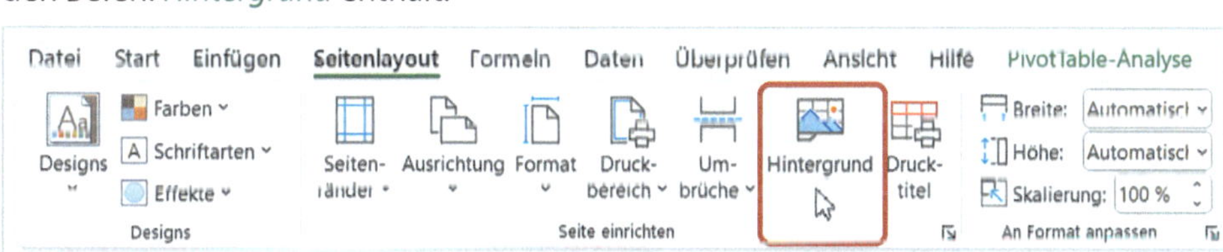

Mit dem Befehl *Hintergrund* können Sie ein Hintergrundbild für Ihr Tabellenblatt festlegen. Hierbei können Sie grundsätzlich jedes Bild verwenden, ggf. sollten Sie im Register *Ansicht | Anzeigen* die störenden Gitternetzlinien ausblenden. Mit dem Befehl *Hintergrund löschen* an derselben Stelle können Sie einen Hintergrund wieder entfernen.

Um das oben geschilderte Problem zu umgehen, können Sie auch eine Bilddatei erstellen, diese in der gewünschten Farbe einfärben und als Hintergrund verwenden.

> Beachten Sie, dass die Zellen keine Füllfarbe enthalten dürfen, auch nicht über die Zellenformatvorlage, da das Hintergrundbild sonst nicht zu sehen ist.

Prozentuale Werte anzeigen

Da wir in unserer Pivot-Tabelle neben den eigentlichen Werten auch noch die prozentualen Anteile und eine grafische Balkendarstellung erstellen und zusätzlich zum Ergebnis mittels Symbol auf den ersten Blick sehen wollen, ob es sich um ein positives oder negatives Ergebnis handelt, brauchen wir noch weitere Felder im Wertebereich unserer Pivot-Tabelle.

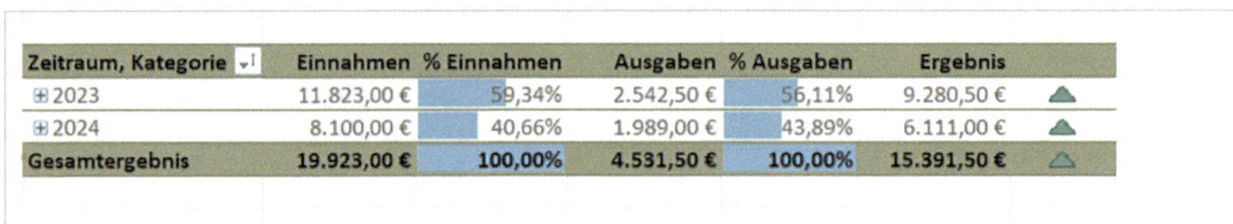

Zeitraum, Kategorie	Einnahmen	% Einnahmen	Ausgaben	% Ausgaben	Ergebnis	
⊞2023	11.823,00 €	59,34%	2.542,50 €	56,11%	9.280,50 €	▲
⊞2024	8.100,00 €	40,66%	1.989,00 €	43,89%	6.111,00 €	▲
Gesamtergebnis	19.923,00 €	100,00%	4.531,50 €	100,00%	15.391,50 €	△

> Sie können ein Feld auch mehrmals im Bereich *Werte* verwenden. Felder allerdings, die sich im Filterbereich oder im Zeilenbereich befinden, können in keinem anderen Bereich mehr verwendet werden. Wenn wir, z. B. wie hier das Feld *Kategorie* im Zeilenbereich verwenden, können wir es nicht mehr in den Bereich *Filter* ziehen, da es sonst aus dem Zeilenbereich wieder entfernt wird.

Zusätzliche Felder anlegen

Ziehen Sie die Felder *Einnahme*, *Ausgabe* und *Saldo* ein zweites Mal in den Wertebereich und ordnen Sie die Felder in nebenstehender Reihenfolge an.

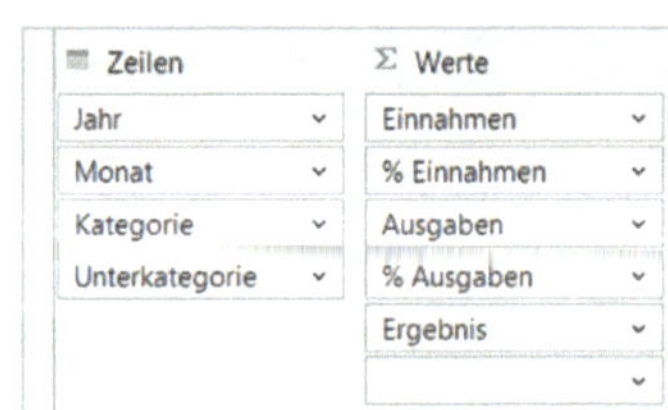

Die Spaltenüberschriften ändern Sie in „*% Einnahmen*" und „*% Ausgaben*". Das zweite Saldofeld soll keine Überschrift erhalten, also geben Sie einfach ein Leerzeichen („ ") als Name ein.

Als *Zahlenformat* legen Sie für die % Felder *Prozent* mit zwei Dezimalstellen fest. Sie werden nun feststellen, dass jetzt die Zahlen dieser Spalten lediglich als Prozentzahl angezeigt wird, was weder sinnvoll noch gewünscht ist. Wir wollen ja den Prozentanteil der jeweiligen Zeile zur übergeordneten Kategorie, also beispielsweise die Prozentanteile der einzelnen Monate im Verhältnis zum Jahresbetrag.

Wie Sie bereits gesehen haben, gibt es im Dialogfenster *Wertfeldeinstellungen* neben dem Reiter *Wertfeld zusammenfassen nach* auch noch den Reiter *Werte anzeigen als* ❶. Wählen Sie sowohl für die Spalte *% Einnahmen*, als auch für *% Ausgaben* jeweils *% des übergeordneten Zeilenergebnisses* ❷ aus und richten Sie die Spaltenüberschriften noch rechtsbündig aus.

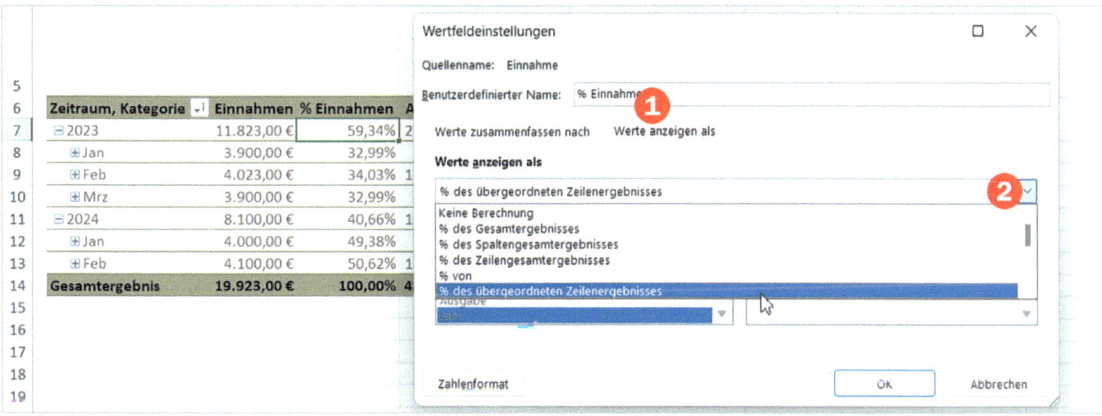

Dieselben Einstellungen können Sie auch über das Kontextmenü der betreffenden Spalte in der Pivot-Tabelle und den Befehl *Werte anzeigen als* vornehmen.

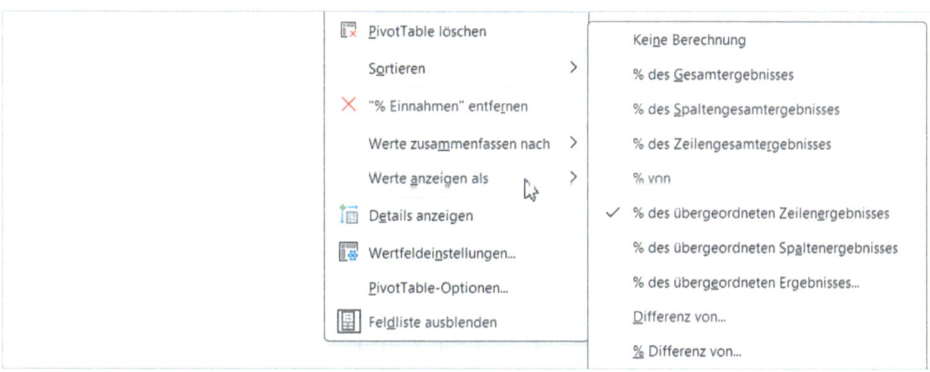

Bedingte Formatierung

Jetzt fehlen uns nur noch die Balkenanzeige und das Symbol für das Ergebnis. Diese Anzeigemöglichkeiten finden wir im Register *Start* | *Formatvorlagen* im Menü *Bedingte Formatierung*. Hier stehen zahlreiche Möglichkeiten zur Verfügung, um Zellen abhängig von ihren Werten zu formatieren.

Datenbalken für die Felder % Einnahmen und % Ausgaben

Für die Spalten *% Einnahmen* und *% Ausgaben* wollen wir Datenbalken verwenden. Klicken Sie zunächst irgendeine Zelle der Spalte *% Einnahmen* an und wählen Sie im

Register *Start* | *Formatvorlagen* im Menü *Bedingte Formatierung* aus dem Untermenü *Datenbalken* den Befehl *Weitere Regeln...*.

Im Dialogfenster *Neue Formatierungsregel* können wir nun die gewünschten Einstellungen vornehmen.

- Zunächst wollen wir, dass die bedingte Formatierung auf alle Zellen angewendet wird, die Werte zum Feld *% Einnahmen* enthalten ❶.
- Außerdem wählen wir unter *Balkendarstellung* für die einfarbige Füllung die Farbe *Akzent 1* ❷.
- Genau dasselbe machen wir anschließend auch für die Spalte *% Ausgaben*.

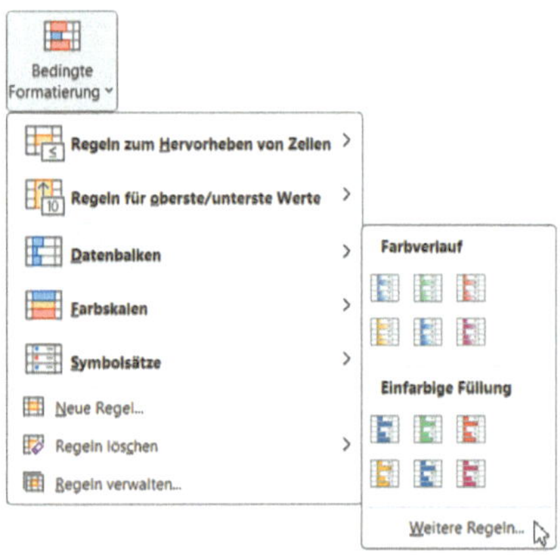

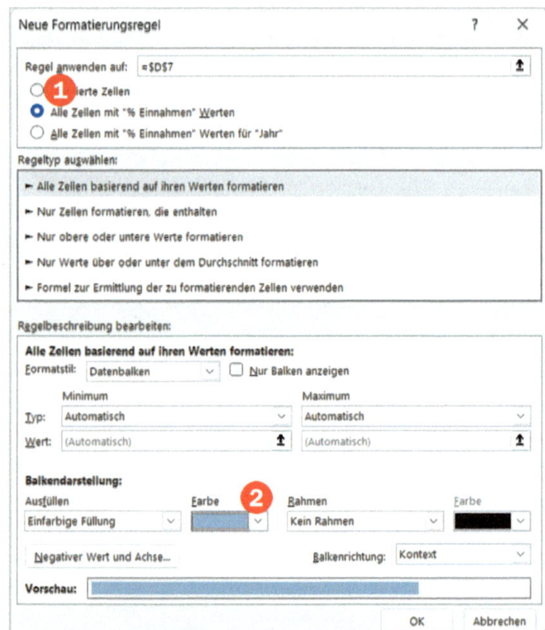

Alternativ können Sie auch gleich eine der Vorlagen im Menü *Bedingte Formatierung* auswählen. An der markierten Tabellenzelle erscheint danach ein Symbol und mit Klick darauf können Sie wählen, auf welche Werte die Formatierung angewendet werden soll.

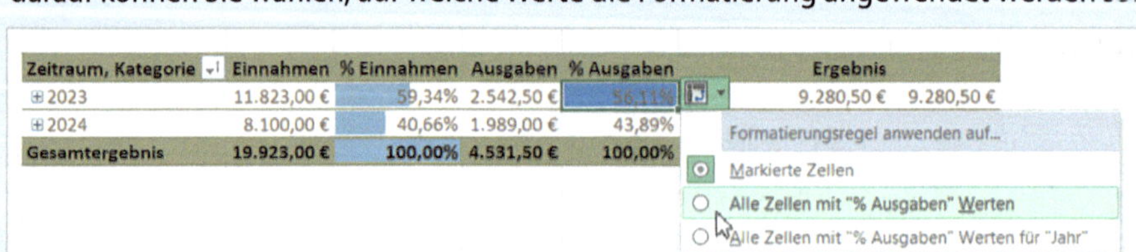

Saldofeld mit Symbol versehen

Im zweiten Saldofeld wollen wir uns ein Symbol anzeigen lassen, an dem wir auf den ersten Blick erkennen können, ob der Wert positiv oder negativ ist.

Hierzu klicken wir in die Spalte, wählen im Menü *Bedingte Formatierung* (Register *Start | Formatvorlagen*) das Untermenü *Symbolsätze* und dort den Befehl *Weitere Regeln...*.

Hier legen wir zuerst wieder fest, dass die Regel für *Alle Zellen mit " " Werten* ❶ (Überschrift leer bzw. " ") gelten soll. Dann wählen wir die gewünschte *Symbolart* ❷ und legen fest, dass nur die Symbole und keine Werte angezeigt werden sollen ❸. Abschließend definieren wir noch die Regeln, wann welches Symbol angezeigt werden soll ❹.

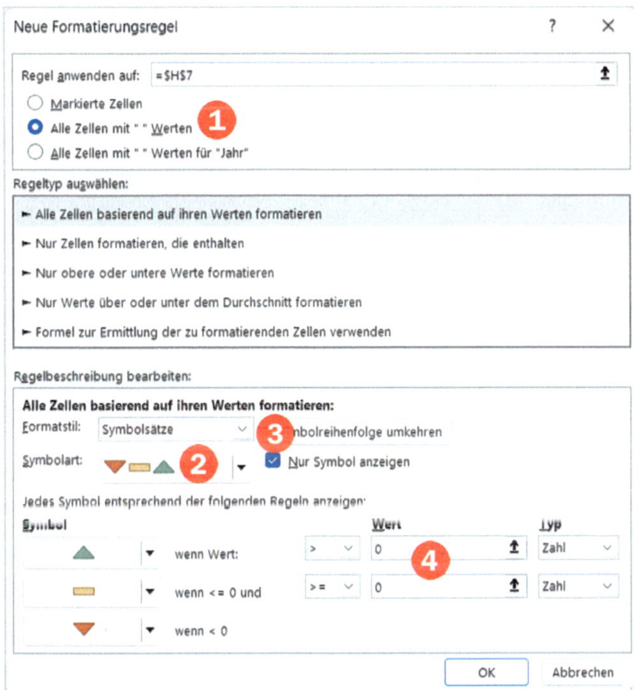

Die Spalte mit dem Symbol wollen wir zudem noch zentriert ausrichten.

Zeitraum, Kategorie	Einnahmen	% Einnahmen	Ausgaben	% Ausgaben	Ergebnis	
⊞ 2023	11.823,00 €	59,34%	2.542,50 €	56,11%	9.280,50 €	▲
⊞ 2024	8.100,00 €	40,66%	1.989,00 €	43,89%	6.111,00 €	▲
Gesamtergebnis	**19.923,00 €**	**100,00%**	**4.531,50 €**	**100,00%**	**15.391,50 €**	▲

Regeln zur bedingten Formatierung verwalten

Im Register *Start* | *Formatvorlagen* können Sie im Menü *Bedingte Formatierung* mit dem Befehl *Regeln verwalten...* das Dialogfenster *Manager für Regeln zur bedingten Formatierung* öffnen. Hier können Sie über Schaltflächen vorhandene Regeln nachträglich bearbeiten oder löschen oder eine neue Regel erstellen.

Zunächst sollten Sie auswählen, für welchen Bereich Sie sich die bestehenden Formatierungsregeln anzeigen lassen wollen, am besten *Dieses Arbeitsblatt*.

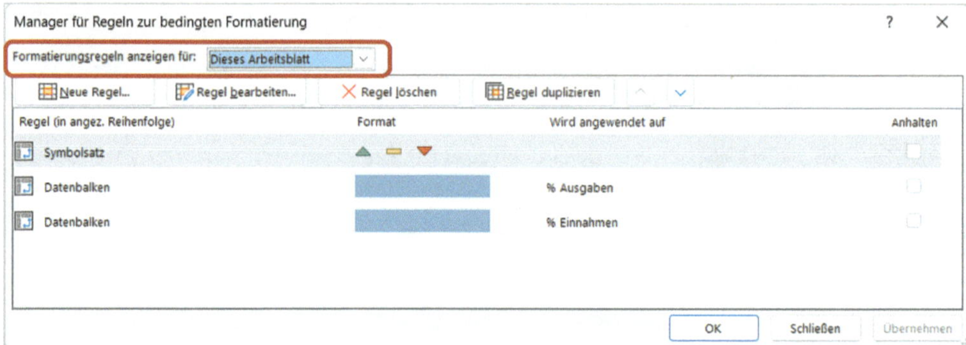

Sie können mit der bedingten Formatierung natürlich nicht nur Zellen einer Pivot-Tabelle, sondern auch alle übrigen Zellen im Arbeitsblatt formatieren.

Gruppierung für die Zusatzfelder erstellen

Abschließend möchten wir uns noch die Möglichkeit schaffen, die Spalten mit der bedingten Formatierung bei Bedarf auch einfach ausblenden zu können. Hierzu markieren Sie nacheinander die entsprechenden Spalten (Spalte **D**, **F** und **H**) und wählen im Register *Daten* | *Gliederung* den Befehl *Gruppieren...*.

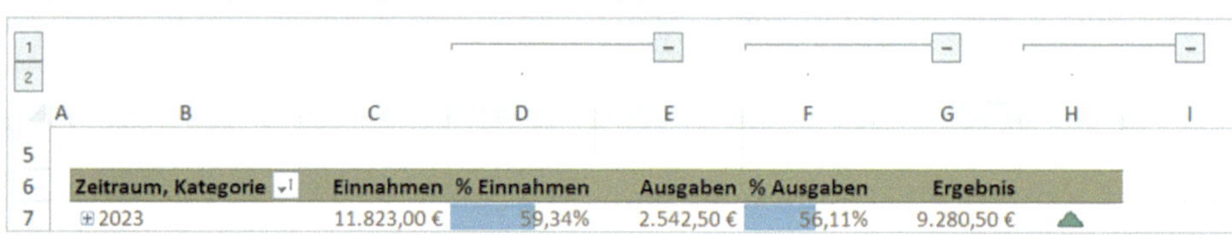

Pivot-Tabelle sortieren

Wenn Sie die Pivot-Tabelle nach den Feldern im Zeilenbereich sortieren wollen, öffnen Sie mit der Pfeil-Schaltfläche rechts von der Spaltenüberschrift das dazugehörige Menü, wählen ggf. das gewünschte Feld und die Sortierfolge. Um untergeordnete Ebenen sortieren zu können, müssen diese aufgeklappt sein. Die Wertefelder können Sie über das Kontextmenü der jeweiligen Spalte sortieren.

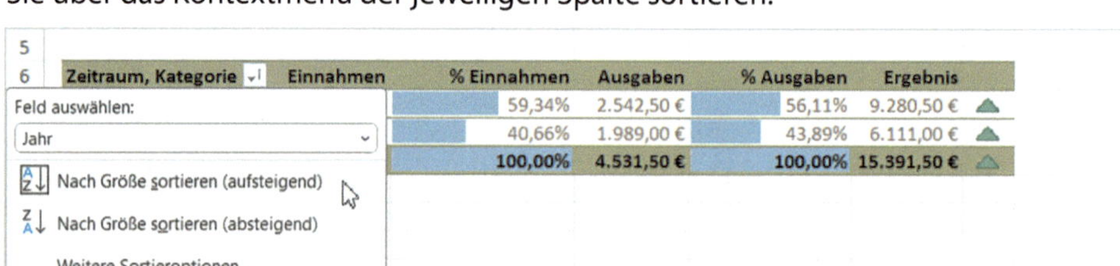

Layout von Pivot-Tabellen anpassen

Im Register *Entwurf* befindet sich unter anderem die Gruppe *Layout*. Ich denke, die meisten Befehle und Einstellungen dürften selbsterklärend sein. Probieren Sie für Ihre Pivot-Tabelle ruhig einmal alle Möglichkeiten aus.

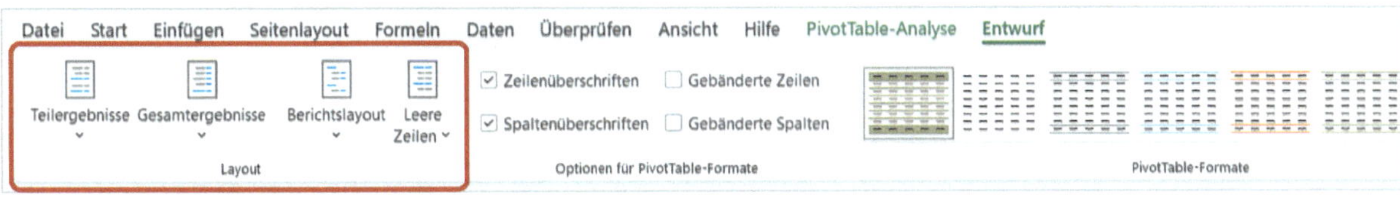

Für unsere Pivot-Tabelle wählen wir im Menü *Teilergebnisse* die Einstellung *Alle Teilergebnisse in der Gruppe oben anzeigen* und im Menü *Gesamtergebnisse* wählen wir *Nur für Spalten aktiviert*.

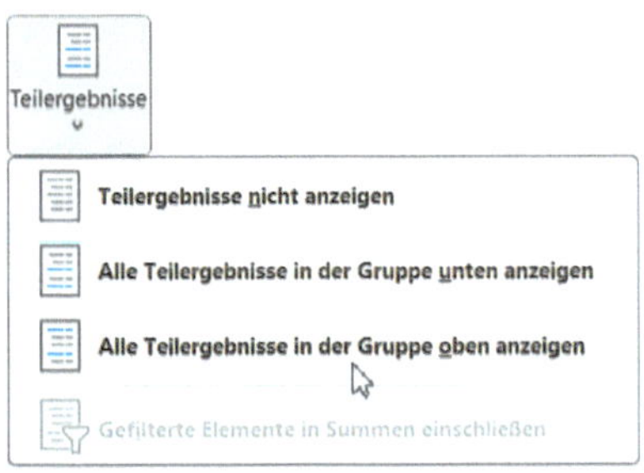

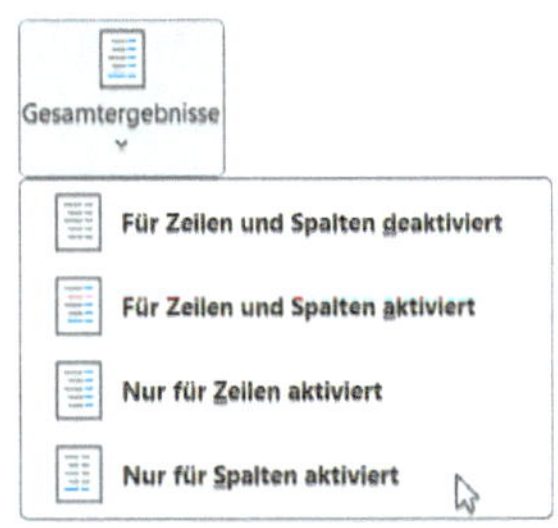

Standardlayout definieren

Hinweisen möchte ich an dieser Stelle noch darauf, dass Sie das Standardlayout von Pivot-Tabellen auch im Dialogfenster *Excel-Optionen* (Register *Datei* | *Optionen*) und dort in der Kategorie *Daten* unter *Datenoptionen* festlegen können.

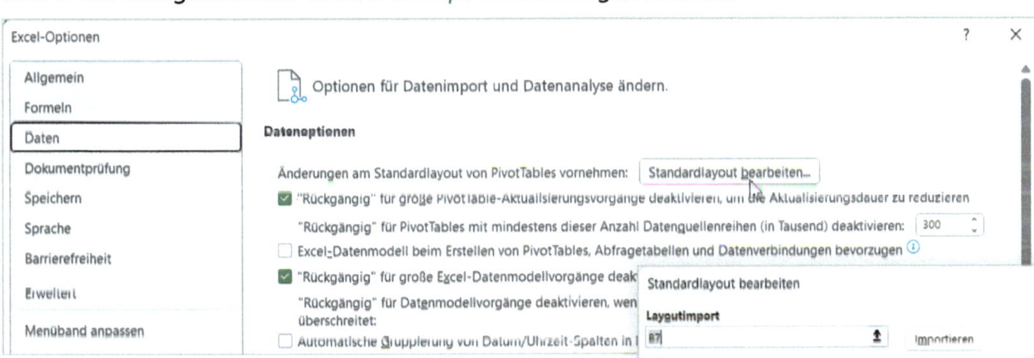

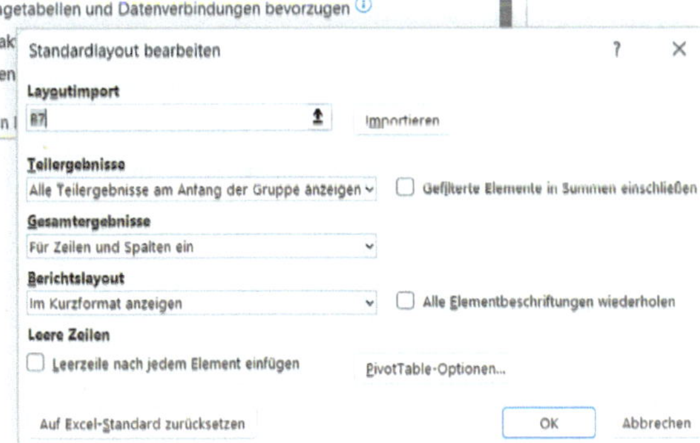

Die Schaltfläche *Standardlayout bearbeiten...* öffnet ein weiteres Dialogfenster mit Einstellungen zur Anzeige von Teil- und Gesamtergebnissen sowie zum Berichtslayout, die standardmäßig für Pivot-Tabellen verwendet werden.

5.3 Datenschnitte

Übersicht Filtermöglichkeiten

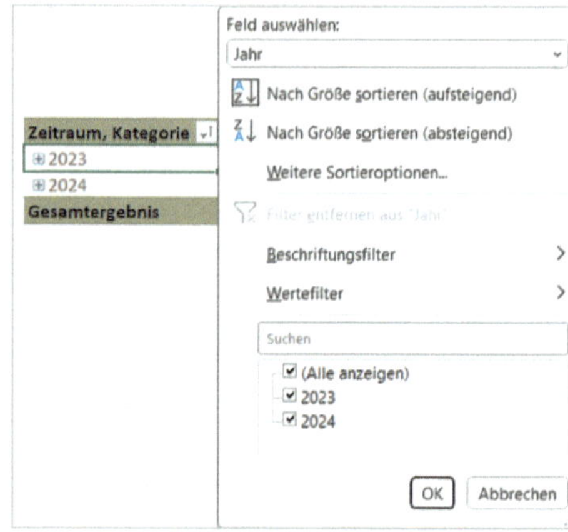

Auch bei der Pivot-Tabelle *PivotEAListe* wollen wir dafür sorgen, dass wir unsere Einnahmen-Ausgaben-Übersicht schnell und einfach filtern können. Natürlich könnten wir uns, analog zur oben beschriebenen Sortiermöglichkeit (s. Seite 104), auch der Filtermöglichkeit über die Feldschaltfläche der Zeilenfelder bedienen.

Wie schon bei unserem Haushaltsjournal stellt dies auch hier meines Erachtens keine optimale Lösung für eine schnelle und unkomplizierte Filterung dar, da wir so jeden Zeitraum, jede Kategorie oder Unterkategorie separat filtern müssten, um mehrere Filter miteinander zu kombinieren.

> Diese Methode wird natürlich auch von den beiden Filtern *Beschriftungs-* und *Wertefilter*, die sich ebenfalls im Menü der Feldschaltfläche befinden, verwendet. Da diese Filterarten in unserer Einnahmen-Ausgaben-Liste nicht benötigt werden, werde ich auch darauf bei den Pivot-Tabellen für unsere grafische Auswertung näher eingehen.

> Es gibt noch eine weitere Möglichkeit, Pivot-Tabellen zu filtern, nämlich indem Sie das Feld, das Sie als Filter verwenden möchten, in den Bereich *Filter* ziehen. Damit werden wir uns im Detail noch in Zusammenhang mit den Pivot-Tabellen für unsere grafische Auswertung beschäftigen.

Wir bedienen uns für die Filterung deshalb erneut der von Excel bereitgestellten Datenschnitte.

Im Register *PivotTable-Analyse* befindet sich unter anderem die Gruppe *Filtern*. Datenschnitte können hinzugefügt werden, indem wir eine beliebige Zelle in der Pivot-Tabelle markieren und im Register *PivotTable-Analyse* | *Filtern* den Befehl *Datenschnitt einfügen* auswählen.

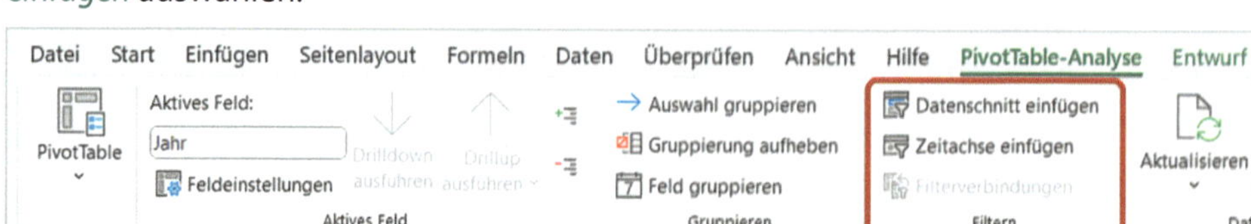

Datenschnitte einfügen

Im Dialogfenster können Sie dann wieder die nachfolgenden Datenschnitte auswählen und die Auswahl mit *OK* übernehmen.

Kategorie | *Unterkategorie* | *Bezeichnung* | *Konto* | *Jahr* | *Monat* | *Art* | *Kostenart*

> In Pivot-Tabellen gibt es für Datumswerte zusätzlich noch die Filtermöglichkeit mittels Zeitachse. Da uns hier die schnelle Filterung nach Jahren und Monaten genügt, verwenden wir wieder die Datenschnitte *Jahr* und *Monat*. Wir werden die Zeitachse später in Zusammenhang mit den PivotCharts aber noch genauer kennenlernen.

Datenschnitte formatieren

Formatvorlage

Wenn Sie, wie auf Seite 62 beschrieben, die benutzerdefinierte Datenschnittformatvorlage als Standard festgelegt haben, wird diese automatisch auf die neu hinzugefügten Datenschnitte angewendet. Ansonsten müssen Sie wieder alle Datenschnitte markieren und im Register *Datenschnitt* | *Datenschnitt-Formatvorlagen* die benutzerdefinierte Formatvorlage *Design1-Datenschnittformat* wählen.

Größe und allgemeine Einstellungen

Mit Hilfe des Befehls *Objekte auswählen* in der Symbolleiste für den Schnellzugriff können wir nun alle eingefügten Datenschnitte markieren, danach den Befehl *Objekte auswählen* wieder deaktivieren und nun im Register *Datenschnitt* in der Gruppe *Schaltflächen* die *Höhe* der Schaltflächen auf 0,60 cm und in der Gruppe *Größe* die *Höhe* des Datenschnitts auf 5,1 cm festlegen.

Im Register *Datenschnitt* | Gruppe *Datenschnitt* öffnen wir noch mit dem Befehl *Datenschnitteinstellungen* das gleichnamige Dialogfenster und setzen den Haken bei *Elemente ohne Daten ausblenden*.

Größe, Position und Ausrichtung

Jetzt brauchen wir nur noch die Breite der einzelnen Datenschnitte festlegen, diese positionieren und ausrichten. Da wir für unsere Pivot-Tabelle die gleichen Datenschnitte wie für unser *Haushaltsjournal* verwenden, können wir wieder, wie bereits auf Seite 65 ff. beschrieben, vorgehen. Um Wiederholungen zu vermeiden, werde ich deshalb hier nur noch kurz die wesentlichen Schritte zusammenfassen.

> Versuchen Sie doch einmal, die Datenschnitte ohne Anleitung bzw. nachschauen anzuordnen. So können Sie den Umgang mit Datenschnitten und den Ausrichtungstools gleich üben.

Legen Sie im Register *Datenschnitt* in der Gruppe *Schaltflächen* die Spaltenanzahl und in der Gruppe *Größe* die Breite der einzelnen Datenschnitte wie folgt fest:

Datenschnitt	Spalten	Breite (cm)	Datenschnitt	Spalten	Breite (cm)
Kategorie	1	6	Jahr	1	3
Unterkategorie	1	7	Monat	2	4,5
Bezeichnung	1	7	Art	1	3
Konto	1	6	Kostenart	1	4

Positionieren Sie den Datenschnitt *Jahr* mit Hilfe der gedrückten **Alt**-Taste in der linken oberen Ecke der Zelle **B5** und positionieren die anderen Datenschnitte ebenfalls in Zeile **5** mit etwas Abstand in folgender Reihenfolge nebeneinander.

Jahr | *Monat* | *Kategorie* | *Unterkategorie* | *Bezeichnung* | *Konto* | *Art* | *Kostenart*

Danach alle Datenschnitte markieren, oben ausrichten, horizontal verteilen und darauf achten, dass im Aufgabenbereich *Datenschnitt formatieren* unter *Größe und Eigenschaften* | *Eigenschaften* die Option *Von Zellposition und -größe unabhängig* ausgewählt ist.

> Wenn Sie alle Datenschnitte gemeinsam verschieben wollen, können Sie diese auch zusammen markieren und verschieben oder diese gruppieren und als Einheit verschieben. So kann die Position bei Bedarf schnell geändert werden.

Fenster fixieren

Da wir auch hier verhindern wollen, dass die Navigationsleiste nebst Titelzeile und unsere Datenschnitte verschwinden, wenn wir im Tabellenblatt nach unten scrollen, wollen wir die obere Hälfte des Tabellenblattes bis hin zur Tabellenüberschrift wieder fixieren. Markieren Sie hierzu die gesamte Zeile **7**, öffnen Sie in der Registerkarte *Ansicht* | *Fenster* das Menü *Fenster fixieren* und wählen dort den Befehl *Fenster fixieren* (s. Kap. „4.4 Fenster fixieren" auf Seite 67).

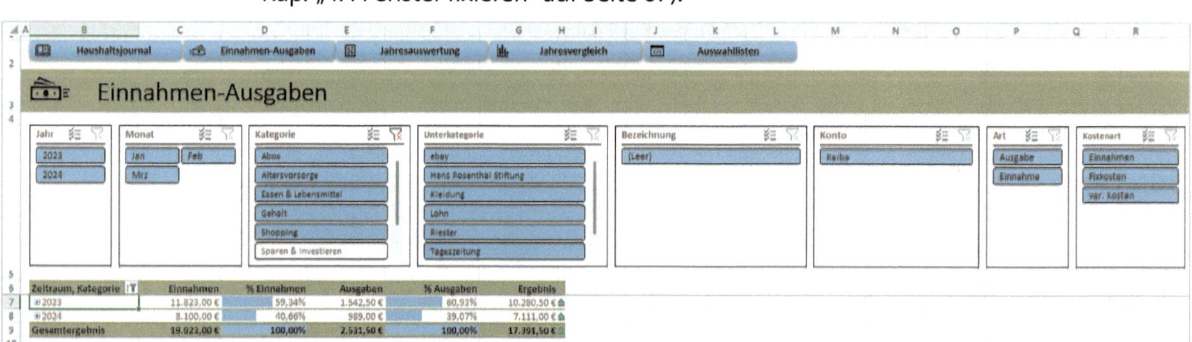

5.4 Arbeiten mit Pivot-Tabellen

Wie Sie gesehen haben, können Sie eine Vielzahl von Auswertungen Ihrer Ausgangsdaten vornehmen. Wir werden im weiteren Verlauf noch weitere Pivot-Tabellen erstellen, die wir für die grafische Darstellung unserer Daten mittels PivotCharts benötigen. Scheuen Sie sich nicht, Pivot-Tabellen einzusetzen, wenn es um die Aufbereitung Ihrer Daten geht. Es mag am Anfang kompliziert aussehen. Hat man das Grundprinzip dahinter jedoch einmal verstanden, werden Sie Pivot-Tabellen nicht mehr missen wollen.

Feld erweitern/reduzieren

Da wir in der Feldliste im Zeilenbereich mehrere Felder angeordnet und dadurch mehrere Ebenen haben, möchten wir diese auch schnell reduzieren und erweitern können. Die Befehle dazu befinden sich im Register *PivotTable-Analyse* | *Aktives Feld*.

Die Befehle *Feld erweitern* und *Feld reduzieren* wollen wir in die Symbolleiste für den Schnellzugriff aufnehmen (siehe hierzu Kap. Seite 17 ff.). Da sich diese beiden Befehle bereits im Menüband befinden, geht dies am einfachsten mit einem Rechtsklick und dem Befehl *Zu Symbolleiste für den Schnellzugriff hinzufügen*.

Wenn eine Zelle in der Spalte *Zeitraum, Kategorien* markiert ist, dann können Sie über diese Befehle die untergeordneten Felder schnell auf- und zuklappen.

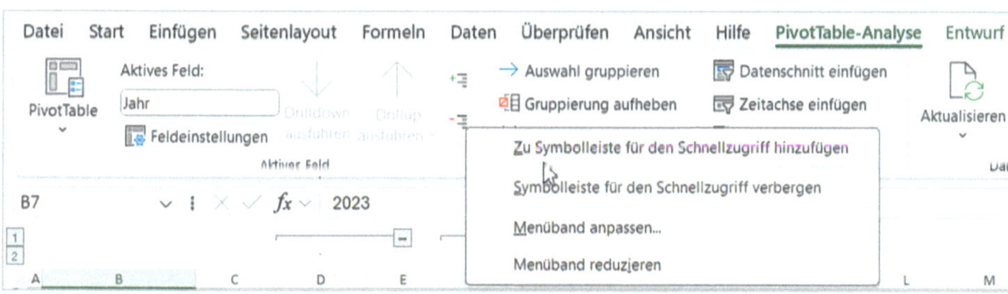

Pivot-Tabelle aktualisieren

Im Gegensatz zu Formeln, die bei jeder Änderung automatisch neu berechnet werden, müssen Pivot-Tabellen manuell aktualisiert werden, wenn in der Ausgangstabelle Daten hinzugefügt, gelöscht oder geändert wurden.

Dazu klicken Sie in die Pivot-Tabelle und im Register *PivotTable-Analyse* | *Daten* auf *Aktualisieren*. Alternativ können Sie auch die Tastenkombination **Alt+F5** verwenden oder Rechtsklick in die Pivot-Tabelle und Befehl *Aktualisieren*.

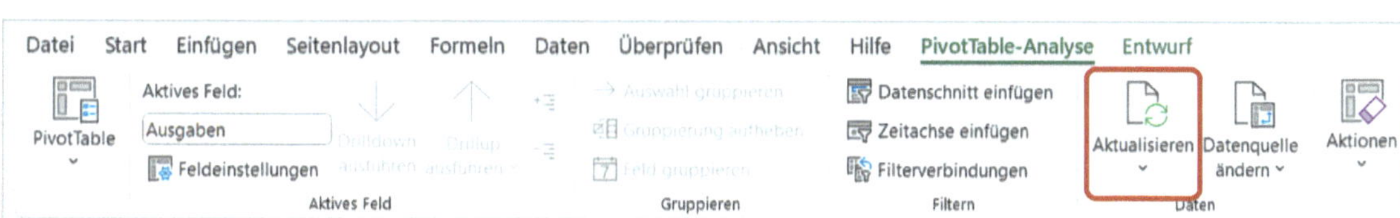

PivotTable-Optionen

Im Dialogfenster *PivotTable-Optionen* können darüber hinaus noch viele weitere Einstellungen bezüglich der Pivot-Tabelle vorgenommen werden. Einige der Einstellungen haben Sie bereits kennengelernt und diese können auch über die Registerkarten vorgenommen werden.

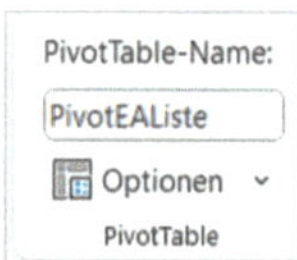

Sie öffnen das Dialogfenster entweder über das Register *PivotTable-Analyse* | *PivotTable* mit dem Befehl *Optionen* oder über das Kontextmenü der Pivot-Tabelle mit dem Befehl *PivotTable-Optionen....*

Machen Sie sich mit den Einzelheiten in den verschiedenen Reitern des Dialogfeldes näher vertraut. Einige werden wir im weiteren Verlauf noch benötigen.

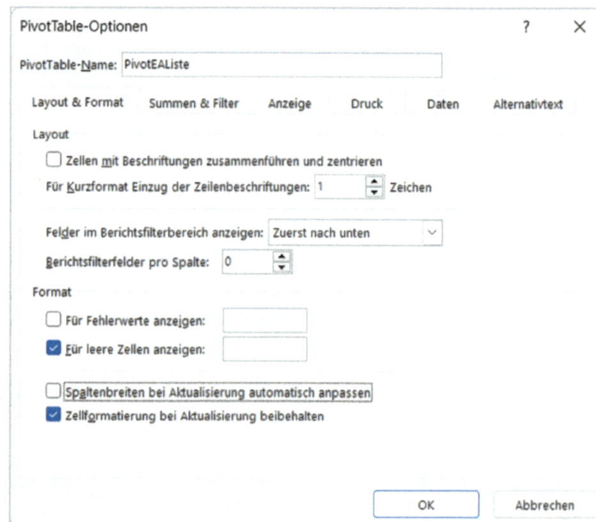

Bereits hier möchte ich allerdings auf drei Einstellungen zum Format im Reiter *Layout & Format* aufmerksam machen.

- **Für Kurzformat Einzug der Zeilenbeschriftungen**
  Wenn Sie im Berichtslayout das Kurzformat verwenden, können Sie den verwendeten Einzug erhöhen.
- **Spaltenbreiten bei Aktualisierung automatisch anpassen**
  Wenn Sie vermeiden wollen, dass bei jeder Aktualisierung und Filterung der Daten die Spaltenbreite automatisch angepasst wird, dann deaktivieren Sie diese Einstellung.
- **Zellenformatierung bei Aktualisierung beibehalten**
  Diese Einstellung sollten Sie aktivieren, wenn Sie Ihre Zellformatierungen beibehalten wollen, was wohl die Regel sein dürfte.

Da ich das automatische Anpassen der Spaltenbreite deaktiviert habe, verwende ich folgende Spaltenbreiten:

B	C	D	E	F	G	H
45	15	15	15	15	15	5

Pivot-Tabellen – Details anzeigen

Wenn Sie Daten in Ihrer Pivot-Tabelle gefiltert haben, möchten Sie unter Umständen zu Kontrollzwecken auch die zugrunde liegenden Datenzeilen der Ausgangstabelle einsehen. Dies ist mit **Doppelklick** in die betreffende Zeile der Pivot-Tabelle ohne Weiteres möglich.

Angenommen, Sie lassen sich in der Pivot-Tabelle *PivotEAListe* alle Beträge zu einer bestimmten Kategorie für das Jahr 2024 anzeigen. Wenn Sie jetzt in der Spalte *Ergebnis* auf den Betrag doppelklicken, erstellt Excel ein neues Tabellenblatt (s. Bild unten) und listet alle dazugehörigen Datensätze der Ausgangstabelle auf. Sie können hinterher das neue Tabellenblatt natürlich ohne Auswirkungen auf Ihre Ausgangsdaten wieder löschen.

Datum	Kategorie	Unterkategorie	Bezeichnung	Konto	Einnahme	Ausgabe	Jahr	Monat	Art	Kostenart
02.01.2024	Sparen & Inve	ETF-Sparplan		Raiba		500	2024	Jan	Ausgabe	var. Kosten
02.02.2024	Sparen & Inve	ETF-Sparplan		Raiba		500	2024	Feb	Ausgabe	var. Kosten
01.01.2024	Gehalt	Lohn		Raiba	4000		2024	Jan	Einnahme	Einnahmen
01.02.2024	Gehalt	Lohn		Raiba	4000		2024	Feb	Einnahme	Einnahmen
01.01.2024	Altersvorsorg	Riester		Raiba		200	2024	Jan	Ausgabe	Fixkosten
01.02.2024	Altersvorsorg	Riester		Raiba		200	2024	Feb	Ausgabe	Fixkosten
02.02.2024	Spenden	Hans Rosenthal Stiftung		Raiba		500	2024	Feb	Ausgabe	var. Kosten
10.02.2024	Verkaufserlös	ebay		Raiba	100		2024	Feb	Einnahme	Einnahmen
15.02.2024	Kapitalerträge			Raiba	450		2024	Feb	Einnahme	Einnahmen
05.02.2024	Shopping	Kleidung		Raiba		89	2024	Feb	Ausgabe	var. Kosten

Haushaltsjournal | Tabelle1 | Einnahmen-Ausgaben | Jahresauswertung | Jahresvergleich | Auswahllisten | Pivot JA

Damit diese Detailanzeige funktioniert, muss allerdings im Dialogfenster *PivotTable-Optionen* die Einstellung *'Details anzeigen' aktivieren* im Reiter *Daten* aktiviert sein. Wenn Sie dagegen vermeiden wollen, dass bei versehentlichem Doppelklick ständig ein neues Tabellenblatt erstellt wird, dann deaktivieren Sie diese Einstellung.

6 Das Tabellenblatt PIVOT JA

Da wir für unsere grafische Auswertung noch weitere Pivot-Tabellen benötigen, fügen wir zu diesem Zweck der Arbeitsmappe zunächst ein eigenes Tabellenblatt hinzu.

JA = Jahresauswertung

Wählen Sie hierfür das Blatt *Auswahllisten* aus und klicken Sie dann im Blattregister auf das kleine Pluszeichen rechts vom Tabellenblatt.

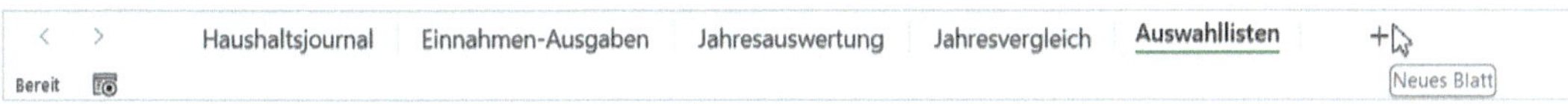

Es erscheint ein neues Tabellenblatt. Dieses Blatt benennen wir um in *„Pivot JA"* entweder mit Hilfe des Kontextmenüs und dem Befehl *Umbenennen* oder mit einem **Doppelklick** auf den Namen.

6.1 Die Pivot-Tabelle Top 3 Einnahmen

Pivot-Tabelle einfügen

Mit der ersten Pivot-Tabelle möchten wir uns lediglich die drei Einnahmenkategorien mit den höchsten Beträgen anzeigen lassen. Diese Pivot-Tabelle wollen wir in Zelle **A5** erstellen. Klicken Sie also in die Zelle **A5** und wählen Sie im Register *Einfügen* | *Tabellen* den Befehl *PivotTable*. Im nachfolgenden Dialogfenster ist im Feld *Quelle* die markierte Zelle bereits eingetragen. Geben Sie unter *Tabelle oder Bereich auswählen* im Feld *Tabelle/Bereich* den Namen der Ausgangstabelle, *Haushaltsjournal*, ein und bestätigen Sie mit *OK*.

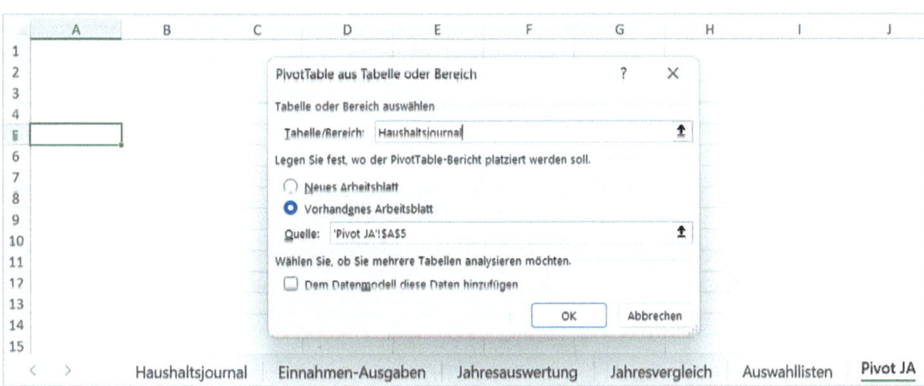

Da wir oberhalb der Pivot-Tabelle zusätzlich zur Filterzeile auch noch eine Überschrift einfügen wollen, beginnen wir mit der Tabelle erst in Zeile **5**.

Ändern Sie zunächst den Namen der Pivot-Tabelle im Register *PivotTable-Analyse* | *PivotTable* in *„PivotJATop3Einnahmen"*.

Da das Eingabefeld für den Tabellennamen doch sehr knapp bemessen ist, wähle ich meistens direkt den Befehl *Optionen* und gebe den Namen im Dialogfenster *PivotTable-Optionen* ein. Zudem kann ich hier bei Bedarf auch gleich weitere Einstellungen vornehmen, z. B. das automatische Anpassen der Spaltenbreiten ausschalten.

Pivot-Tabellen – Bereich Filter

Wenn Sie Pivot-Tabellen filtern möchten, ohne hierfür einen Datenschnitt zu verwenden, können Sie auch das gewünschte Feld in den Bereich *Filter* ziehen. Das Filterfeld wird eine Zeile oberhalb der Pivot-Tabelle eingefügt.

Achten Sie daher darauf, dass sich in den Zellen oberhalb der Pivot-Tabelle keine Daten befinden, die durch die Filterung entfernt werden müssten. Sollten hier nicht ausreichend Zeilen vorhanden sein, weil Sie die Tabelle beispielsweise in Zeile **1** platziert haben, fügt Excel automatisch weitere Zeilen über der Tabelle ein.

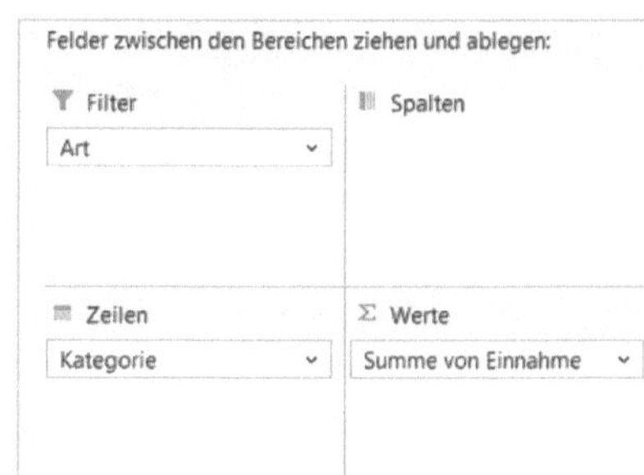

Ziehen Sie nun das Feld *Kategorie* in den Bereich *Zeilen* und das Feld *Einnahme* in den *Wertebereich*. Das Feld *Art* benötigen wir als Filter und ziehen es deshalb in den Bereich *Filter*.

Wie zuvor auf Seite 97 beschrieben, ändern wir auch die Spaltenüberschriften: Statt *Zeilenbeschriftungen* geben Sie *„Kategorie"* ein und *Summe von Einnahme* ändern Sie in *„Einnahmen"*. Diese Spalte erhält außerdem das Zahlenformat *Währung*.

Überschrift hinzufügen und formatieren

Nun wollen wir über unserer Pivot-Tabelle noch eine Überschrift erstellen, damit wir auf den ersten Blick sehen, um welche Daten es sich handelt. Hierzu markieren Sie die Zellen **A1** und **B1**, wählen in der Registerkarte *Start* | *Ausrichtung* den Befehl *Verbinden und zentrieren* und schreiben dann den Text *„Top 3 Einnahmen"* in die verbundenen Zellen.

Damit wir die Füllfarbe, Schriftart und Schriftfarbe nicht für jede Überschrift einzeln festlegen müssen, bietet es sich an, hierfür eine Zellenformatvorlage zu erstellen.

Klicken Sie hierzu mit der rechten Maustaste auf die Standard-Formatvorlage im Register *Start* | *Formatvorlagen* und wählen Sie *Duplizieren…*. Im nachfolgenden Dialogfenster *Formatvorlage* ändern Sie zunächst den Namen in *„PivotÜberschrift“* und klicken dann auf *Formatieren…*, um die einzelnen Formate zu ändern.

Im Dialogfenster *Zellen formatieren* nehmen Sie folgende Einstellungen vor:

- Register *Ausrichtung* | *Textausrichtung Horizontal*: *Zentriert*
- Register *Schrift* | *Schriftschnitt: Fett* | *Farbe: Text 1*
- Register *Ausfüllen* | *Hintergrundfarbe: Akzent 1*

Markieren Sie dann die verbundenen Zellen und wenden Sie die soeben erstellte Formatvorlage an.

Zahlen filtern (Top-10)

Jetzt geht es darum, die Daten so zu filtern, dass uns lediglich die drei Kategorien mit den größten Einnahmen angezeigt werden. Beginnen wir als Erstes damit, dass wir im Feld *Art* im Bereich *Filter* nur Einnahmen zulassen. Hierzu klicken wir im Tabellenblatt beim Feld *Art* auf die Feldschaltfläche bzw. die Schaltfläche mit dem nach unten weisenden Pfeil (Dropdown-Pfeil) und wählen den Eintrag *Einnahme* ❶.

> Falls Sie aus einer Liste mehrere Einträge auswählen wollen, setzen Sie bei *Mehrere Elemente auswählen* einen Haken und wählen dann die Einträge einzeln aus.

Danach klicken Sie auf den Pfeil neben der Spaltenüberschrift *Kategorie*, wählen das Untermenü *Wertefilter* ❷ und hier den *Befehl Top 10…* ❸. Anschließend wählen Sie lediglich die *Obersten 3 Elemente* ❹ aus und bestätigen mit *OK*.

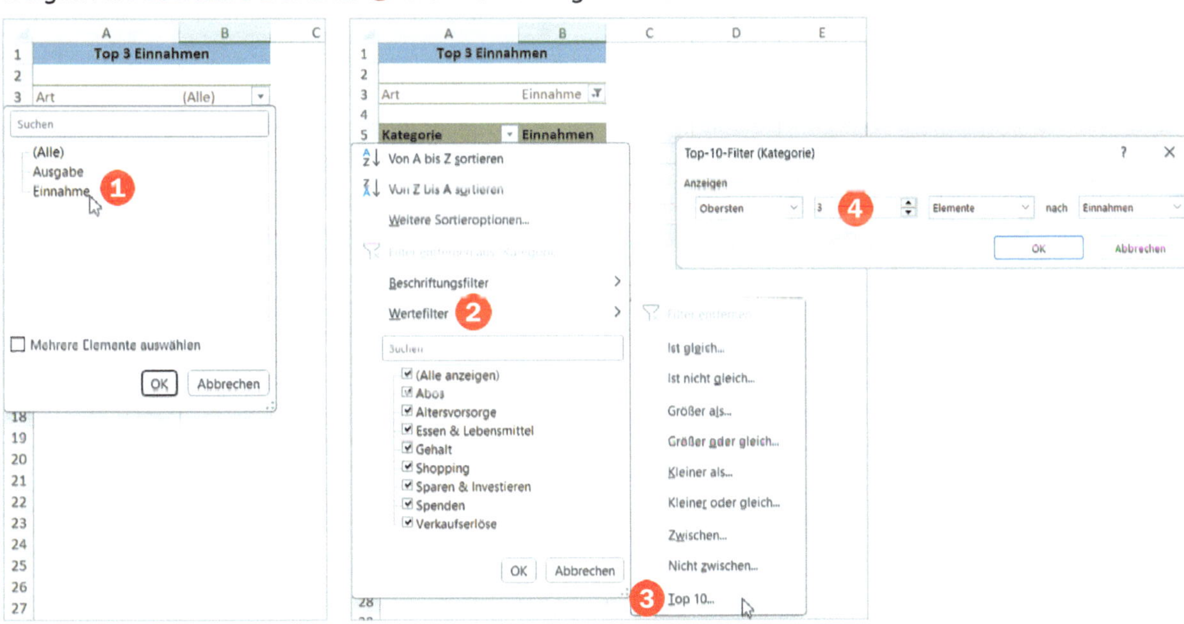

> Wenn Sie sowohl einen Beschriftungs- als auch einen Wertefilter gleichzeitig verwenden wollen, muss im Dialogfenster *PivotTable-Optionen* die Einstellung *Mehrere Filter pro Feld zulassen* im Reiter *Summen & Filter* aktiviert sein.

Tabelle sortieren, Gesamtergebnisse ausblenden

Abschließend sollten wir unsere Daten noch sortieren. Jedoch ist die Standardsortierung nach dem Zeilenfeld, in unserem Fall der Spalte *Kategorie* für unsere Zwecke ungeeignet, da wir ja die Einnahmen sortieren wollen. Klicken Sie daher mit der **rechten** Maustaste in die Spalte *Einnahmen* und wählen Sie im Untermenü *Sortieren* die gewünschte Sortierfolge. Da später im Diagramm (Balken oder Säulen) die Werte der Pivot-Tabelle üblicherweise von unten nach oben dargestellt werden, beginnen wir mit dem kleinsten, d. h. wir wählen *aufsteigend (A-Z)*.

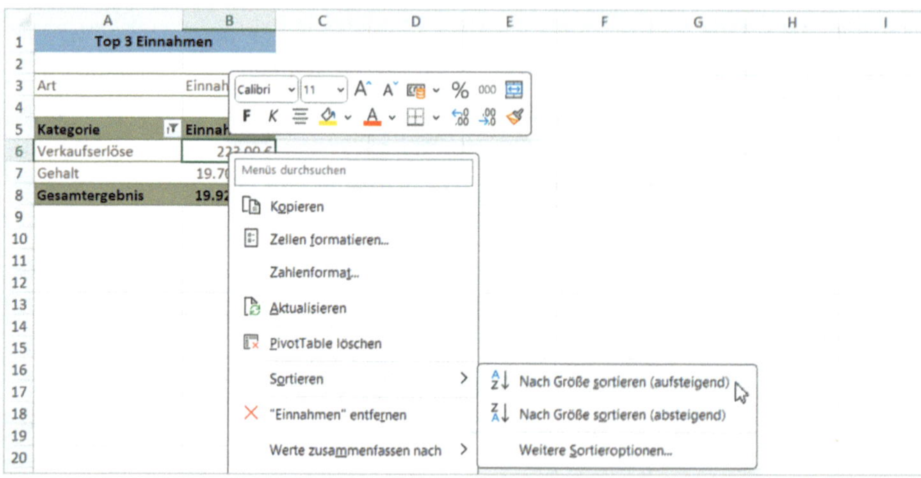

Zudem benötigen wir für die Pivot-Tabelle keine Gesamtergebnisse, weshalb wir diese, falls vorhanden, ausblenden. Wählen wir daher im Register *Entwurf* | *Layout* im Menü *Gesamtergebnisse* die Einstellung *Für Zeilen und Spalten deaktiviert* und im Menü *Teilergebnisse* den Eintrag *Teilergebnisse nicht anzeigen*.

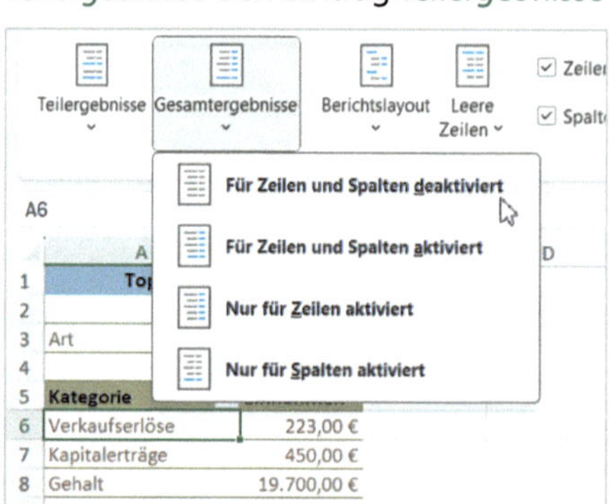

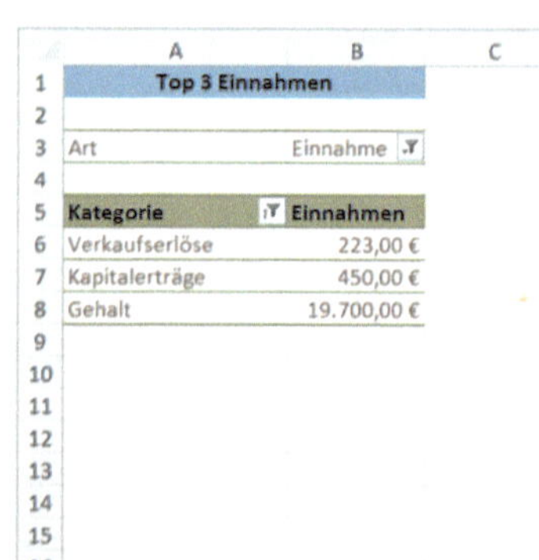

6.2 Die Pivot-Tabelle Top 3 Ausgaben

Das Gleiche möchten wir natürlich auch für unsere Ausgaben darstellen. Um in der neuen Pivot-Tabelle sämtliche Einstellungen und Formatierungen nicht erneut vornehmen zu müssen, können wir die soeben erstellte Pivot-Tabelle *PivotJATop3Einnahmen* samt Überschrift kopieren und daneben wieder einfügen.

> Bei der Platzierung von Pivot-Tabellen sollte immer bedacht werden, dass diese beim Aktualisieren auch erweitert werden können. Deshalb ist es grundsätzlich nicht ratsam, mehrere Pivot-Tabellen nebeneinander (bei Spaltenerweiterung) oder untereinander (bei Zeilenerweiterung) zu platzieren.

Pivot-Tabelle kopieren

Im Register PivotTable-Analyse befindet sich unter anderem die Gruppe *Aktionen*. Diese beinhaltet nützliche Befehle im Umgang mit Pivot-Tabellen.

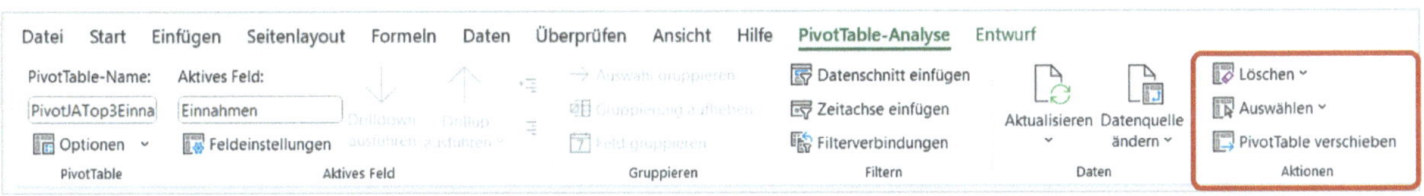

- Um nicht alle gesetzten Filter einzeln wieder aufheben zu müssen, können Sie im Menü *Löschen* mit dem Befehl *Filter entfernen* alle Filter mit einem Klick aufheben. Genauso können Sie mit dem Befehl *Alle Löschen* sämtliche Felder aus der Pivot-Tabelle entfernen und erhalten wieder eine leere Pivot-Tabelle.

> Beachten Sie aber, dass Sie dadurch nicht nur die Felder aus der Pivot-Tabelle entfernen, sondern auch alle berechneten Felder, die auf Grundlage der Datentabelle erstellt wurden.
>
> Sollten Sie noch weitere Pivot-Tabellen mit derselben Datentabelle erstellt haben, stehen diese Felder auch dort nicht mehr zur Verfügung. Excel blendet daher einen Hinweis ein, den Sie nochmals bestätigen müssen. Seien Sie also vorsichtig im Umgang mit diesem Befehl, wenn Sie nicht alle berechneten Felder neu erstellen wollen.

- Mit den Befehlen im Menü *Auswählen* können Sie einzelne Datenbereiche auswählen, praktisch, wenn Sie z. B. die gesamte Tabelle, einen bestimmten Bereich formatieren oder Daten kopieren möchten.

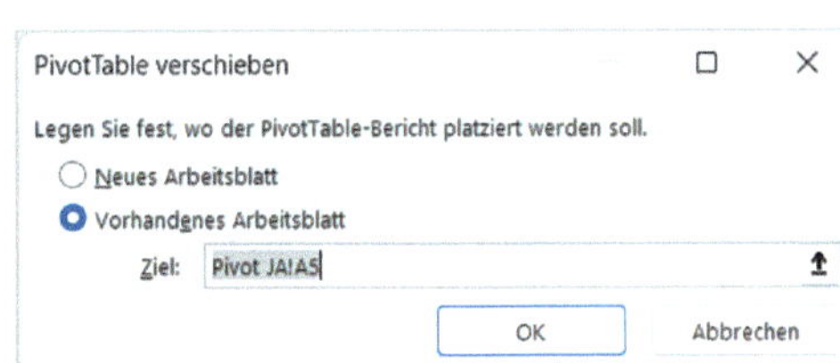

- Mit dem Befehl *PivotTable verschieben* ist es möglich, eine neue Position für die Pivot-Tabelle zu wählen, z. B. in einem anderen Tabellenblatt.

> Um eine Pivot-Tabelle und ggf. auch weitere Zellen (z. B. eine hinzugefügte Überschrift) schnell innerhalb eines Arbeitsblatts zu verschieben, können Sie auch die gewünschten Zellen markieren, den Mauszeiger so am Rand der Markierung positionieren, dass ein Pfeilkreuz erscheint und dann den markierten Bereich mittels Drag & Drop verschieben.

Grundsätzlich könnten wir nun mit dem Befehl *Gesamte PivotTable* aus dem Menü *Auswählen* die Pivot-Tabelle markieren, kopieren und neben der Tabelle wieder einfügen. Allerdings müssten wir dann unsere Überschrift für die Top 3 Ausgaben neu erstellen und formatieren.

Wir wollen daher die Überschrift in **A1** und die gesamte Pivot-Tabelle bis einschließlich der rechten unteren Ecke markieren und mit **Strg+C** kopieren. Anschließend fügen wir die kopierten Inhalte in Zelle **D1** mit den Tasten **Strg+V** wieder ein.

> Wenn Sie nicht sicher sind, welche Zellen die Pivot-Tabelle umfasst, können Sie die Pivot-Tabelle mit dem Befehl *Gesamte PivotTable* markieren und sehen so den gesamten Bereich.

> Um den Umgang mit Pivot-Tabellen zu üben, können Sie selbstverständlich auch alle benötigten Pivot-Tabellen von Grund auf neu erstellen und einrichten. Auch die Überschriften können Sie individuell gestalten oder ganz weglassen.
>
> Da es die Arbeit jedoch erleichtert und beschleunigt, habe ich die Tabellen nebst Überschriften kopiert und nur die notwendigen Änderungen durchgeführt. Daher wiederholen sich die Schritte natürlich mehrmals.

Kopie anpassen

Als Erstes ändern wir die Überschrift in „*Top 3 Ausgaben*", den Pivot-Tabellennamen in „*PivotJATop3Ausgaben*" und den Filter ***Art*** auf ***Ausgabe***.

In der Feldliste entfernen wir das Feld *Einnahme* aus dem Bereich *Werte* und ziehen stattdessen das Feld *Ausgabe* hierher. Jetzt ändern Sie noch die Spaltenüberschrift in „*Ausgaben*" und legen als Zahlenformat wieder *Währung* fest.

> Alternativ könnten wir auch für beide Top 3 Diagramme das berechnete Feld *Saldo* verwenden. Allerdings hätten wir dann sowohl positive als auch negative Werte.

Zuletzt müssen wir nur noch als *Wertefilter* die *Obersten 3 Elemente* wählen und die Sortierung ändern.

	A	B	C	D	E	F	G	H	I
1	Top 3 Einnahmen			Top 3 Ausgaben					
2									
3	Art	Einnahme		Art	Ausgabe				
4									
5	Kategorie	Einnahmen		Kategorie	Ausgaben				
6	Verkaufserlöse	223,00 €		Altersvorsorge	800,00 €				
7	Kapitalerträge	450,00 €		Spenden	1.000,00 €				
8	Gehalt	19.700,00 €		Sparen & Investieren	2.000,00 €				
9									

Wenn Sie Filter in der Tabellenspalte oder mittels Filterfeld festlegen, dann achten Sie darauf, dass Sie dieses Feld nicht auch als Datenschnitt für die Pivot-Tabelle verwenden, da die Filterung sonst durch den Filter des Datenschnitts überschrieben und damit aufgehoben wird. Ich komme bei der Erstellung der Datenschnitte auf diesen „Fehler" nochmals zurück.

6.3 Die weiteren Pivot-Tabellen

Kostenverteilung

Für unsere nächste Pivot-Tabelle wollen wir wieder die Zellen der Überschrift und die Pivot-Tabelle mit den *Top 3 Einnahmen* kopieren und in Zelle **G1** einfügen, s. Seite 118.

Ändern Sie die Überschrift in „*Kostenverteilung*" und den Pivot-Tabellennamen in „*PivotJAKostenverteilung*".

In der Feldliste entfernen wir die Felder *Art* und *Kategorie* und ziehen das Feld *Kostenart* in den Bereich *Zeilen*. Im Bereich *Werte* ersetzen wir *Einnahme* durch *Saldo*. Zuletzt ändern Sie noch die Spaltenüberschriften in „*Kostenart*" und „*Ergebnis*". Als Zahlenformat legen Sie wieder *Währung* fest.

Einnahmenverteilung

Für die nächste Pivot-Tabelle kopieren Sie wieder Daten und Überschrift der Tabelle *Top 3 Einnahmen* und fügen diese in Zelle **J1** ein.

Als Erstes ändern wir die Überschrift um in „*Einnahmenverteilung*" und den Pivot-Tabellennamen in „*PivotJAEinnahmenverteilung*".

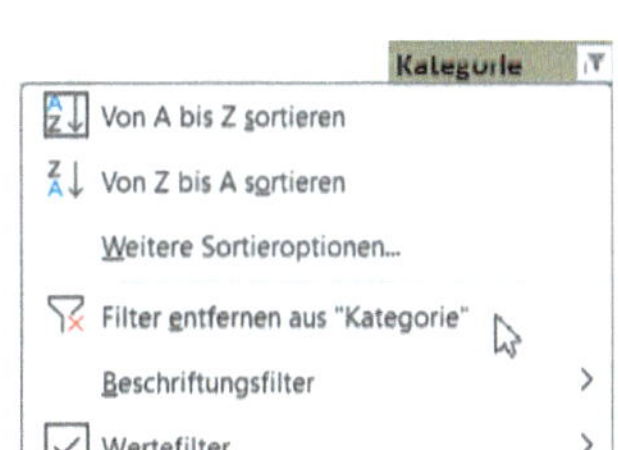

Um den Wertefilter (*Top 10*) der Spalte *Kategorie* aufzuheben, klicken wir auf die Feldschaltfläche bzw. den Dropdown-Pfeil dieser Spalte und auf den Befehl *Filter entfernen aus "Kategorie"*.

Die Sortierreihenfolge für das Feld *Einnahmen* ändern wir über das Kontextmenü dieser Spalte in *Absteigend (Z bis A)*.

Da wir für unsere Berechnungen die Gesamtergebnisse der Einnahmen benötigen, müssen in dieser Pivot-Tabelle die Gesamtergebnisse zu den Spalten angezeigt werden. Wählen wir daher im Register *Entwurf* | *Layout* im Menü *Gesamtergebnisse* die Einstellung *Nur für Spalten aktiviert*.

Ausgabenverteilung

Als Nächstes kopieren wir die Zellen der Überschrift und der Pivot-Tabelle zu den *Top 3 Ausgaben* und fügen das Ganze in Zelle **M1** ein.

Die Überschrift ändern wir um in *„Ausgabenverteilung"* und den Pivot-Tabellennamen in *„PivotJAAusgabenverteilung"*. Über den Dropdown-Pfeil der Spalte *Kategorie* wählen Sie den Befehl *Filter entfernen aus "Kategorie"* und im Register *Entwurf* | *Layout* im Menü *Gesamtergebnisse* die Variante *Nur für Spalten aktiviert*.

	A	B	C	D	E	F	G	H	I	J	K	L	M	N
1	Top 3 Einnahmen			Top 3 Ausgaben			Kostenverteilung			Einnahmenverteilung			Ausgabenverteilung	
2														
3		Einnahme		Art	Ausgabe					Art	Einnahme		Art	Ausgabe
4														
5	egorie	Einnahmen		Kategorie	Ausgaben		Kostenart	Ergebnis		Kategorie	Einnahmen		Kategorie	Ausgaben
6	kaufserlöse	223,00 €		Altersvorsorge	800,00 €		Einnahmen	20.373,00 €		Gehalt	19.700,00 €		Abos	42,50 €
7	italerträge	450,00 €		Spenden	1.000,00 €		Fixkosten	-1.400,00 €		Kapitalerträge	450,00 €		Shopping	89,00 €
8	alt	19.700,00 €		Sparen & Investieren	2.000,00 €		var. Kosten	-3.131,50 €		Verkaufserlöse	223,00 €		Essen & Lebensmittel	600,00 €
9										Gesamtergebnis	20.373,00 €		Altersvorsorge	800,00 €
10													Spenden	1.000,00 €
11													Sparen & Investieren	2.000,00 €
12													Gesamtergebnis	4.531,50 €
13														

Cash-Flow

Für die Pivot-Tabelle *CashFlow* kopieren wir Überschrift und Daten der Tabelle *Kostenverteilung* und fügen diese in Zelle **P1** ein. Die Überschrift ändern wir in *„Cash Flow"* und den Pivot-Tabellennamen in *„PivotJACashFlow"*.

> **Pivot-Tabellen – Gruppierung von Datumswerten**
> Wenn Sie in Ihrer Pivot-Tabelle ein Feld mit Datumswerten in den Bereich *Zeilen* ziehen, erstellt Excel automatisch die Gruppierungen *Jahre*, *Quartale* und *Monate* und die entsprechenden Felder werden in der Feldliste automatisch dem Bereich *Zeilen* hinzugefügt.
>
> Falls gewünscht, können Sie die Gruppierung auch in der Pivot-Tabelle über das Kontextmenü der Datumsspalte mit dem Befehl *Gruppieren...* festlegen. Hier können Sie die Gruppierung auch wieder aufheben. Alternativ können Sie auch den Befehl *Feld gruppieren* im Register *PivotTable-Analyse* | *Gruppieren* verwenden.
>
> Grundsätzlich ist zu beachten, dass in allen Pivot-Tabellen, die auf der gleichen Datentabelle beruhen, automatisch auch dieselben Gruppierungen zur Verfügung stehen.

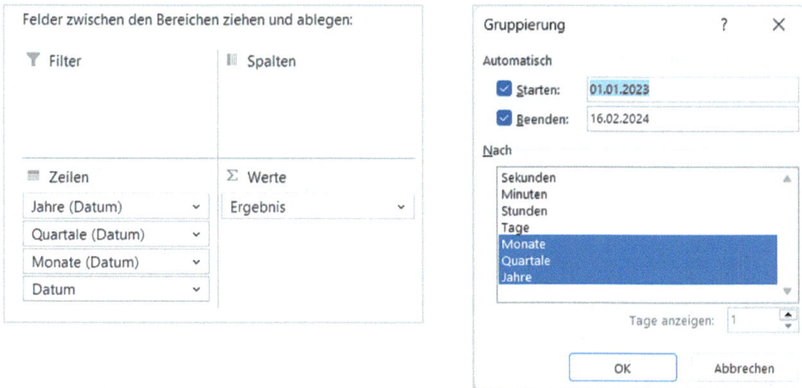

In den *Excel-Optionen* (Register *Datei*) können Sie in der Kategorie *Daten* unter *Datenoptionen* die automatische Gruppierung von Datumsspalten in Pivot-Tabellen deaktivieren.

Da wir bereits ein Monatsfeld haben und die automatische Gruppierung daher nicht benötigen, entfernen wir in der Feldliste das Feld *Kostenart* aus Bereich *Zeilen* und ziehen stattdessen das Feld *Monat* hierher. Dann ändern Sie noch die Spaltenüberschrift in *„Zeitraum"*.

Einnahmen – Ausgaben

Für die nächste Pivot-Tabelle kopieren wir die Tabelle *Cash Flow* samt Überschrift und fügen diese in Zelle **S1** ein.

Hier ändern wir die Überschrift in *„Einnahmen-Ausgaben"* und den Pivot-Tabellennamen in *„PivotJAEinnahmenAusgaben"*.

In der Feldliste ziehen Sie das Feld *Art* in den Bereich *Spalten*. Sollte zusätzlich auch noch die Spalte *Gesamtergebnis* angezeigt werden, so wählen Sie im Register *Entwurf* | *Layout* im Menü *Gesamtergebnisse* die Einstellung *Für Zeilen und Spalten deaktiviert*.

Da unsere Pivot-Tabelle drei Spalten umfasst, sollten wir auch die Spalte **U** in die Überschrift mit einbeziehen. Markieren Sie daher die Zelle **U1** zusammen mit den verbundenen Zellen **S1** und **T1** und wählen Sie im Register *Start* | *Ausrichtung* im Menü *Verbinden und Zentrieren* (Dropdown-Pfeil) den Befehl *Verbinden über*.

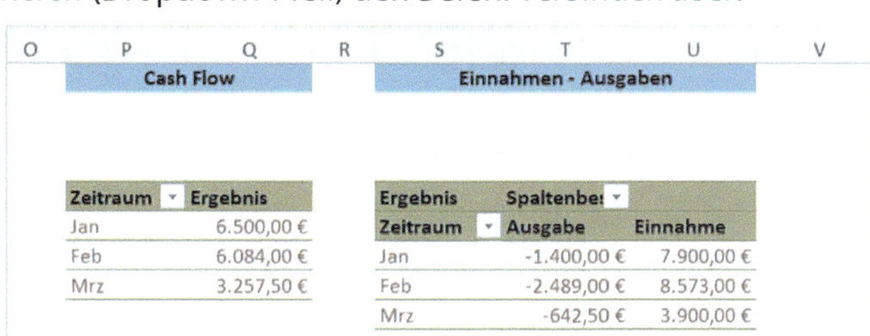

Die Tabellen Spenden und Sparen

Pivot-Tabelle Spenden erstellen

Für die nächste Pivot-Tabelle *Spenden* kopieren wir wieder die Pivot-Tabelle zur Kostenverteilung samt Überschrift und fügen diese in Zelle **W1** ein.

Ändern Sie die Überschrift in „*Spenden*" und den Pivot-Tabellennamen in „*PivotJASpenden*".

In der Feldliste entfernen wir das Feld *Kostenart* aus dem Bereich *Zeilen* und ziehen stattdessen das Feld *Kategorie* hierher. Ändern Sie auch die Spaltenüberschrift von *Kostenart* in „*Kategorie*".

Über den Dropdown-Pfeil der Spalte *Kategorie* wählen wir nur diejenigen Kategorien aus, die zu den Spenden zählen sollen.

> Sollte in Ihrer Tabelle noch keine entsprechende Kategorie vorhanden sein, liegt dies daran, dass Sie im *Haushaltsjournal* noch keine Spende erfasst haben. Dann kann ich Sie nur zu Spenden ermutigen und die Ausgabe im Haushaltsjournal zu dokumentieren. Bis dahin sollten Sie allerdings über den Dropdown-Pfeil der Spalte *Kategorie* einen *Beschriftungsfilter* definieren mit *Beginnt mit „Spende"*, da Ihnen ansonsten in der Auswertung falsche Ergebnisse angezeigt werden. Zu gegebener Zeit können Sie dann den Beschriftungsfilter entfernen und die entsprechenden Kategorien auswählen.

Da wir später zur Berechnung der Spendenquote wieder die Summe (Gesamtergebnis) für die Spalte *Ergebnis* benötigen, sollten Sie im Register *Entwurf* | *Layout* im Menü *Gesamtergebnisse Nur für Spalten aktiviert* auswählen.

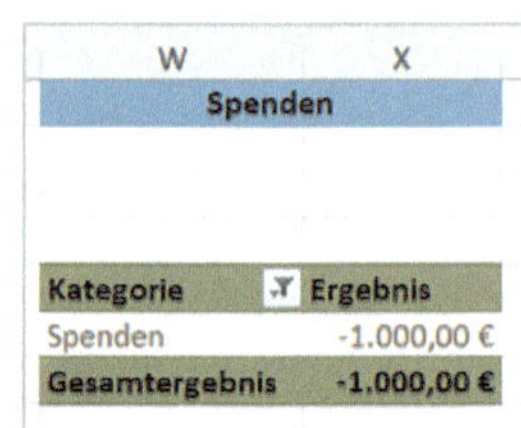

> Sollten Sie einmal in die Lage kommen, dass Sie ein Feld in zwei verschiedenen Bereichen der Pivot-Tabelle gleichzeitig benötigen, müssen Sie dafür eine zusätzliche Spalte in der Datentabelle (Haushaltsjournal) erstellen, in der Sie einfach auf die gewünschte, bereits vorhandene Spalte verweisen.
>
> Sollten Sie beispielsweise das Feld *Kategorie* ein zweites Mal benötigen, können Sie in der Datentabelle *Haushaltsjournal* eine Spalte mit dem Namen *KategorieFilter* und dem Zellbezug =[Kategorie] erstellen. Dieses Feld können Sie dann aus der Feldliste in den gewünschten Bereich ziehen.
>
> Wenn Sie nachträglich in der Ausgangstabelle Spalten hinzufügen, tauchen diese nicht automatisch in der Feldliste der Pivot-Tabelle auf. Hierzu müssen die Daten mit dem Befehl *Alle aktualisieren* (oder **Strg+Alt+F5**) im Register *Daten* | *Abfragen und Verbindungen* oder im Register *PivotTable-Analyse* | *Daten* erst aktualisiert werden.

Die Tabelle Sparen erstellen

Für unsere letzte Pivot-Tabelle kopieren Sie die Tabelle *Spenden* und fügen diese in Zelle **Z1** ein. Dort ändern wir wieder die Überschrift in „*Sparen*" und den Pivot-Tabellennamen in „*PivotJASparen*".

In der Spalte *Kategorie* wählen wir nur diejenigen Kategorien aus, die in diese Kategorie fallen, z. B. *Altersvorsorge* und *Sparen & investieren*. Alternativ können Sie vorübergehend wieder einen *Beschriftungsfilter* mit *Beginnt mit „Sparen"* festlegen.

Spaltenbreiten

Bevor wir mit den weiteren Berechnungen fortfahren, markieren wir noch alle Spalten, die sich zwischen den Pivot-Tabellen befinden (Spalten **C**, **F**, **I**, **L**, **O**, **R**, **V**, **Y**) mittels gedrückter **Strg**-Taste und legen als Spaltenbreite 2 fest.

6.4 Berechnungen

In unserem Tabellenblatt *Jahresauswertung* wollen wir später auch die jeweiligen Gesamtergebnisse darstellen, daher benötigen wir noch einige Zellverweise und Berechnungen, die wir ebenfalls in unser Tabellenblatt *Pivot JA* mit aufnehmen werden.

Diese Berechnungen und Verweise sind notwendig, da die Ergebnisse in Textfeldern dargestellt werden sollen und in Textfeldern lediglich auf Zellen, nicht aber auf Pivot-Tabellen oder Formeln verwiesen werden kann.

Blattzeilen einfügen

Um für die Berechnungen Platz zu schaffen, benötigen wir weitere Zeilen oberhalb der Pivot-Tabellen. Markieren Sie die Zeilen **1** bis **7** und fügen Sie mit Hilfe des Kontextmenüs und dem Befehl *Zellen einfügen* 7 Zeilen über unseren Pivot-Tabellen ein.

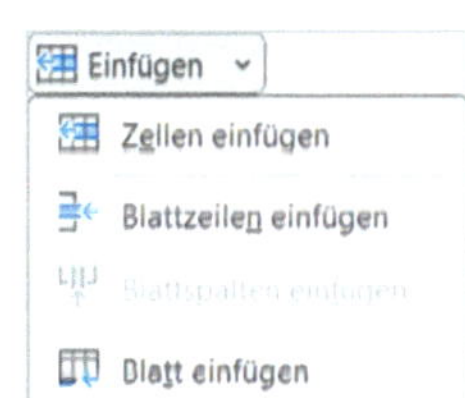

> Oder wählen Sie im Register *Start* | *Zellen* im Menü *Einfügen* den Befehl *Blattzeilen einfügen*.

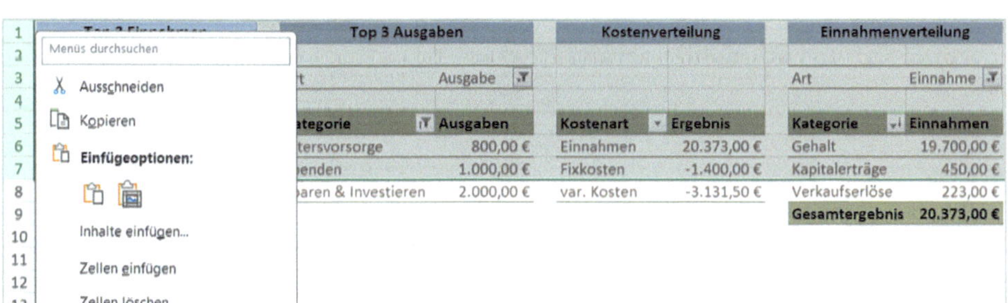

In der ersten Zeile wollen wir wieder eine Überschrift erstellen. Hierzu markieren Sie die Zellen **A1** bis **G1** und wählen in der Registerkarte *Start* | *Ausrichtung* den Befehl *Verbinden und zentrieren*. In die verbundenen Zellen schreiben wir den Text *„Ergebnisfelder“* und wenden die Zellenformatvorlage *PivotÜberschrift* an.

Ergebnis Einnahmen und Ausgaben berechnen

Einnahmen übernehmen

Als Erstes wollen wir das Ergebnis für die Einnahmen angezeigt bekommen. Hierzu schreiben wir in die Zelle **A3** zunächst den Text *„Einnahmen“*, in die Zelle **B3** soll dann der Zellbezug, der uns aus der Tabelle *Einnahmenverteilung* die Einnahmen liefert.

Um den Zellbezug herzustellen, brauchen Sie nur in die Zelle **B3** ein Gleichheitszeichen (=) schreiben, dann in der Pivot-Tabelle *PivotJAEinnahmenverteilung* das Gesamtergebnisfeld für die Einnahmen anklicken und mit der **Eingabetaste** abschließen.

Markieren Sie die Zelle **B3** und werfen Sie einen Blick in die Bearbeitungsleiste. Hier sollte jetzt die nachfolgende Formel stehen, im Arbeitsblatt zeigt **B3** hingegen das entsprechende Gesamtergebnis der Einnahmen aus der Pivot-Tabelle an.

=PIVOTDATENZUORDNEN("Einnahme";$J$12)

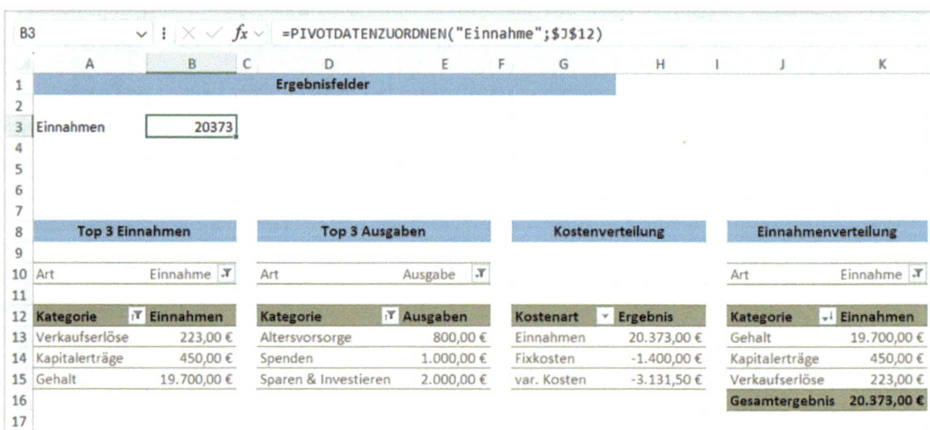

Die Angabe PIVOTDATENZUORDNEN("Einnahme";$J$12) bezieht sich auf das jeweilige Gesamtergebnis der Pivot-Tabelle.

- PIVOTDATENZUORDNEN: Verweis auf eine Pivot-Tabelle
- "Einnahme": Verweis auf das Feld der Pivot-Tabelle
- $J$12: Zelle, in der die Pivot-Tabelle beginnt (linke obere Ecke)

Wenn Sie in der Bearbeitungsleiste in die Formel klicken oder beim Doppelklick auf die Zelle im Tabellenblatt, werden die Bezüge in der Pivot-Tabelle wieder farblich markiert. Mit der **Esc**-Taste stellen Sie die vorherige Anzeige wieder her.

Ausgaben übernehmen
Auf dieselbe Weise wollen wir unterhalb in Zeile **4** die Ausgaben anzeigen lassen. Schreiben Sie daher in Zelle **A4** den Text „Ausgaben" und erstellen Sie in **B4** den Zellbezug zum Gesamtergebnis der Ausgaben in der Pivot-Tabelle *PivotJAAusgabenverteilung*. Dieser lautet: =PIVOTDATENZUORDNEN("Ausgabe";$M$12)

Saldo berechnen
In Zeile 5 wollen wir schlussendlich noch den Saldo von Einnahmen zu Ausgaben. Also kommt in Zelle **A5** der Text „*Saldo*" und in Zelle **B5** die Formel =$B$3-$B$4.

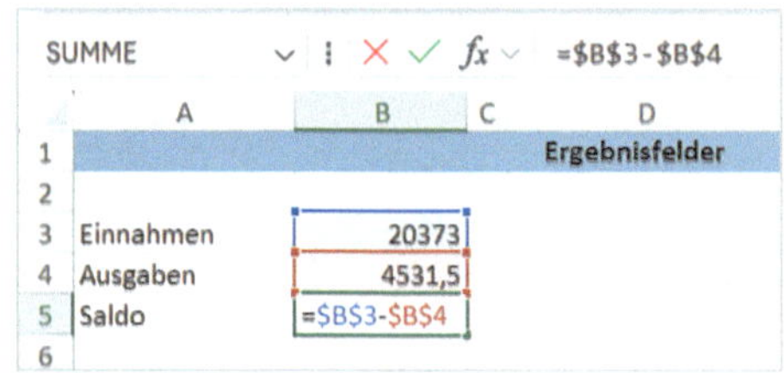

Auch hier klicken Sie nach Eingabe des Gleichheitszeichens erst die Zelle **B3** an, geben über die Tastatur ein Minuszeichen (-) ein und klicken danach auf die Zelle **B4**. Schließen Sie die Formeleingabe mit der **Eingabetaste** ab.

Absolute und relative Zellbezüge in Excel
Wenn Sie in Zelle **B5** die Formel =B3-B4 eintragen, haben Sie **relative Bezüge** verwendet. Das bedeutet, dass Sie eigentlich nur die Positionen von Zeile und Spalte relativ zur aktuellen Zelle angegeben haben (2 Zeilen oberhalb minus 1 Zeile oberhalb). Wenn Sie die Zelle **B5** kopieren und in die Zelle **E7** einfügen, lautet die Formel **=E5-E6**. Standardmäßig sind alle Zellbezüge relative Bezüge.

Wenn Sie beispielsweise in einer Tabelle in der Zeile 2 die Formel =D2*E2 verwenden und diese Formel in die angrenzenden Zeilen nach unten kopieren, wird die Formel automatisch angepasst in D3*E3, D4*E4 usw. Derartige relative Bezüge sind daher sinnvoll, wenn Sie dieselbe Berechnung über mehrere Spalten oder Zeilen wiederholen möchten.

Mit einem **absoluten Bezug** stellen Sie hingegen sicher, dass der Bezug nicht „verschoben" wird, sondern stets gleich bleibt. Ein absoluter Bezug wird durch Voranstellen eines Dollarzeichens ($) erreicht. Verwenden Sie in Zelle D5 den Bezug =$A$1 und kopieren die Formel in Zelle E5, so wird nach wie vor auf die Zelle A1 verwiesen. Steht das $-Zeichen nur vor der Spalte oder nur vor der Zeile, so spricht man von einem gemischten Bezug, da nur die Spalte oder Zeile absolut, also unveränderbar ist.

Bezugstyp ändern
Wenn Sie den Cursor in einem Bezug platzieren oder unmittelbar nach dem Anklicken der Zelle, können Sie mit der **F4**-Taste absolute Bezüge herstellen. Drücken Sie die Taste **F4** mehrmals, so erhalten Sie zuerst für Spalte und Zeile absolute Bezüge (z. B. $A$1), danach nur für die Zeile (A$1), dann nur für die Spalte ($A1) und zuletzt für beide wieder relative Bezüge (A1).

Achtung: Auf der Tastatur eines Laptops müssen Sie unter Umständen die **Fn**-Taste zusammen mit der Taste **F4** betätigen.

Spar- und Spendenbeträge, Quoten und Gesamteinnahmen berechnen

In den Spalten **D** und **E** wollen wir jetzt noch die Spar- und Spendenbeträge sowie deren Quoten relativ zu den Einnahmen ermitteln. Schreiben wir also in die Zelle **D3** *„Spendenbetrag"* und in die Zelle **D4** *„Sparbetrag"*.

Den Spendenbetrag in **E3** beziehen wir aus dem *Gesamtergebnis* der Pivot-Tabelle *PivotJASpenden* (Überschrift *Spenden*) und den Sparbetrag in **E4** dementsprechend aus dem *Gesamtergebnis* der Pivot-Tabelle *PivotJASparen* (Überschrift *Sparen*).

In die Zelle **D5** schreiben wir nun *„Spendenquote"* und in die Zelle **D6** *„Sparquote"*. Die dazugehörigen Berechnungen sollen in die Zellen **E5** und **E6**.

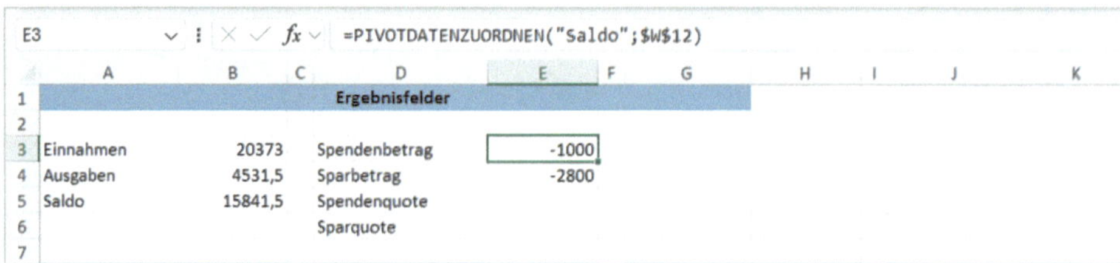

Um die Quoten zu berechnen, brauchen wir nur den Spenden- bzw. Sparbetrag durch die Einnahmen teilen. Allerdings sollten wir hierfür keine gefilterten Einnahmen verwenden, sondern immer die Gesamteinnahmen im gewählten Zeitraum. Wie wir später bei der Jahresauswertung noch sehen werden, kommt daher das soeben erstellte *Gesamtergebnis Einnahmen* in **B3** für die Berechnung nicht in Betracht, da diese Einnahmen noch mittels Datenschnitten gefiltert werden können. Wir benötigen also noch eine weitere Pivot-Tabelle, die nur die Einnahmen ausgibt und lediglich einer Zeitfilterung unterliegt.

- Erstellen Sie daher in Zelle **A30** eine neue Pivot-Tabelle mit den Daten aus dem *Haushaltsjournal* und ziehen Sie das Feld *Einnahme* in den *Wertebereich*.
- Das Feld *Einnahme* formatieren Sie wieder als *Währung* und ändern die Spaltenüberschrift in *„Einnahmen"*. Als Pivot-Tabellennamen verwenden wir *„PivotJA-Gesamteinnahmen"*.
- Verschieben Sie danach die Pivot-Tabelle mit Hilfe des Befehls *PivotTable verschieben* im Register *PivotTable-Analyse | Aktionen*. Als Zielfeld wählen Sie die Zelle **G3** (einfach die Zelle anklicken und mit *OK* bestätigen).

> Alternativ können Sie auch die Spaltenüberschrift und den Ergebnisbetrag markieren und mit dem Pfeilkreuz und gedrückter linker Maustaste in die Zellen G3/G4 verschieben (Drag & Drop).

In die Zelle **E5** kommt die Formel:

=WENNFEHLER($E3/PIVOTDATENZUORDNEN("Einnahme";$G$3);0)

Zum Einfügen des Zellbezugs in die Formel klicken Sie nach Eingabe des Schrägstrichs (/) für Division in der soeben erstellten Pivot-Tabelle *PivotJAGesamteinnahmen* auf den Betrag unter der Überschrift *Einnahmen* und ergänzen dann den Rest der Formel.

Die Funktion WENNFEHLER benötigen wir wieder, wenn wir vermeiden möchten, dass der Fehler(*#DIV/0!*) angezeigt wird, falls der Einnahmenbetrag 0 ist. Zur Erinnerung: eine Division durch 0 ist nicht möglich.

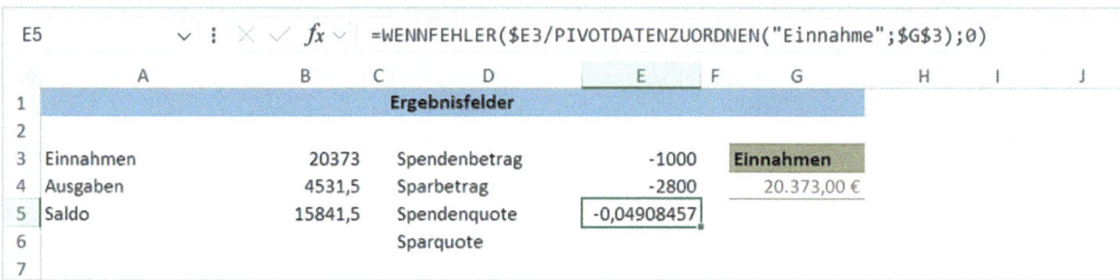

In Zelle **E6** benötigen wir die Formel:

=WENNFEHLER($E4/PIVOTDATENZUORDNEN("Einnahme";$G$3);0)

Um die Formel schnell zu erstellen, ist es am einfachsten, Sie kopieren die Formel in **E5**. Dazu markieren Sie die Zelle **E5**, positionieren den Mauszeiger in der rechten unteren Ecke dieser Zelle und ziehen dann die Zelle mit gedrückter linker Maustaste nach unten (s. „Automatisches Ausfüllen von Zellen" auf Seite 85). Da wir in der Formel für **E3** ($E3) einen gemischten Bezug verwendet haben, ist dieser auch in **E6** korrekt und lautet nun $E4 .

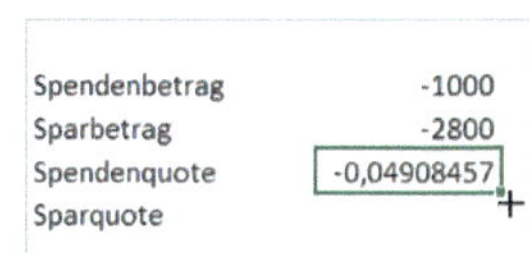

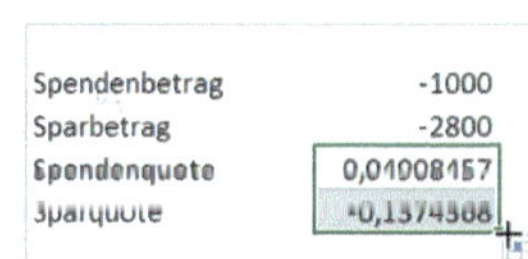

Abschließend formatieren wir noch die Zellen **B3** bis **B5**, **E3** und **E4** mit dem Zahlenformat *Währung* und die Zellen **E5** und **E6** als *Prozent* mit 2 Dezimalstellen. Dazu wählen wir im Register *Start* | *Zahl* im Listenfeld *Währung* bzw. *Prozent* aus und fügen bei letzterem zwei Dezimalstellen hinzu.

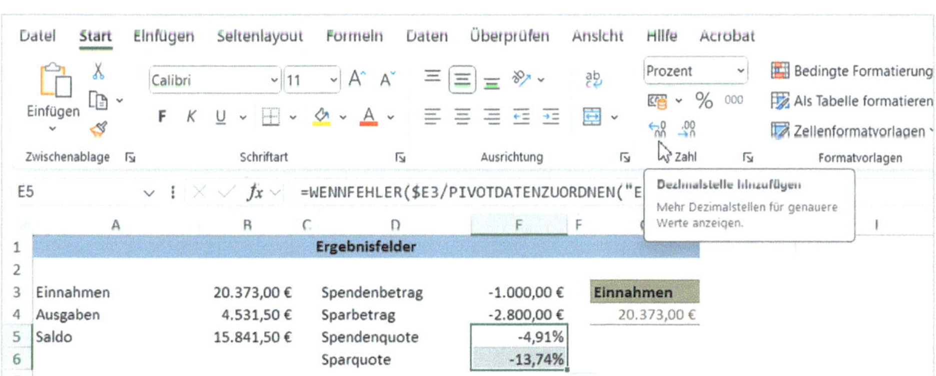

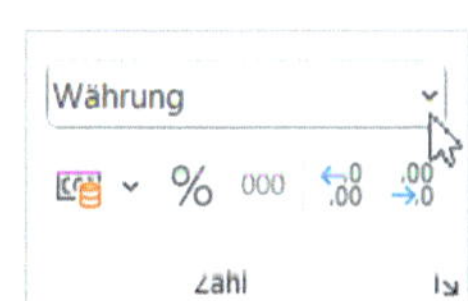

Damit haben Sie das Tabellenblatt *Pivot JA* fertiggestellt. Mit einigen Beispieldaten dürfte es in etwa aussehen wie unten abgebildet, wobei Ihre Zahlen natürlich abweichen.

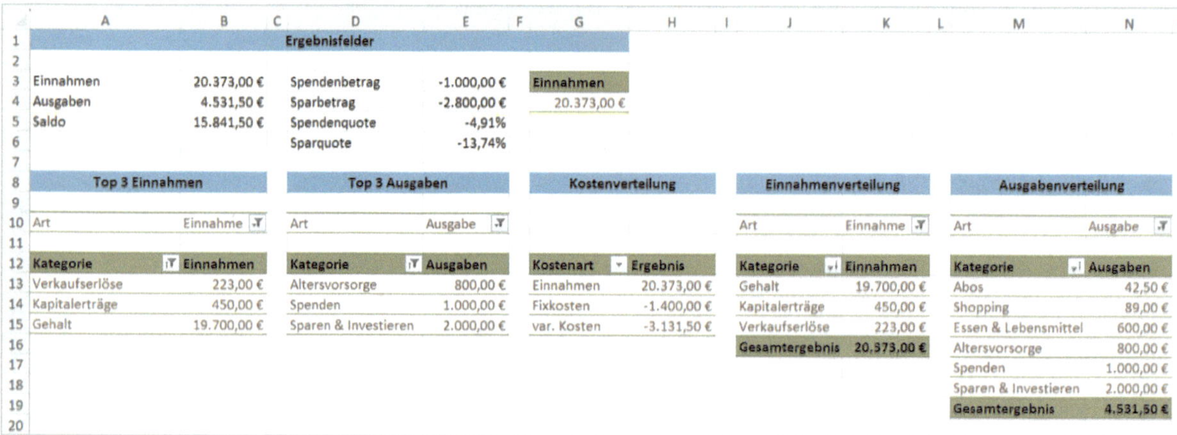

Ergebnisfelder

Einnahmen	20.373,00 €	Spendenbetrag	-1.000,00 €
Ausgaben	4.531,50 €	Sparbetrag	-2.800,00 €
Saldo	15.841,50 €	Spendenquote	-4,91%
		Sparquote	-13,74%

Einnahmen
20.373,00 €

Top 3 Einnahmen (Art: Einnahme)

Kategorie	Einnahmen
Verkaufserlöse	223,00 €
Kapitalerträge	450,00 €
Gehalt	19.700,00 €

Top 3 Ausgaben (Art: Ausgabe)

Kategorie	Ausgaben
Altersvorsorge	800,00 €
Spenden	1.000,00 €
Sparen & Investieren	2.000,00 €

Kostenverteilung

Kostenart	Ergebnis
Einnahmen	20.373,00 €
Fixkosten	-1.400,00 €
var. Kosten	-3.131,50 €

Einnahmenverteilung (Art: Einnahme)

Kategorie	Einnahmen
Gehalt	19.700,00 €
Kapitalerträge	450,00 €
Verkaufserlöse	223,00 €
Gesamtergebnis	20.373,00 €

Ausgabenverteilung (Art: Ausgabe)

Kategorie	Ausgaben
Abos	42,50 €
Shopping	89,00 €
Essen & Lebensmittel	600,00 €
Altersvorsorge	800,00 €
Spenden	1.000,00 €
Sparen & Investieren	2.000,00 €
Gesamtergebnis	4.531,50 €

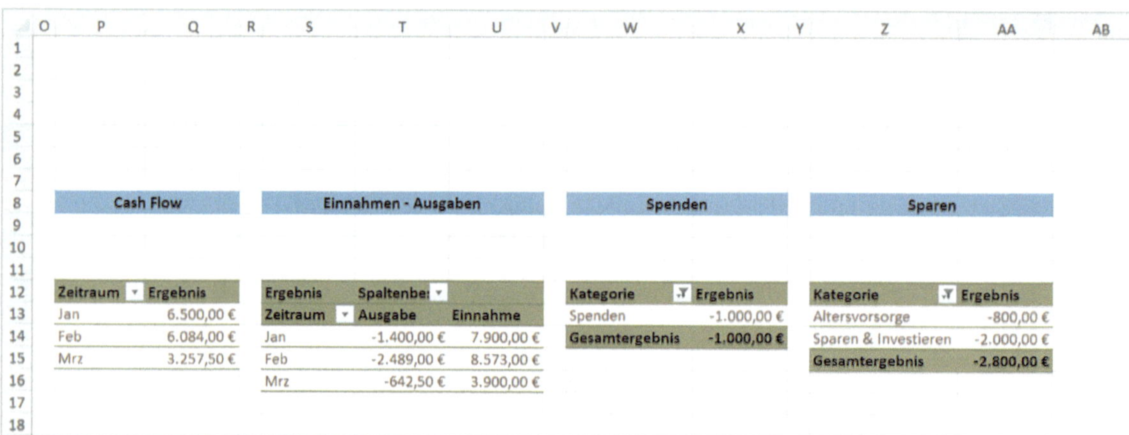

Cash Flow

Zeitraum	Ergebnis
Jan	6.500,00 €
Feb	6.084,00 €
Mrz	3.257,50 €

Einnahmen - Ausgaben

Ergebnis	Spaltenbe:	
Zeitraum	Ausgabe	Einnahme
Jan	-1.400,00 €	7.900,00 €
Feb	-2.489,00 €	8.573,00 €
Mrz	-642,50 €	3.900,00 €

Spenden

Kategorie	Ergebnis
Spenden	-1.000,00 €
Gesamtergebnis	-1.000,00 €

Sparen

Kategorie	Ergebnis
Altersvorsorge	-800,00 €
Sparen & Investieren	-2.000,00 €
Gesamtergebnis	-2.800,00 €

7 Das Tabellenblatt Pivot JV

Da wir für die spätere grafische Auswertung *Jahresvergleich* ebenfalls Pivot-Tabellen benötigen, fügen wir rechts vom Blatt *Pivot JA* ein weiteres Tabellenblatt hinzu und benennen das Blatt um in *„Pivot JV"*. Wie bereits im Blatt *Pivot JA* können wir auch im neuen Tabellenblatt die Pivot-Tabellen kopieren und entsprechend anpassen.

JV = Jahresvergleich

7.1 Cash-Flow

Für die erste Pivot-Tabelle wechseln wir in das Tabellenblatt *Pivot JA* und kopieren die Überschrift nebst der Pivot-Tabelle *PivotJACashFlow* (Überschrift *Cash Flow*) und fügen die kopierten Daten in Zelle **A1** des neu hinzugefügten Tabellenblatts *Pivot JV* ein.

Als Erstes ändern wir den Pivot-Tabellennamen in *„PivotJVCashFlow"*. Ziehen Sie dann in der Feldliste das Feld *Jahr* in den Bereich *Zeilen* und platzieren Sie es oberhalb vom Feld *Monat*.

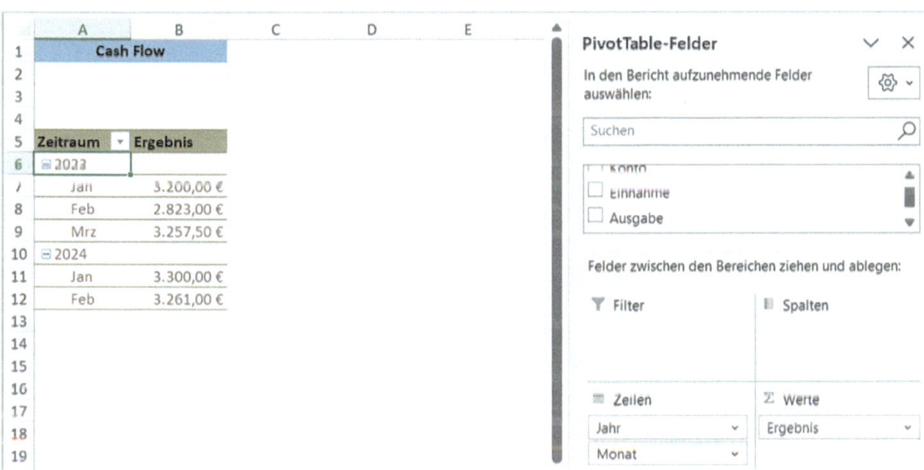

7.2 Einnahmen - Ausgaben

Für die zweite Pivot-Tabelle wechseln wir wieder in das Tabellenblatt *Pivot JA*, kopieren die Pivot-Tabelle *PivotJAEinnahmenAusgaben* samt Überschrift (*Einnahmen - Ausgaben*) und fügen diese in Zelle **D1** des neuen Tabellenblattes *Pivot JV* ein.

Ändern Sie den Pivot-Tabellennamen in *„PivotJVEinnahmenAusgaben"* und ziehen Sie in der Feldliste wieder das Feld *Jahr* in den Bereich *Zeilen* oberhalb vom Feld *Monat*.

7.3 Die Pivot-Tabellen Fixkosten und Variable Kosten

Fixkosten

Für unsere nächste Pivot-Tabelle kopieren wir die Pivot-Tabelle *PivotJVCashFlow* samt Überschrift und fügen diese in Zelle **H1** ein.

Zunächst ändern wir die Überschrift in „*Fixkosten*" und den Pivot-Tabellennamen in „*PivotJVFixkosten*".

In der Feldliste entfernen wir das Feld *Monat* aus dem Zeilenbereich und ziehen das Feld *Kostenart* in den Bereich *Filter*. Jetzt brauchen wir beim Filterfeld *Kostenart* nur noch *Fixkosten* als Filter festlegen.

Variable Kosten

Für die Pivot-Tabelle *Variable Kosten* brauchen wir nur die Pivot-Tabelle *PivotJVFixkosten* nebst Überschrift kopieren und in Zelle **K1** einfügen. Danach noch die Überschrift abändern in „*Variable Kosten*", sowie den Pivot-Tabellennamen in „*PivotJVvarKosten*" und den Filter *Kostenart* umstellen auf *var. Kosten*.

7.4 Kategorienverteilung

Für die letzte Pivot-Tabelle kopieren Sie erneut die Pivot-Tabelle *PivotJVFixkosten* nebst Überschrift und fügen das Ganze in Zelle **N1** ein.

Ändern Sie den Pivot-Tabellennamen in „*PivotJVKategorienverteilung*" und die Überschrift in „*Kategorienverteilung*". In der Feldliste stellen Sie die Felder wie folgt um:

- Verschieben Sie das Feld *Jahr* aus dem Bereich *Zeilen* in den Bereich *Spalten*.
- Entfernen Sie das Feld *Kostenart* aus dem Bereich *Filter*.
- Ziehen Sie das Feld *Kategorie* in den Bereich *Zeilen*.

Die Spaltenüberschrift *Zeitraum* ändern Sie entsprechend um in „*Kategorie*". Sollte wieder die Spalte *Gesamtergebnis* angezeigt werden, so wählen Sie im Register *Entwurf* | *Layout* im Menü *Gesamtergebnisse* die Einstellung *Für Zeilen und Spalten Deaktiviert*.

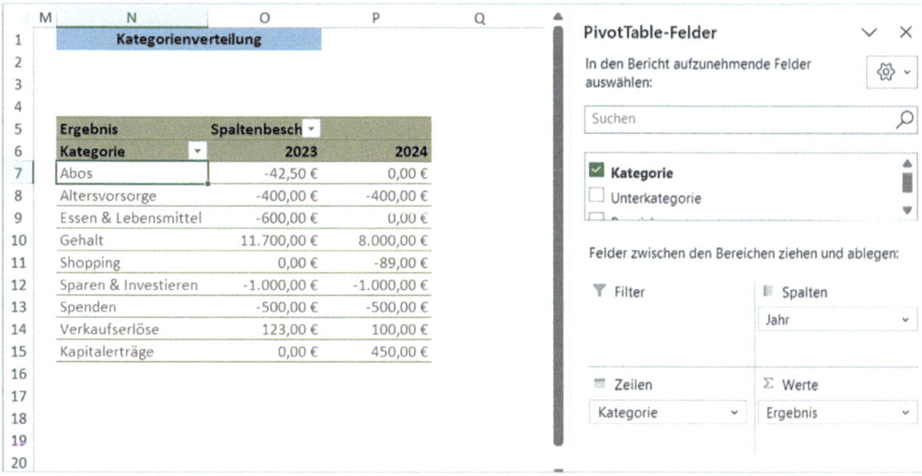

Abstände anpassen

Auch in diesem Tabellenblatt wollen wir noch alle Spalten, die sich zwischen den Pivot-Tabellen befinden (**C**, **G**, **J**, **M**) mittels gedrückter **Strg**-Taste markieren und über das Kontextmenü die Spaltenbreite auf 2 einstellen. So in etwa sollte das fertige Tabellenblatt aussehen.

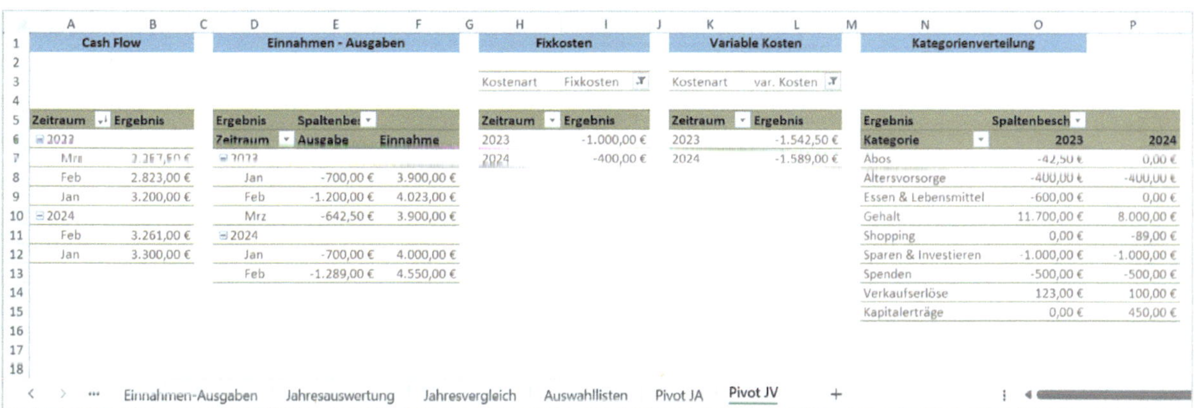

8 Das Tabellenblatt Jahresauswertung

Kommen wir jetzt zur grafischen Auswertung der Daten des *Haushaltsjournals* in Form von Diagrammen bzw. PivotCharts, hier eine Vorschau auf das Ergebnis.

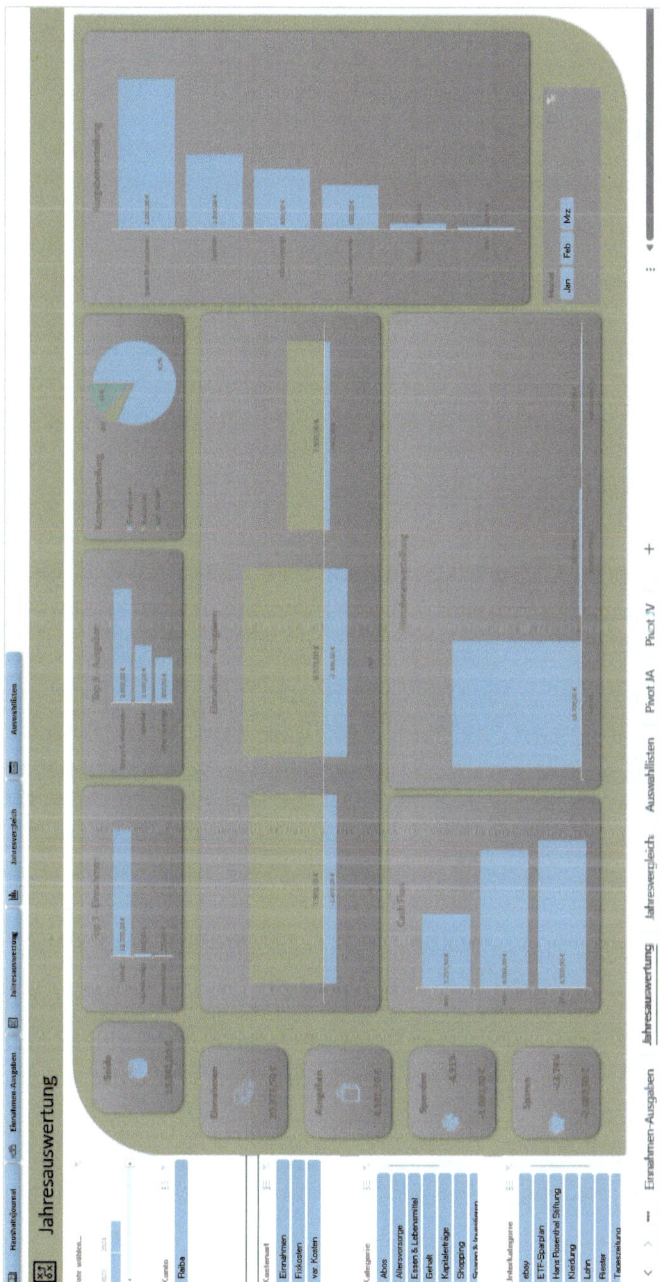

8.1 Vorbemerkungen

Sparklines (Mini-Diagramme)

Im Register *Einfügen* finden Sie die Gruppe *Sparklines* mit Befehlen zum Einfügen von Mini-Diagrammen, die in einzelne Zellen eingefügt werden können.

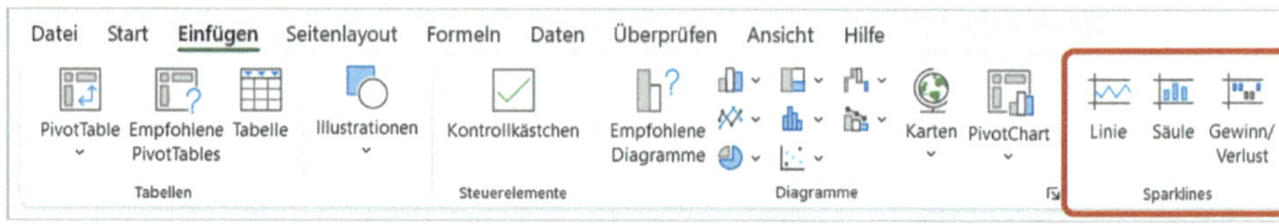

Schauen Sie sich diese interessanten Auswertungsmöglichkeiten für einzelne Zellen ruhig genauer an. Wir wollen für unser Haushaltsbuch allerdings „richtige" Diagramme in einem separaten Tabellenblatt erstellen.

Allgemeine Hinweise

Ich habe auf der vorhergehenden Seite das fertige Tabellenblatt mit der Jahresauswertung in Form von PivotCharts und Ergebnisfeldern, die über eine Zeitachse und Datenschnitte gefiltert werden können, als Bild eingefügt, damit Sie die nachfolgenden Erläuterungen zur Anordnung der einzelnen Elemente besser nachvollziehen können. Selbstverständlich handelt es sich bei den Beträgen um frei erfundene Zahlen, mit denen ich das *Haushaltsjournal* gefüllt habe.

Die jeweiligen Größenangaben orientieren sich wieder an meiner Bildschirmauflösung und -größe. Unabhängig davon habe ich versucht, die Anordnungen und Größeneinstellungen so darzustellen, dass sie jederzeit an Ihre Verhältnisse und Wünsche angepasst werden können.

Das Gleiche gilt natürlich auch für die Formatierungen und Anordnung der Diagramme selbst. Hier haben Sie, neben der eigentlichen Anordnung, auch die Möglichkeit, mittels Formatvorlagen oder durch Ihre eigene Farbgestaltung für ein Aussehen Ihrer Wahl zu sorgen. Denken Sie jedoch daran, nur Designfarben (Akzentfarben) zu verwenden, da sich das Aussehen sonst mit der Wahl eines anderen Designs nicht ändern wird.

8.2 Tabellenblatt und Hintergrund

Wie gewohnt, befassen wir uns als Erstes wieder mit der grundlegenden Gestaltung des Tabellenblattes. Wechseln wir also in das Tabellenblatt *Jahresauswertung*.

Zeilenhöhe und Spaltenbreite

Hier legen wir für folgende Zeilen und Spalten eine abweichende Höhe und Breite fest:

Zeile	4	5	6
Höhe	10	25	130

Spalte	B	C
Breite	32	8

Rechteck einfügen

Als Erstes fügen wir ein Rechteck als Hintergrund ein:

In der *Symbolleiste für den Schnellzugriff* aktivieren wir den Befehl *Am Raster ausrichten*. Um Platz zu schaffen, sollten Sie außerdem das Menüband reduzieren, z. B. per Rechtsklick und Befehl *Menüband reduzieren* oder Doppelklick auf den Namen des aktuellen Registers, damit es automatisch einklappt, nachdem Sie einen Befehl gewählt haben. Wenn Sie das nachfolgend beschriebene Rechteck eingefügt haben, können Sie das ursprüngliche Menüband wiederherstellen. Bei einem Laptop kann es auch sinnvoll sein, über den Schieberegler in der rechten unteren Ecke den Zoom etwas kleiner einzustellen, z. B. auf 80 oder 90 %.

Wählen Sie dann im Register *Einfügen* | *Illustrationen* | *Formen* ein *Rechteck: diagonal liegende Ecken abgerundet* und ziehen Sie es, beginnend in Zelle **C5** soweit auf, bis fast die gesamte Bildschirmfläche ausgefüllt ist. Also bis zur letzten Spalte bzw. Zeile, die auf Ihrem Bildschirm vollständig zu sehen ist.

Excel 2019: *Zeichentools - Formformat*

Nun können Sie die endgültige Größe bis zum Bildschirmrand im Register *Formformat* | *Größe* in den Feldern *Höhe* und *Breite* festlegen. Auf einem großem Bildschirm sind dies beispielsweise 24 x 50 cm.

> Wenn Sie über den Bildschirmrand hinaus ziehen, wird die Scroll-Leiste aktiviert und das gesamte Blatt verschiebt sich nach rechts bzw. nach unten. Um das zu verhindern, sollten Sie vorher aufhören zu ziehen und den Rest über die Größe einstellen.

Rechteck formatieren

Im Register *Formformat* | *Formenarten* wählen Sie als *Fülleffekt* des Rechtecks die Designfarbe *Akzent 3* und wählen *Keine Kontur* als *Formkontur*. Öffnen Sie dann in der Gruppe *Anordnen* das Menü *Ebene nach hinten* und wählen Sie *In den Hintergrund*.

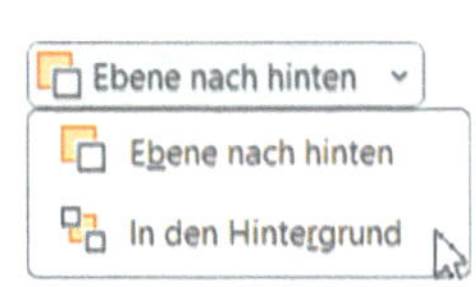

Formen bearbeiten

Im Register *Formformat* befindet sich die Gruppe *Formen einfügen*. In dieser Gruppe finden Sie neben der Möglichkeit, weitere Formen einzufügen, auch einige interessante Befehle, mit denen Sie eingefügte Objekte bearbeiten können. Über *Form bearbeiten* können Sie die Form komplett austauschen oder nur einzelne Punkte ändern.

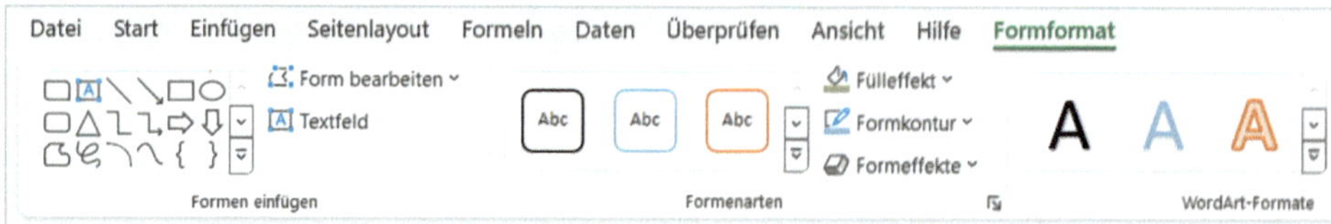

8.3 Die Ergebnisfelder

Zum Hervorheben der Ergebnisse zu *Saldo*, *Einnahmen*, *Ausgaben*, *Spenden* und *Sparen* benötigen wir jeweils 5 Rechtecke, Piktogramme und Textfelder. Außerdem für die Spenden- und Sparquote noch zwei weitere Textfelder für die Prozentangabe.

Keine Sorge, wir werden die einzelnen Schritte nacheinander durchgehen. Einiges sollte Ihnen jedoch schon bekannt sein, da Sie ja die Navigationsleiste erstellt haben und dort eine ähnliche Vorgehensweise nötig war.

Ergebnisfelder erstellen

Zuerst schalten wir die Funktion *Am Raster ausrichten* aus und fügen dann über das Register *Einfügen* | *Illustrationen* und das Menü *Formen* ein Rechteck mit abgerundeten Ecken links vom soeben erstellten Rechteck ein. Die Größe beim „Aufziehen" ist zunächst nicht entscheidend, da wir diese ohnehin im Anschluss exakt festlegen werden.

Ähnlich wie bei den Navigationsschaltflächen wählen wir im Register *Formformat* | *Formenarten* die Formvorlage *Intensiver Effekt*, diesmal in der Farbgruppe *Akzent 6*, und legen die Größe auf 4 cm x 4 cm fest.

Nehmen Sie dann im Register *Start* | in den Gruppen *Schriftart* und *Ausrichtung* noch folgende Einstellungen vor:

- *Schriftgrad*: 14 fett | *Schriftfarbe*: Text 2
- *Textausrichtung*: *Vertikal*: oben | *Horizontal*: zentriert
- Beschriften Sie zuletzt das Rechteck mit „*Saldo*".

Als Nächstes wollen wir unterhalb des eben erstellten Rechtecks ein Textfeld einfügen (Register *Einfügen* | *Text*). Auch hier ist die Größe noch nicht entscheidend. Nehmen Sie dann am Textfeld folgende Einstellungen vor:

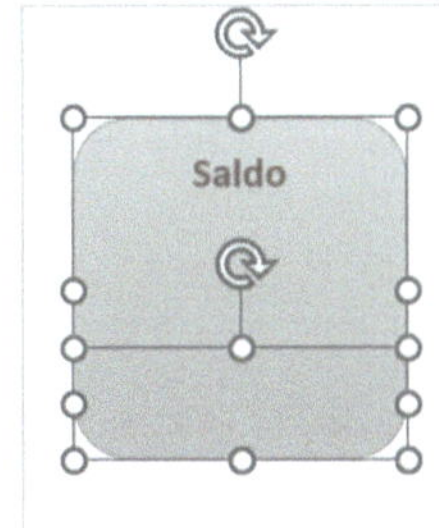

- Register *Formformat*: *Größe* 1,3 cm x 4 cm | *Fülleffekt*: keine Füllung
- Register *Start* | *Ausrichtung*: *Textausrichtung Vertikal und Horizontal*: zentriert

Dann positionieren Sie das Textfeld irgendwo innerhalb des Rechtecks *Saldo*, markieren beide Objekte und richten diese über das Menü *Ausrichten* im Register *Formformat* | *Anordnen* unten und horizontal zentriert aus.

Als Letztes fügen Sie unterhalb des Rechtecks *Saldo* über das Register *Einfügen* | *Illustrationen* | *Piktogramme* noch nachfolgendes Piktogramm ein.

 Suchbegriff „*Topf*" oder „*Schatz*", Größe 1,2 cm x 1,2 cm

Über die Symbolleiste im Kontextmenü des Piktogramms wählen Sie die Formatvorlage *Farbige Füllung – Akzent 1, keine Kontur* und im Register *Grafikformat* | *Anordnen* legen wir im Menü *Ebene nach vorne* noch fest, dass das Piktogramm in den Vordergrund soll.

Dann positionieren Sie das Piktogramm irgendwo innerhalb des Rechtecks, markieren beide Objekte (Piktogramm und Rechteck) und richten diese horizontal und vertikal zentriert aus.

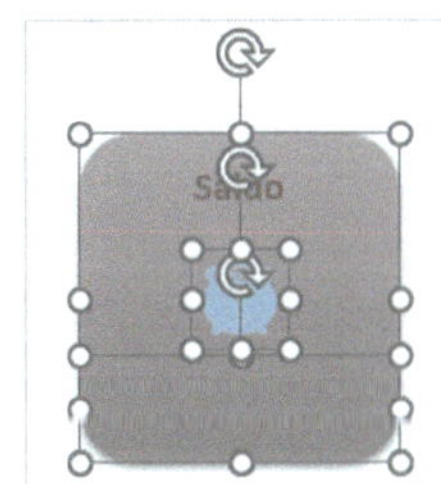

Jetzt können Sie alle drei Objekte (Rechteck, Piktogramm und Textfeld) zusammen markieren, anschließend gruppieren und die Formkontur des Textfeldes entfernen.

Danach kopieren wir das gruppierte Objekt und fügen es unterhalb drei Mal ein. Ändern Sie den Text der drei neu hinzugefügten Rechtecke in „*Einnahmen*", „*Ausgaben*" und „*Spenden*" ab und tauschen Sie die Piktogramme wie nachfolgend angeführt, aus.

Rechteck	Piktogramm	Kategorie/Suchbegriff
Einnahmen		Handel oder Geld
Ausgaben		Handel oder Tasche
Spenden		Glück

Kontextmenü: Befehl *Grafik ändern* | *Aus Piktogrammen...*

Falls Excel beim Austausch der Piktogramme die Formatvorlage/Füllfarbe wieder zurücksetzen sollte, müssen Sie diese über die Symbolleiste des Kontextmenüs | Symbol *Formatvorlage* erneut in *Farbige Füllung – Akzent1, keine Kontur* ändern.

Die Ergebnisfelder Spenden und Sparen

Beim Ergebnisfeld *Spenden* brauchen wir noch Platz für ein weiteres Textfeld. Daher heben wir vorübergehend die Gruppierung auf, markieren nur das Piktogramm und verschieben es mit ein wenig Abstand an den linken Rand des Rechtecks.

Um die vertikale Ausrichtung nicht zu verändern, verschieben Sie das markierte Piktogramm am einfachsten mit den **Pfeiltasten** der Tastatur.

Als Nächstes fügen wir über das Register *Einfügen* | *Text* ein weiteres Textfeld ein und nehmen am Textfeld folgende Einstellungen vor:

Größe: 0,8 cm x 2,4 cm | *Fülleffekt*: Keine Füllung

Textausrichtung Vertikal: Zentriert | *Horizontal*: Rechtsbündig

Dann positionieren Sie das Textfeld rechts neben dem Piktogramm. Achten Sie aber darauf, dass sich der rechte Rand noch innerhalb des Rechtecks befindet. Markieren Sie nun das Textfeld und das Rechteck und richten Sie diese über das Register *Formformat* | *Anordnen*, Menü *Ausrichten* rechtsbündig und vertikal zentriert aus. Zuletzt entfernen Sie noch die Formkontur des Textfeldes (*Keine Kontur*).

Nun können Sie wieder alle vier Objekte des Ergebnisfeldes *Spenden* markieren, gruppieren und dann das gruppierte Objekt nochmals kopieren und darunter einfügen.

Sollten Sie Schwierigkeiten haben, die einzelnen Objekte für die Gruppierung anzuklicken, bedienen Sie sich doch einfach des Befehls *Objekte auswählen* in der Symbolleiste für den Schnellzugriff oder des Fensters *Auswahlbereich* im Register *Format* | *Anordnen*.

Beim kopierten Ergebnisfeld ändern wir den Text des Rechtecks ab in *„Sparen"* und ersetzen das Piktogramm durch das unten abgebildete. Eventuell müssen Sie anschließend auch erneut die Formatvorlage *Farbige Füllung – Akzent1, keine Kontur* zuweisen.

Suchbegriff/Kategorie *„Handel"*

Zellbezüge in Textfeldern erstellen

Damit uns jetzt auch die Ergebnisse in den soeben erstellten Textfeldern angezeigt werden, müssen wir noch die Zellbezüge zu unseren berechneten Feldern im Tabellenblatt *Pivot JA* herstellen.

Zellbezüge in Textfeldern

Wie Sie bereits oben gesehen haben, können Zellbezüge in Formeln ganz einfach hergestellt werden, indem man nach Eingabe eines Gleichheitszeichens die gewünschte Zelle anklickt.

Wenn Sie dagegen in einem Textfeld einen Zellbezug herstellen wollen, ist dies nur über die Bearbeitungsleiste des Textfeldes möglich, nicht aber im Textfeld selbst.

Markieren Sie das Textfeld im Ergebnisfeld *Saldo*, klicken Sie in die Bearbeitungsleiste und schreiben Sie dort ein Gleichheitszeichen (=). Wechseln Sie dann zum Tabellenblatt *Pivot JA*, klicken dort auf die Zelle **B5** (Ergebnis zum *Saldo*) und bestätigen abschließend die Eingabe mit der **Eingabetaste**.

In der Bearbeitungsleiste zum Textfeld sollte jetzt ='Pivot JA'!B5 stehen und im Textfeld selbst der Betrag erscheinen. Versehen Sie jetzt noch das Textfeld mit der Schriftart *Calibri (Textkörper)*, Schriftgrad 14 und der Schriftfarbe *Text 2*.

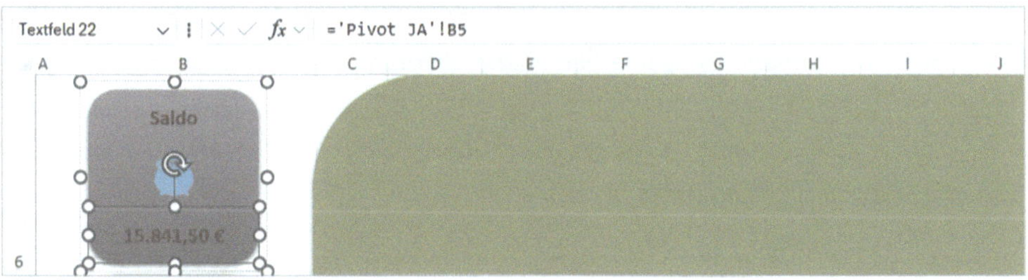

Das Gleiche machen wir jetzt mit allen Textfeldern, wobei Sie dann natürlich auf das zugehörige Ergebnisfeld im Tabellenblatt *Pivot JA* klicken. Bei den Feldern *Spenden* und *Sparen* kommt zusätzlich in die Textfelder neben dem Piktogramm die jeweilige Quote aus dem Tabellenblatt *Pivot JA*.

Ergebnisfelder anordnen

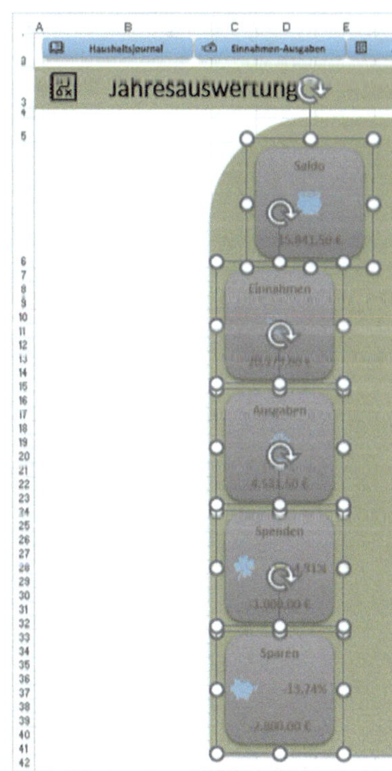

Nun können wir die Ergebnisfelder noch im, auf Seite 135 erstellten, Rechteck anordnen. Beginnen wir mit dem Saldofeld, das wir mit gedrückter **Alt**-Taste an die linke obere Ecke von Zelle **D6** verschieben.

Die restlichen Felder platzieren Sie untereinander mit etwas Abstand zum linken Rand des Rechtecks im Hintergrund. Die vertikale Ausrichtung spielt dabei keine Rolle. Lediglich das unterste Ergebnisfeld sollte den korrekten Abstand zum unteren und linken Rand des Rechtecks haben und keines der darüber befindlichen Felder darf sich weiter links befinden.

Markieren Sie nun alle Ergebnisfelder außer dem obersten Feld *Saldo* und richten Sie diese über das Menü *Ausrichten* im Register *Formformat | Anordnen* linksbündig aus. Nehmen Sie dann noch das Feld *Saldo* mit gedrückter **Strg**-Taste in die Auswahl mit auf und wenden Sie auf alle markierten Felder den Befehl *Vertikal verteilen* an.

Bei einem kleineren Bildschirm, z. B. Laptop, kann es beim Ausrichten hilfreich sein, wenn Sie vorübergehend mit dem Schieberegler in der rechten unteren Ecke den Zoom verringern, z. B. auf 70 %.

8.4 PivotCharts (Diagramme)

Als Nächstes wollen wir unsere 7 PivotCharts, d. h. Diagramme, entsprechend zu unseren Pivot-Tabellen im Tabellenblatt *Pivot JA* erstellen.

Wir möchten neben zwei Balkendiagrammen für die Top 3 Werte der Einnahmen und Ausgaben auch jeweils eine Darstellung der Einnahmen und Ausgaben, unterteilt nach Kategorien in Form von Balkendiagrammen.

Zudem sollen die Einnahmen und Ausgaben in einem gestapelten Säulendiagramm nach Monaten, der Cash Flow in einem Balkendiagramm nach Monaten und die Aufteilung der Kostenarten in einem Kreisdiagramm dargestellt werden.

Das Diagramm Top 3 Einnahmen erstellen

Um unser erstes Diagramm zu erstellen, wechseln wir in das Tabellenblatt *Pivot JA* und klicken in die Pivot-Tabelle *PivotJATop3Einnahmen* (Überschrift: *Top 3 Einnahmen*).

Im Register *PivotTable-Analyse* befindet sich unter anderem die Gruppe *Tools* mit den Befehlen *PivotChart* und *Empfohlene PivotTables*.

Klicken Sie auf den Befehl *PivotChart* und im nachfolgenden Dialogfenster *Diagramm einfügen* wählen wir den Diagrammtyp *Balken* ❶ und den Untertyp *Gruppierte Balken* ❷.

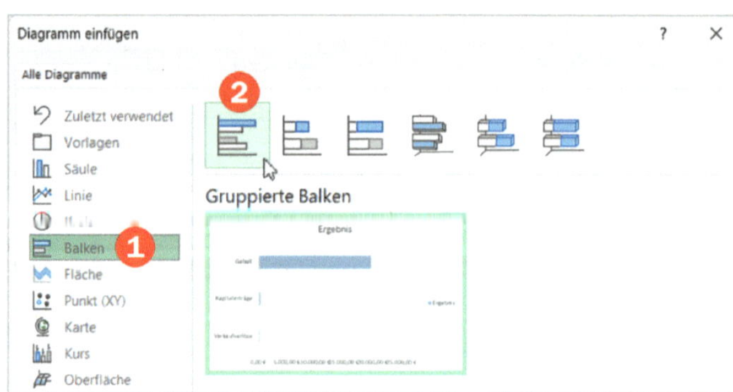

In Excel 2019 werden diese drei Register zusätzlich unter der Bezeichnung *PivotChart-Tools* zusammengefasst.

Analog zu den Pivot-Tabellen, erscheint auch für PivotCharts im Menüband eine Gruppe von kontextbezogenen Registerkarten, hier *PivotChart-Analyse*, *Entwurf* und *Format*. Diese sind immer dann sichtbar, wenn ein PivotChart ausgewählt wurde und mit diesen Registerkarten können Sie die meisten Einstellungen zu PivotCharts vornehmen.

Bevor wir die finalen Einstellungen am PivotChart vornehmen, wollen wir das Diagramm allerdings in das Tabellenblatt *Jahresauswertung* verschieben. Dies erledigen wir mit dem Befehl *Diagramm verschieben…* im Kontextmenü zum Diagramm. Im nachfolgenden Dialogfenster *Diagramm verschieben* wählen wir als Ziel das Tabellenblatt *Jahresauswertung*.

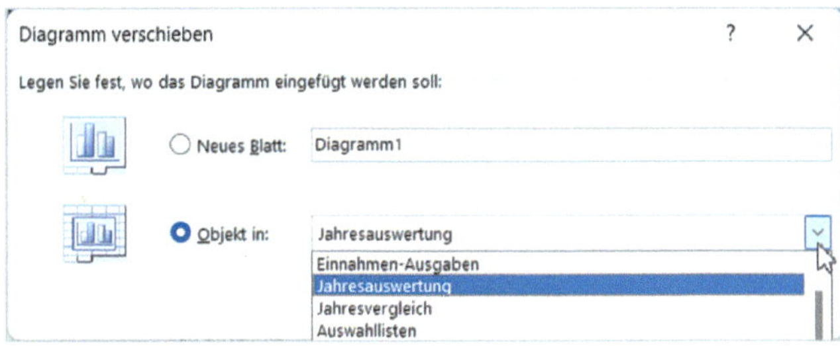

Diagrammnamen ändern

Im Register PivotChart-Analyse befindet sich unter anderem die Gruppe *PivotChart*. Hier können der Diagrammname geändert und die PivotChart-Optionen geöffnet werden. Sie können hier gerne für jedes der zu erstellenden PivotCharts einen aussagekräftigen Namen (z. B. *„DiagrammTop3Einnahmen“*) vergeben.

> Sie können den Diagrammnamen aber auch einfach im Namenfeld ganz links in der Bearbeitungsleiste abändern.

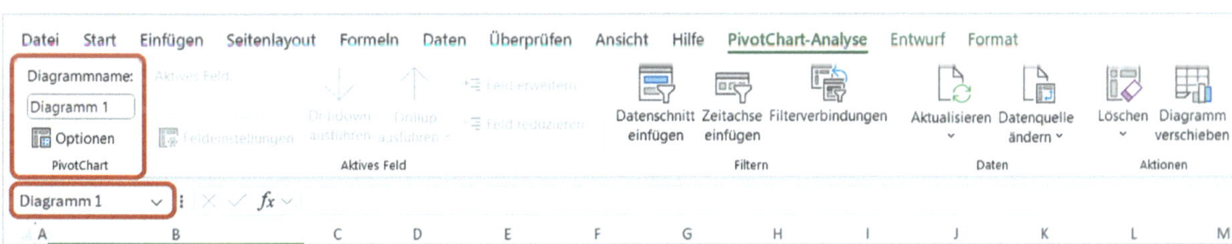

Feldschaltflächen einblenden/ausblenden

Im Register *PivotChart-Analyse* befindet sich auch die Gruppe *Einblenden/Ausblenden*. Öffnen Sie dort mit Klick auf den Pfeil das Menü *Feldschaltflächen* und wählen Sie *Alle ausblenden*.

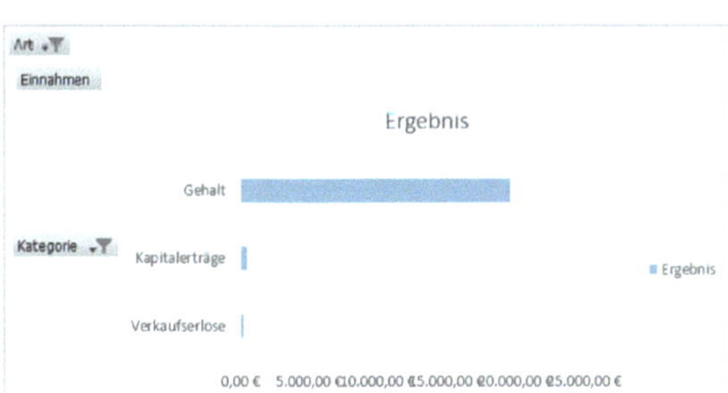

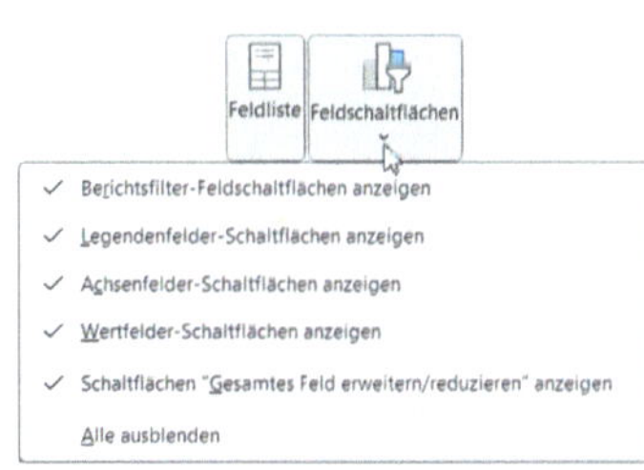

Wenn *Alle ausblenden* aktiviert ist (Haken), dann sind die übrigen Einstellungen ausgegraut und können erst wieder aktiviert werden, wenn zuvor *Alle ausblenden* deaktiviert wird.

Diagrammformatvorlagen

Im Register *Entwurf* befindet sich unter anderem die Gruppe *Diagrammformatvorlagen*. Hier können Sie auch PivotCharts mit Hilfe von zahlreichen Diagrammformatvorlagen gestalten und/oder über *Farben ändern* andere Farben im Rahmen der gewählten Designfarben auswählen. Wir werden hier allerdings keine Vorlage wählen, sondern unsere eigenen Einstellungen vornehmen.

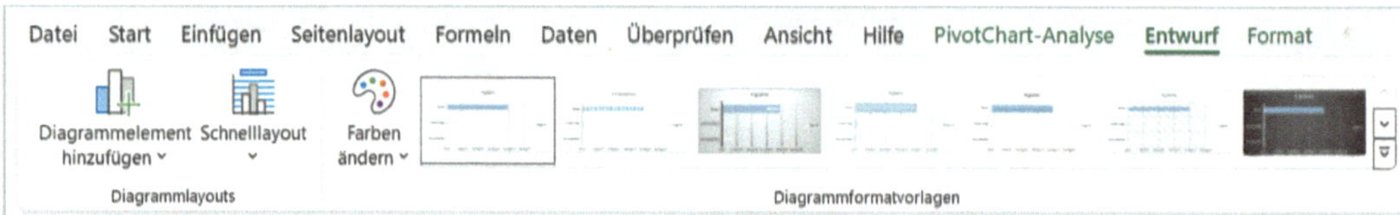

Diagrammelemente hinzufügen und formatieren

Einzelne Diagrammelemente, z. B. Diagrammtitel oder Legende können im Register *Entwurf* | *Diagrammlayouts* über das Menü *Diagrammelement hinzufügen* vorgenommen werden. Da die Befehle bebildert sind, ist ihre Verwendung leicht verständlich. In derselben Gruppe befindet sich auch das Menü *Schnelllayout*, in dem vorgefertigte Layouts gewählt werden können.

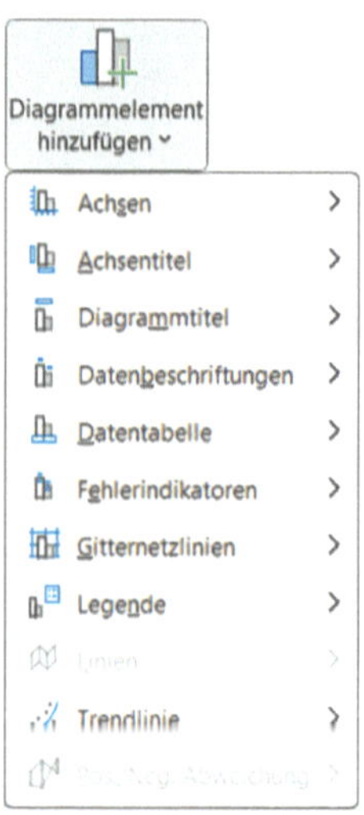

Sie sehen die Auswirkungen auf das Diagramm in einer Vorschau, wenn Sie mit dem Mauszeiger über einer Einstellung verweilen, ohne zu klicken.

Wenn Sie das Diagramm markieren, erscheint in dessen rechter oberen Ecke ein Pluszeichen, über das ebenfalls Diagrammelemente hinzugefügt werden können. Beim Zeigen auf ein Element erscheint rechts ein kleiner Pfeil, der beim Anklicken ein Untermenü mit verschiedenen Positionsmöglichkeiten öffnet, wie im Bild unten.

- Als Achsen wollen wir lediglich die *Primäre vertikale Achse* anzeigen lassen. Aktivierte Einstellungen sind grau hinterlegt und werden durch Anklicken bzw. über Kontrollkästchen deaktiviert oder aktiviert.
- Der Diagrammtitel soll sich über dem Diagramm befinden.
- Datenbeschriftungen sollen *Am Anfang innerhalb* angezeigt werden.
- Außerdem entfernen wir sämtliche Gitternetzlinien im Diagramm und zudem die Legende, indem wir *Keine* wählen.

Diagramm formatieren

Im Register *Format* befindet sich die Gruppe *Formenarten*. Dort wählen wir aus den *Schnellformatvorlagen* die Vorlage *Intensiver Effekt, Akzent 6*. Legen Sie zudem in der Gruppe *Größe* noch eine *Höhe* von *4,5 cm* und eine *Breite* von *10 cm* fest.

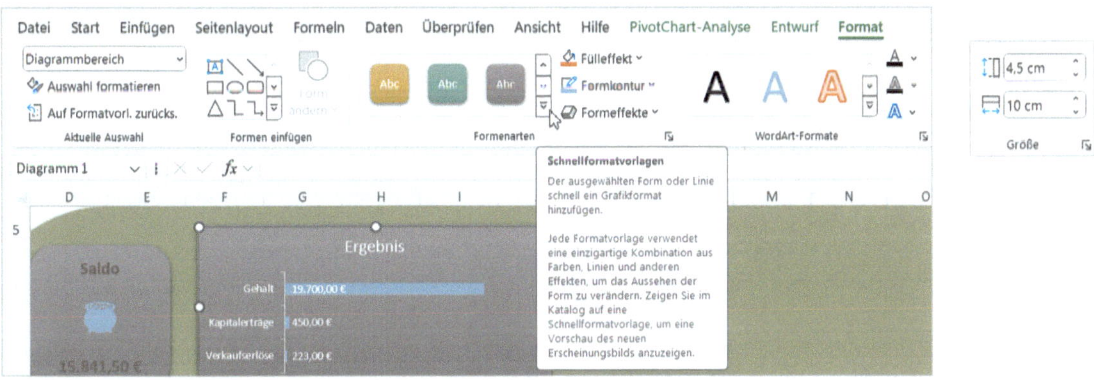

Für die weiteren Formatierungen öffnen wir den Aufgabenbereich *Diagrammbereich formatieren* am rechten Bildschirmrand, z. B. über den kleinen Pfeil der Gruppe *Größe*.

Der Aufgabenbereich Diagramm* formatieren**

Weitergehende Formatierungen, die nicht in der Registerkarte *Format* enthalten sind, können im Aufgabenbereich *Diagramm*** formatieren* am rechten Bildschirmrand vorgenommen werden, wobei *** für das jeweils markierte Diagrammelement steht.

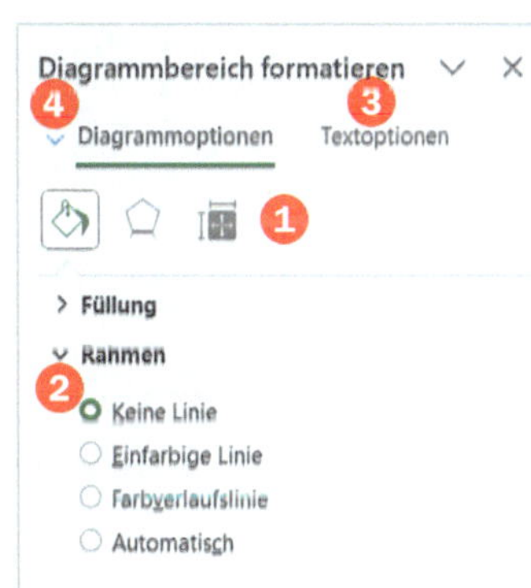

Der Aufgabenbereich wird über das Kontextmenü des jeweiligen Diagrammelements und den Befehl *Diagramm*** formatieren...* geöffnet oder mit Klick auf den kleinen Pfeil einiger Gruppen im Register *Format*, z. B. *Größe*. Auch ein **Doppelklick** in den Diagrammbereich öffnet den Aufgabenbereich.

Über die Symbole ❶ wählen Sie bei Diagrammen zwischen den Bearbeitungsmöglichkeiten *Füllung und Linie*, *Effekte* und *Größe und Eigenschaften* und mit den Pfeilen ❷ öffnen Sie die dazugehörigen Optionen. Mit der Auswahl *Textoptionen* ❸ erhalten Sie dagegen verschiedene Sonderformate für Text.

Zum Schließen des Aufgabenbereichs klicken Sie rechts oben auf das Symbol *Schließen* (x). Solange der Aufgabenbereich geöffnet ist, genügt im Diagramm ein Klick auf ein bestimmtes Element oder auch in ein anderes Diagramm, um anschließend dessen Einstellungen zu bearbeiten. Oder wählen Sie das zu bearbeitende Element über den Pfeil ❹ aus. Haben Sie z. B. die Überschrift ausgewählt, so zeigt der Aufgabenbereich *Diagrammtitel formatieren* an.

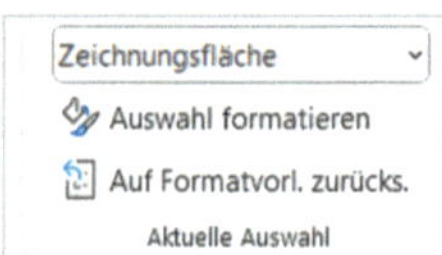

Im Register *Format* | *Aktuelle Auswahl* können Sie ebenfalls ein Diagrammelement auswählen und mit dem Befehl *Auswahl formatieren* den dazugehörigen Aufgabenbereich öffnen. *Auf Formatvorl. zurücks.* stellt dagegen das ursprüngliche Aussehen des Diagramms wieder her.

Nehmen Sie nun folgende Einstellungen vor:

- **Auswahl Diagrammbereich**
  - *Diagrammoptionen* | *Füllung und Linie* | *Rahmen:* abgerundete Ecken (ggf. muss hierfür zunächst von *Keine Linie* auf *Automatisch* geändert werden, dann das Kontrollkästchen *Abgerundete Ecken* aktivieren und zuletzt wieder *Keine Linie* wählen).
  - *Textoptionen* | *Textfüllung und -kontur* | *Textfüllung*: Einfarbige Füllung | *Farbe*: Text 2
- **Auswahl Reihe „Ergebnis“**
  - *Datenreihenoptionen* | *Datenreihenoptionen* | *Reihenoptionen* | *Reihenachsenüberlappung*: 0 % | *Abstandsbreite*: 20 %
- **Auswahl Zeichnungsfläche**
  - *Zeichnungsflächenoptionen* | *Füllung und Linie* | *Füllung*: Keine Füllung

Sollten die Ergebnisse in der falschen Reihenfolge angezeigt werden, können Sie zum einen die Daten in der Pivot-Tabelle anders sortieren. Sie haben aber auch die Möglichkeit, die vertikale Achse auszuwählen und unter *Achsenoptionen* | Symbol *Achsenoptionen* | *Achsenoptionen* den Haken bei *Kategorien in umgekehrter Reihenfolge* zu setzen.

Da wir noch weitere PivotCharts erstellen wollen, sollten Sie den Aufgabenbereich *Diagrammelement formatieren* nicht schließen.

Jetzt markieren wir noch den Diagrammtitel und benennen ihn um in *„Top 3 - Einnahmen“*. Außerdem platzieren wir das soeben erstellte Diagramm rechts neben dem Saldofeld, wobei der untere Rahmen etwa auf gleicher Höhe sein sollte.

Um die Formatierungen nicht bei jedem Diagramm erneut vornehmen zu müssen, könnten wir im Kontextmenü des Diagramms den Befehl *Als Vorlage speichern...* wählen und unter dem gewünschten Namen abspeichern (z. B. *Design1*).

Eine benutzerdefinierte Vorlage kann bei Erstellung eines PivotCharts im Dialogfenster *Diagramm einfügen*, Ordner *Vorlagen* ausgewählt werden. Bei einem vorhandenen PivotChart gelangen Sie zum Dialogfenster *Diagramm ändern* über das Kontextmenü des Diagramms oder über das Register *Entwurf* | *Typ* und den Befehl *Diagrammtyp ändern*.

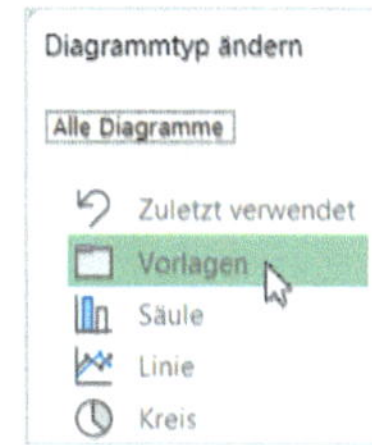

Wenn Sie eine Vorlage speichern, wird neben den Formatierungen auch der Diagrammtyp gespeichert. Sie können diesen aber nach Anwenden der Vorlage im Dialogfenster *Diagrammtyp ändern* auch wieder ändern, die Formatierungen bleiben trotzdem bestehen. Verwenden Sie mehrere verschiedene Diagrammtypen, dann kann es sich eventuell auch lohnen, für jeden Typ eine Vorlage zu speichern.

Allerdings werden bei einer nachträglichen Änderung des Designs die Designfarben der Vorlage nicht entsprechend angepasst. Daher habe ich von der Verwendung benutzerdefinierter Vorlagen abgesehen. Wenn Sie aber das Design ohnehin nicht ändern möchten, können Sie die Möglichkeit der Vorlagen natürlich gerne verwenden. Sie brauchen dann nur die Abweichungen von der Vorlage und die Größen ändern.

Balkendiagramm Top 3 Ausgaben

Erstellen wir nun das Diagramm *Top 3 Ausgaben*, indem wir wieder zum Tabellenblatt *Pivot JA* wechseln und eine beliebige Stelle in der Pivot-Tabelle *PivotJATop3Ausgaben* (Überschrift: *Top 3 - Ausgaben*) markieren. Im Register *PivotTable-Analyse* | *Tools* klicken Sie auf *PivotChart* und wählen im Fenster *Diagramm einfügen* den Typ *Balken*, Untertyp *Gruppierte Balken*.

Verschieben Sie das Diagramm nun wieder mit Hilfe des Kontextmenüs und dem Befehl *Diagramm verschieben...* in das Tabellenblatt *Jahresauswertung*.

Es gibt noch einen weiteren Weg, um Formatierungen von Diagrammen zu übertragen, nämlich auf dem Weg über die Zwischenablage. Wenn Sie das zu übertragende Diagramm kopieren, wird dieses in der Zwischenablage gespeichert. Den Inhalt der Zwischenablage können Sie einsehen, wenn Sie diese mit dem kleinen Pfeil ⧉ der Gruppe *Zwischenablage* im Register *Start* öffnen.

Wenn Sie jetzt das neu erstellte Diagramm markieren und dann in der Zwischenablage auf das kopierte Diagramm klicken, werden die Formatierungen eins zu eins, mit Ausnahme der Größe, auf das neue Diagramm übertragen.

Diese Vorgehensweise wollen wir für die Formatierung unserer PivotCharts verwenden.

Für den Fall, dass Sie die Diagramme von Grund auf neu erstellen möchten, können Sie die grundlegenden Einstellungen des Diagramms *Top 3 Einnahmen* verwenden. Diese habe ich am Ende dieses Abschnitts nochmals in einem blauen Kasten zusammengefasst. Hinzu kommen dann bei den jeweiligen Diagrammen nur noch die beschriebenen Abweichungen.

Öffnen Sie zunächst, wie vorhergehend beschrieben, die Zwischenablage im Register *Start*. Markieren Sie dann das Diagramm *Top 3 - Einnahmen* und kopieren Sie es mit Hilfe des Kontextmenüs oder der Tastenkombination **Strg+C**. Jetzt markieren Sie das soeben erstellte Diagramm zu den *Top 3 Ausgaben* und klicken in der Zwischenablage auf das Diagramm *Top 3 - Einnahmen*. Zuletzt brauchen Sie nur noch den Diagrammtitel ändern in „*Top 3 - Ausgaben*".

> Sie können bei geöffneter Zwischenablage vor dem Kopieren den Befehl *Alle löschen* ausführen, um die Zwischenablage zu leeren. Grundsätzlich erscheint das neueste Element ganz oben in der Liste.

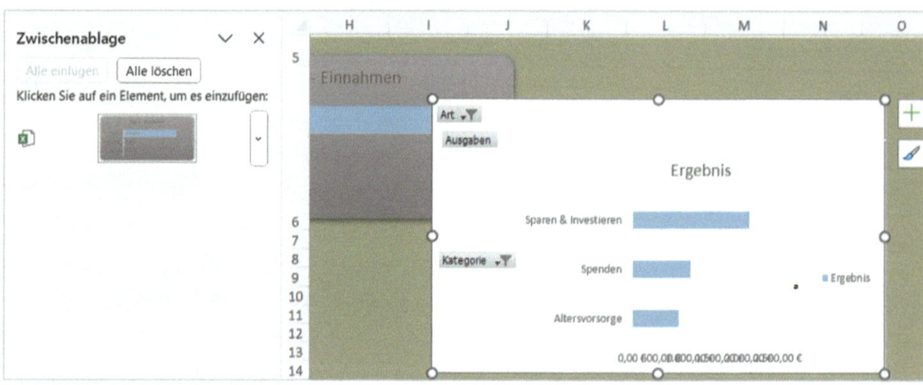

Sollte die Zeichnungsfläche eine abweichende Farbe bekommen haben, wie bei mir, können Sie dies ganz einfach beheben, indem Sie im Diagramm die Zeichnungsfläche auswählen und im Aufgabenbereich *Zeichnungsfläche formatieren* unter *Zeichnungsflächenoptionen* | *Füllung und Linie* als Füllung *Keine Füllung* auswählen.

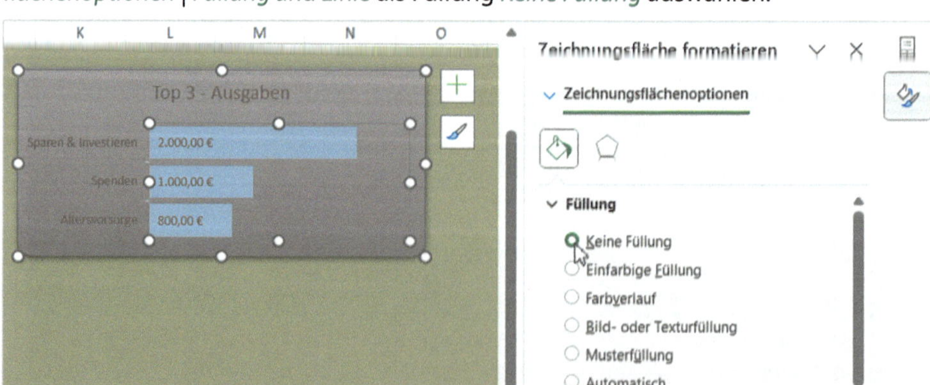

Um diesen Schritt nicht bei allen weiteren Diagrammen erneut wiederholen zu müssen, habe ich die Zwischenablage mit dem Befehl *Alle löschen* gelöscht und das neue Diagramm *Top 3 - Ausgaben* kopiert, um es künftig als Vorlage zu verwenden.

> Lassen Sie die Zwischenablage geöffnet, damit Sie bei den zukünftigen Diagrammen schnell mit einem Klick die Vorlage anwenden können.

Zuletzt brauchen Sie nur noch im Register *Format* in der Gruppe *Größe* eine Höhe von *4,5 cm* und eine Breite von *10 cm* festlegen und das Diagramm rechts neben dem Diagramm *Top 3 - Einnahmen* auf gleicher Höhe platzieren.

Diagrammformatierungen der Vorlage

- Dialogfenster *Diagramm einfügen* | Balken | Gruppierte Balken
- Register *PivotChart-Analyse* | *Einblenden/Ausblenden* | *Feldschaltflächen* | *Alle ausblenden*
- Register *Format* | *Formenarten* | Schnellformatvorlage *Intensiver Effekt, Akzent 6*
- Register *Entwurf* | *Diagrammlayouts* | *Diagrammelement hinzufügen*
  Achsen: Primär vertikal, *Diagrammtitel*: Über Diagramm, *Datenbeschriftung*: Am Anfang innerhalb, *Gitternetzlinien*: Keine, Legende: Keine
- Aufgabenbereich
  Auswahl **Diagrammbereich**:
  Diagrammoptionen | *Füllung und Linie* | *Rahmen*: abgerundete Ecken, Keine Linie
  Textoptionen | *Textfüllung und -kontur* | *Textfüllung*: Einfarbige Füllung, *Farbe*: Text 2

  Auswahl **Reihe „Ergebnis“**:
  Datenreihenoptionen | *Reihenoptionen* | *Reihenachsenüberlappung*: 0 %, *Abstandsbreite*: 20 %

Kreisdiagramm Kostenverteilung

Als Nächstes erstellen wir das Diagramm Kostenverteilung, indem wir zum Tabellenblatt *Pivot JA* wechseln und in die Pivot-Tabelle *PivotJAKostenverteilung* (Überschrift: *Kostenverteilung*) klicken.

Im Register *PivotTable-Analyse* | *Tools* klicken Sie wieder auf *PivotChart*, bestätigen das vorgeschlagene Diagramm mit *OK* und wenden danach aus der Zwischenablage die Vorlage an.

> Es spielt vorerst keine Rolle, welchen Diagrammtyp Sie wählen, da wir ja wieder die Vorlage anwenden und diese gleichzeitig auch den Diagrammtyp bestimmt.

Verschieben Sie das Diagramm nun wieder mit Hilfe des Kontextmenüs und dem Befehl *Diagramm verschieben...* in das Tabellenblatt *Jahresauswertung* und nehmen Sie noch folgende Änderungen vor:

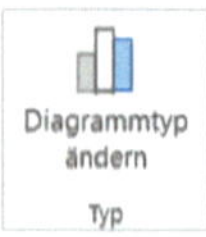

- Register *Entwurf* | *Typ* | *Diagrammtyp ändern*: Kreis, Untertyp Kreis (2D)
  - *Diagrammformatvorlagen* | *Farbe ändern*: Farbige Palette 2
  - *Diagrammlayouts* | *Diagrammelement hinzufügen*
    Datenbeschriftungen: Größe anpassen
    Legende: Links
- Register *Format* |*Größe* | *Höhe*: 4,5 cm, *Breite*: 10 cm
- Aufgabenbereich
  - **Reihe „Ergebnis"** | *Datenreihenoptionen* | *Datenreihenoptionen* | *Reihenoptionen Kreisexplosion*: 5 %
  - **Reihe „Ergebnis" Datenbeschriftungen**: *Beschriftungsoptionen* | Symbol *Beschriftungsoptionen* | *Beschriftungsoptionen* | *Beschriftung enthält*: Prozentsatz - alle anderen deaktivieren

Jetzt markieren wir den Diagrammtitel, benennen ihn um in *„Kostenverteilung"* und verschieben ihn mit der Maus (Pfeilkreuz) nach links, bis er etwa linksbündig mit der Legende abschließt.

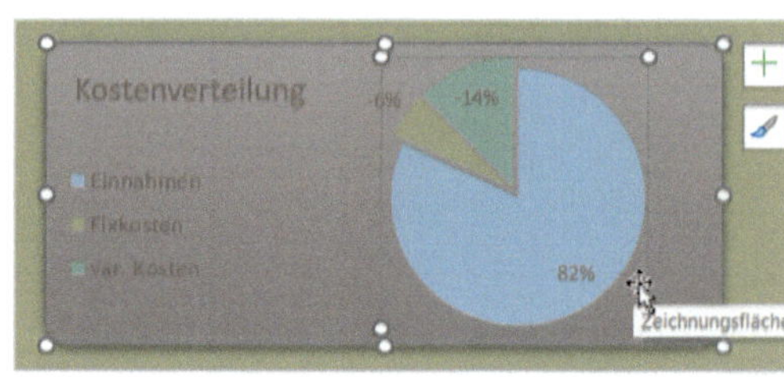

Klicken Sie nun im Diagramm so neben den Kreis, dass ein durchgezogener quadratischer Rahmen um diesen erscheint, wie im Bild. Oder wählen Sie im Register *Format* oder im Aufgabenbereich die *Zeichnungsfläche* aus. Über die Markierungspunkte in den Ecken können Sie nun die Größe des Kreises anpassen und ggf. mit dem Pfeilkreuz den Kreis verschieben.

Die Gruppe *Anordnen* enthält dieselben Befehle wie in den übrigen objektbezogenen Registerkarten, z. B. *Grafikformat*.

Anschließend platzieren Sie das Diagramm rechts neben dem Diagramm *Top 3 - Einnahmen* auf gleicher Höhe und richten die drei Diagramme und das Saldofeld exakt auf einer Linie nebeneinander aus. Bedienen Sie sich hierzu wieder des Ausrichtungsbefehls *Unten ausrichten* im Register *Format* | *Anordnen*.

Diagramm Ausgabenverteilung

Zum Erstellen des nächsten Diagramms *Ausgabenverteilung* wechseln Sie zum Tabellenblatt *Pivot JA* und klicken in die Pivot-Tabelle *PivotJAAusgabenverteilung*. Im Register *PivotTable-Analyse* | *Tools* wählen Sie wieder *PivotChart*, übernehmen das vorgeschlagene Diagramm und wenden aus der Zwischenablage die Vorlage an.

Verschieben Sie danach das Diagramm mit Hilfe des Kontextmenüs und dem Befehl *Diagramm verschieben...* in das Tabellenblatt *Jahresauswertung*. Nehmen Sie dann noch folgende Änderungen vor:

- Diagrammtitel: *„Ausgabenverteilung"*
- Register *Format* | *Größe* | *Höhe:* 20 cm, *Breite:* 12 cm

Platzieren Sie das Diagramm ganz rechts im Rechteck, wobei der obere Rahmen sich etwas unterhalb des Diagramms *Kostenverteilung* befinden sollte. Jetzt können Sie alle vier Diagramme markieren und oben ausrichten. Nehmen Sie anschließend noch das Ergebnisfeld *Saldo* in die Markierung auf und wählen Sie *Horizontal verteilen*.

Säulendiagramm Einnahmen - Ausgaben

Erstellen wir nun das Diagramm *Einnahmen-Ausgaben*, indem wir zum Tabellenblatt *Pivot JA* wechseln und in die Pivot-Tabelle *PivotJAEinnahmenAusgaben* klicken. Im Register *PivotTable-Analyse* | *Tools* wählen Sie *PivotChart*, bestätigen das vorgeschlagene Diagramm und wenden aus der Zwischenablage die Vorlage an. Verschieben Sie dann das Diagramm mit Hilfe des Kontextmenüs und dem Befehl *Diagramm verschieben...* in das Tabellenblatt Jahresauswertung und nehmen Sie noch folgende Änderungen vor:

- Diagrammtitel *„Einnahmen - Ausgaben"*
- Register *Entwurf* | *Typ* | *Diagrammtyp ändern*: Säulen, Untertyp gestapelte Säulen *Diagrammformatvorlagen* | *Farbe ändern*: Farbige Palette 2
- Register *Format* | *Größe* | *Höhe*: 8 cm, *Breite*: 31 cm
- Aufgabenbereich **Auswahl Horizontal (Kategorie) Achse**: *Achsenoptionen* | Symbol *Achsenoptionen* | *Beschriftungen* | *Beschriftungsposition*: niedrig

Das Diagramm platzieren wir rechts vom Ergebnisfeld *Einnahmen*. Achten Sie darauf, dass sich der obere Rahmen des Diagramms etwas unterhalb vom Ergebnisfeld *Einnahmen* und der linke Rahmen rechts vom Diagramm *Top 3 - Einnahmen* befindet.

Markieren Sie das Ergebnisfeld *Einnahmen* und das Diagramm und richten Sie beide oben aus. Markieren Sie dann das Diagramm und das Diagramm *Top 3 - Einnahmen* oberhalb und richten Sie beide linksbündig aus.

Passen Sie jetzt noch gegebenenfalls die Breite an, damit das Diagramm rechtsbündig mit dem Diagramm *Kostenverteilung* abschließt.

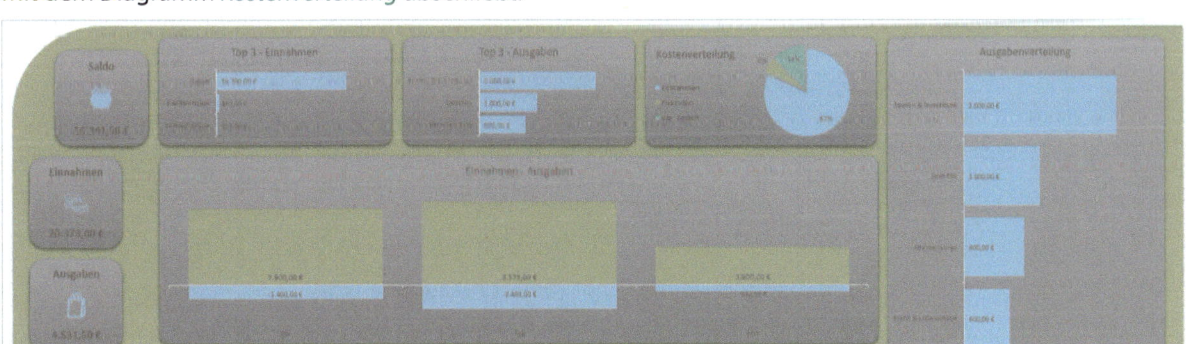

Cash Flow

Erstellen wir nun das Diagramm *Cash Flow*, indem wir zum Tabellenblatt *Pivot JA* wechseln und in die Pivot-Tabelle *PivotJACashFlow* klicken. Im Register *PivotTable-Analyse* | *Tools* wählen Sie wieder *PivotChart*, bestätigen das vorgeschlagene Diagramm und wenden aus der Zwischenablage die Vorlage an.

Verschieben Sie dann das Diagramm wieder mit Hilfe des Kontextmenüs und dem Befehl *Diagramm verschieben...* in das Tabellenblatt *Jahresauswertung* und nehmen Sie noch folgende Änderungen vor:

- Diagrammtitel „*Cash Flow*"
- Register *Format* | *Größe* | *Höhe*: 9,5 cm, *Breite*: 9,5 cm
- Aufgabenbereich, Auswahl **Vertikal (Kategorie) Achse**:
  Achsenoptionen | Symbol *Achsenoptionen* | *Achsenoptionen*: *Kategorien in umgekehrter Reihenfolge*: aktiviert

  Alternativ zur Anordnung in umgekehrter Reihenfolge über den Aufgabenbereich können Sie natürlich auch in der Pivot-Tabelle *PivotJACashFlow* die Spalte *Zeitraum* absteigend (Z-A) sortieren.

Das Diagramm platzieren Sie unterhalb des Diagramms *Einnahmen-Ausgaben*. Achten Sie darauf, dass sich der untere Rahmen des Diagramms etwas oberhalb des Rahmens vom Ergebnisfeld *Sparen* und der linke Rahmen etwas rechts vom darüber befindlichen Diagramm *Einnahmen-Ausgaben* befindet.

Markieren Sie das Ergebnisfeld *Sparen* und das Diagramm und richten beide unten aus. Markieren Sie dann noch das Diagramm und das Diagramm *Einnahmen-Ausgaben* und richten Sie beide linksbündig aus.

Einnahmenverteilung

Als Letztes erstellen wir das Diagramm *Einnahmenverteilung*, indem wir zum Tabellenblatt *Pivot JA* wechseln und in die Pivot-Tabelle *PivotJAEinnahmenverteilung* klicken. Wählen Sie im Register *PivotTable-Analyse* | *Tools* erneut den Befehl *PivotChart*, übernehmen Sie das vorgeschlagene Diagramm und wenden Sie aus der Zwischenablage die Vorlage an. Verschieben Sie dann das Diagramm wieder mit Hilfe des Kontextmenüs und dem Befehl *Diagramm verschieben...* in das Tabellenblatt *Jahresauswertung* und nehmen Sie folgende Änderungen vor:

- Diagrammtitel „*Einnahmenverteilung*"
- Register *Entwurf* | *Typ* | *Diagrammtyp ändern*: Säulen, Untertyp Gruppierte Säulen
- Register *Format* | *Größe* | *Höhe*: 9,5 cm, *Breite*: 21 cm
- Aufgabenbereich, Auswahl **Horizontal (Kategorie) Achse**:
  Achsenoptionen | *Beschriftungen* | *Beschriftungsposition*: niedrig

Das Diagramm platzieren wir rechts neben dem Diagramm *Cash Flow*. Achten Sie darauf, dass sich der untere Rahmen des Diagramms etwas oberhalb vom Rahmen des Diagramms *Cash Flow* und der rechte Rahmen links vom darüber liegenden Diagramm *Einnahmen-Ausgaben* befindet.

Markieren Sie das Diagramm und das Diagramm *Cash Flow* und richten beide unten aus. Markieren Sie dann das neue Diagramm und das Diagramm *Einnahmen-Ausgaben* und richten Sie beide rechtsbündig aus.

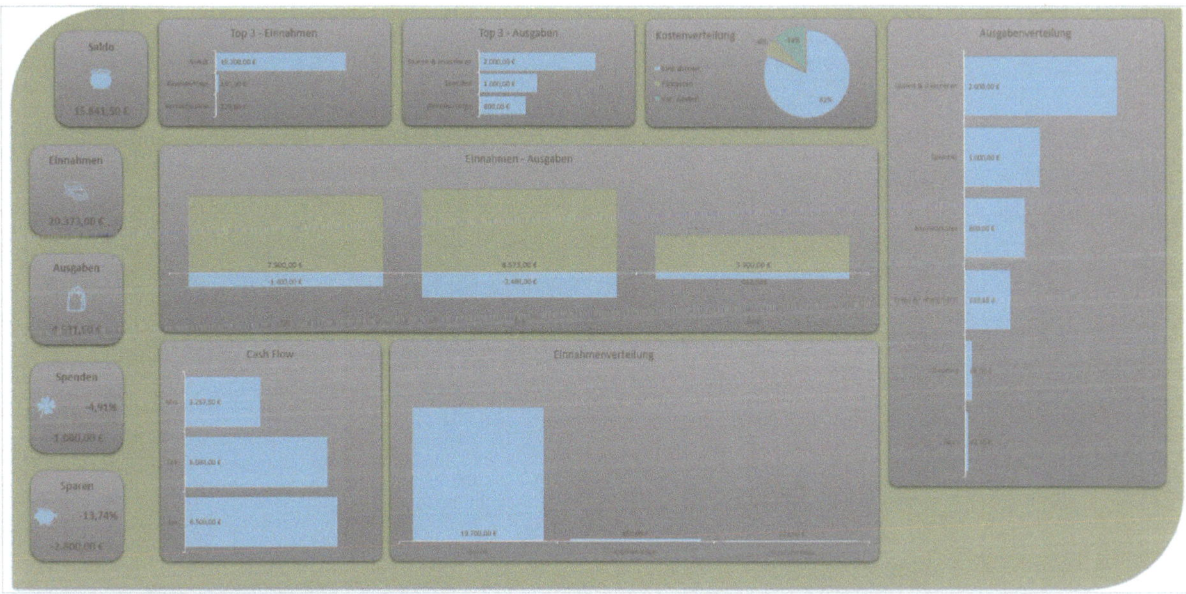

Allgemeine Gestaltungshinweise

Ich habe hier beschrieben, wie Sie die Diagramme meines Erachtens am einfachsten anordnen und ausrichten können. Sollte dies nicht Ihren Geschmack treffen, liegt es jetzt an Ihnen, die Diagramme nach Ihren Wünschen zu gestalten.

Soll es etwas bunter sein, so markieren Sie das Ausgangsdiagramm und wählen im Menü *Farben ändern* (Register *Entwurf* | *Diagrammformatvorlagen*) eine andere Farbzusammenstellung.

Oder Sie verwenden doch eine Diagrammformatvorlage. Vielleicht wollen Sie die Diagramme aber auch völlig anders anordnen. Ganz wie es Ihnen gefällt.

8.5 Filter mit Zeitachse und Datenschnitten

Jetzt müssen wir noch dafür sorgen, dass wir die soeben erstellte Auswertung auch bequem filtern können. Hierzu bedienen wir uns wieder der schon bekannten Datenschnitte (s. Kap. 5.3). Für die Zeitfilterung werden wir dieses Mal allerdings eine sogenannte Zeitachse verwenden.

Zeitachse erstellen und formatieren

Zeitachse (Zeitstrahl)

Bei Pivot-Tabellen können Sie zum Filtern von Datumswerten auch eine sog. Zeitachse verwenden. Um die Tabelle oder das Diagramm nach einem bestimmten Zeitraum zu filtern, klicken Sie diesen in der Zeitachse einfach an ❶, z. B. das Jahr 2023. Wird ein größerer Zeitraum benötigt, so können Sie diesen durch Ziehen mit gedrückter linker Maustaste erweitern ❷.

Mit dem Pfeil rechts oben ❸ wählen Sie die benötigte Zeiteinheit, z. B. *Jahre* oder *Quartale* und das Symbol darüber hebt den Filter wieder auf.

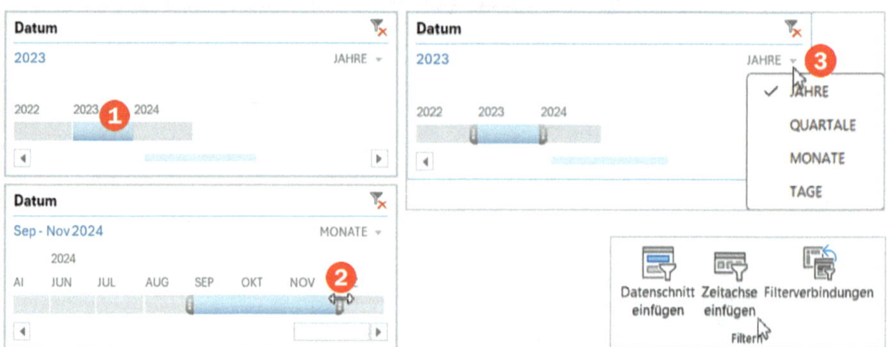

Zum Einfügen einer Zeitachse klicken Sie in die zu filternde Pivot-Tabelle oder in das Diagramm und in der Registerkarte *Analyse* | *Filtern* auf *Zeitachse einfügen*.

Markieren Sie jetzt das Diagramm *Top 3 - Einnahmen* und klicken Sie, wie oben beschrieben, auf *Zeitachse einfügen*. Im nachfolgenden Dialogfenster werden aus der zugrunde liegenden Datentabelle ausschließlich Spalten mit Datumswerten angezeigt. Da wir nur ein Datum haben, wählen wir dieses aus und bestätigen mit *OK*.

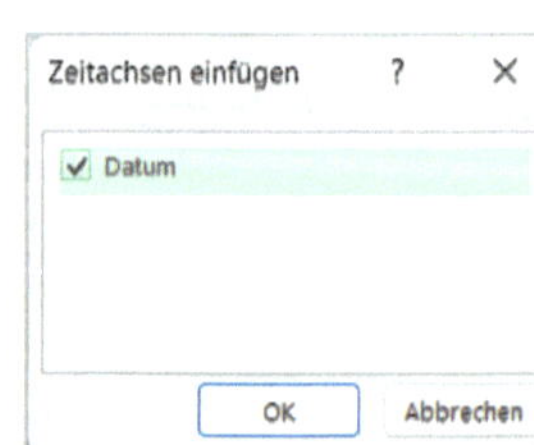

Wenn Sie eine Zeitachse oder einen Datenschnitt zu einem PivotChart verwenden, bezieht sich die Filterung eigentlich auf die zugrunde liegende Pivot-Tabelle, d. h. diese wird automatisch gleichzeitig mit dem Diagramm gefiltert.

Zeitachse formatieren

Wie gehabt, erscheint auch für die soeben erstellte Zeitachse eine kontextbezogene Registerkarte mit dem Namen *Zeitachse*. Diese ist immer dann sichtbar, wenn eine Zeitachse ausgewählt wurde.

Excel 2019: *Zeitachsentools - Optionen*

Formatvorlage erstellen

Im Register *Zeitachse* befindet sich unter anderem die Gruppe *Zeitachsen-Formatvorlagen*.

Erstellen wir auch hier eine neue Zeitachsen-Formatvorlage. Hierzu öffnen wir mit dem kleinen schwarzen Pfeil die vorhandenen Formatvorlagen und wählen den Befehl *Neue Zeitachsen-Formatvorlage...*. Im Dialogfenster *Zeitachsen-Formatvorlage ändern* nehmen Sie bei den Zeitachsenelementen folgende Einstellungen vor und wenden anschließend die soeben erstellte Formatvorlage auf die Zeitachse an.

Element	Formateinstellungen
Name	*Design1-Zeitachsen-Formatvorlage*
Gesamte Zeitachse	*Schrift* | *Farbe*: Text 2 *Rahmen* | *Voreinstellungen*: Keine *Ausfüllen* | *Hintergrundfarbe*: Keine Farbe
Überschrift	*Schrift* | *Schriftschnitt*: Fett | *Schriftgrad*: 11 | *Farbe*: Text 2
Ausgewählter Zeitblock	*Ausfüllen* | *Hintergrundfarbe*: Akzent 1
Nicht ausgewählter Zeitblock	*Rahmen* | *Farbe: Akzent 1* | *Voreinstellungen*: Außen *Ausfüllen* | *Hintergrundfarbe*: Keine Farbe
Als standardmäßige Zeitachsen-Formatvorlage für dieses Dokument festlegen aktivieren	

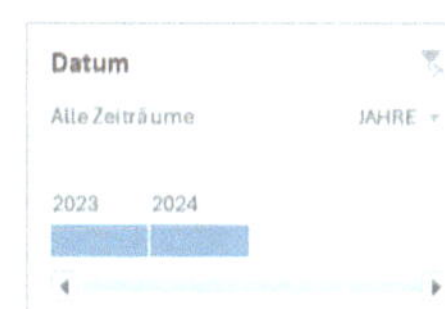

Allgemeine Formatierungen

Im Register *Zeitachse* befinden sich auch die Gruppen *Zeitachse* ❶, *Größe* ❷ und *Anzeigen* ❸.

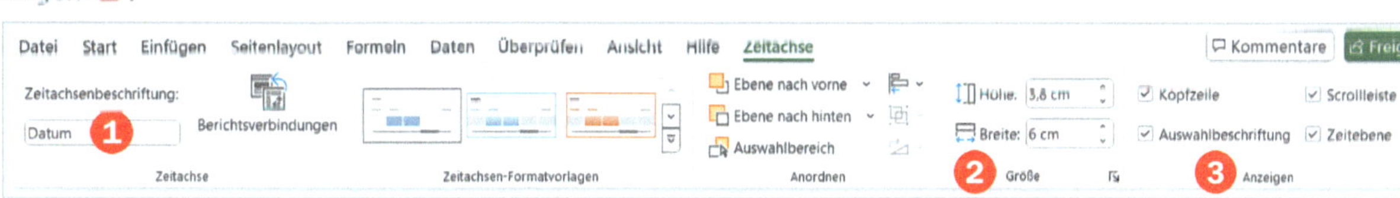

- Geben Sie zuerst im Feld *Zeitachsenbeschriftung* den Text „*Jahr wählen...*" ein und legen Sie die *Höhe* auf *3,8 cm* und die *Breite* auf *6 cm* fest.

- In der Gruppe *Anzeigen* entfernen wir den Haken bei *Zeitebene*, da wir lediglich Jahre auswählen möchten.

> Achtung: Bevor Sie die Zeitebene ausblenden, vergewissern Sie sich, dass in der Zeitachse die Zeiteinheit *Jahre* gewählt wurde.

- Wir benötigen auch keine *Auswahlbeschriftung* und können den Haken dort ebenfalls entfernen.

Zuletzt richten Sie die Zeitachse mit gedrückter **Alt-Taste** noch links oben in Zelle **B5** aus.

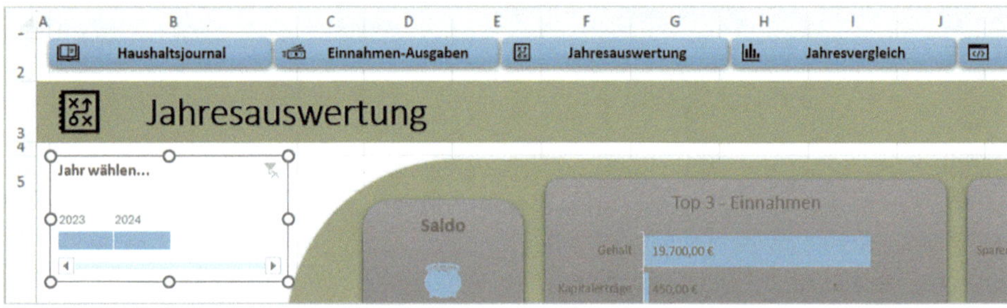

Datenschnitte erstellen und formatieren

Wählen Sie erneut das Diagramm *Top 3 - Einnahmen* und fügen Sie mit dem Befehl *Datenschnitt einfügen* (Register *PivotChart-Analyse* | *Filtern*) folgende Datenschnitte ein:

Kategorie, Unterkategorie, Konto, Kostenart

Größe und Einstellungen

Markieren Sie alle Datenschnitte mit gedrückter **Strg-Taste** und ändern Sie im Register *Datenschnitt* in der Gruppe *Schaltflächen* die *Höhe* auf *0,6 cm* und in der Gruppe *Größe* die *Breite* auf *6 cm*.

In der Gruppe *Datenschnitt* öffnen wir noch mit dem Befehl *Datenschnitteinstellungen* das gleichnamige Dialogfenster und setzen einen Haken bei *Elemente ohne Daten ausblenden*.

Datenschnitte formatieren, positionieren und ausrichten

Jetzt müssen wir noch die Höhe der einzelnen Datenschnitte einstellen sowie diese positionieren und ausrichten.

Hierzu wählen Sie nacheinander die Datenschnitte in der unten beschriebenen Reihenfolge aus, legen in der Gruppe *Größe* die Höhe fest und ziehen diese dann untereinander unter die Zeitachse. Bleiben Sie dabei mit dem linken Rahmen des Datenschnittes etwas rechts vom linken Rand der Zeitachse, da wir alles wieder linksbündig ausrichten wollen.

Der unterste Datenschnitt sollte etwa mit dem grauen Rechteck, in dem sich die Diagramme befinden abschließen. Die vertikale Ausrichtung spielt zunächst keine Rolle.

Die Höhe der einzelnen Datenschnitte:

Datenschnitt	Höhe
Konto	3,7
Kostenart	3,7
Kategorie	5,7
Unterkategorie	5,7

Zuletzt noch alle Datenschnitte und die Zeitachse markieren, über das Register *Datenschnitt* | *Anordnen* und das Menü *Ausrichten* links ausrichten und vertikal verteilen.

Datenschnitt - Formatvorlage anpassen

Wenn Sie, wie auf Seite 62 beschrieben, die benutzerdefinierte Datenschnittformatvorlage *Design1-Datenschnittformat* als Standard festgelegt haben, dann wurde diese automatisch angewendet. Grundsätzlich passt dieses Format. Allerdings möchten wir hier keinen Rahmen um die Datenschnitte haben. Hierzu erstellen wir eine neue Formatvorlage.

Markieren Sie einen Datenschnitt, klicken Sie im Register *Datenschnitt* | *Datenschnitt-Formatvorlagen* mit der rechten Maustaste auf unsere bereits vorhandene und aktuell verwendete Formatvorlage *Design1-Datenschnittformat* und wählen Sie im Kontextmenü den Befehl *Duplizieren...* aus.

Im Dialogfenster *Datenschnittformat ändern* nehmen Sie bei den einzelnen Datenschnittelementen die folgenden Änderungen vor:

Element	Formateinstellungen
Name	*Design1-Datenschnittformat2*
Gesamter Datenschnitt	*Rahmen* | *Voreinstellungen*: Keine
Nicht ausgewähltes Element mit Daten	*Rahmen* | *Farbe*: Akzent 1 | *Voreinstellungen*: Außen

Markieren Sie anschließend alle Datenschnitte im Tabellenblatt *Jahresauswertung* und wenden die neue Formatvorlage an.

Zur Erinnerung
Wenn Sie ein Objekt anklicken, können Sie schnell den Namen des Objekts im *Namenfeld* links in der Bearbeitungsleiste ablesen und dort auch ändern.

Datenschnitte erhalten automatisch den Namen des betreffenden Feldes, z. B. *Konto*. Existieren zu einem Feld mehrere Datenschnitte, so werden diese zusätzlich einer fortlaufenden Zahl versehen, z. B. *Konto 1*, Konto 2 usw. Um Verwechslungen vorzubeugen und die Datenschnitte eindeutig anhand ihres Namens einem bestimmten Tabellenblatt zuzuordnen, kann es hilfreich sein, den Namen zu ändern, beispielsweise in *Konto JA*.

Kontrollieren Sie die Namen auch im bekannten *Namens-Manager* (Register *Formeln* | *Definierte Namen*). Sie können aber auch alle Objekte des Tabellenblatts im *Auswahlbereich* anzeigen lassen (Register *Datenschnitt* | *Anordnen*).

Berichtsverbindungen erstellen

Wenn Sie nun in einem Datenschnitt oder der Zeitachse einen Filter auswählen, werden Sie bemerken, dass sich nur das *Diagramm Top 3 - Einnahmen* verändert, da alle Datenschnitte nur für dieses Diagramm erstellt wurden.

Berichtsverbindungen
Sobald Sie einen Datenschnitt oder eine Zeitachse für eine Pivot-Tabelle erstellt haben, können Sie diesen auch zum Filtern weiterer Pivot-Tabellen verwenden, sofern die Pivot-Tabellen auf derselben Datenquelle beruhen. Hierzu muss der Datenschnitt mit der zu filternden Pivot-Tabelle verbunden werden.

Damit alle Diagramme gleichzeitig gefiltert werden, ist es also notwendig, der Zeitachse und den Datenschnitten noch die übrigen Pivot-Tabellen zuzuordnen. Dies erledigen wir über das Register *Zeitachse* bzw. *Datenschnitt* und den Befehl *Berichtsverbindungen*.

Alternativ können Sie dies auch über das Kontextmenü des jeweiligen Datenschnitts bzw. der Zeitachse und den Befehl *Berichtsverbindungen...* vornehmen.

Markieren Sie nun die Zeitachse und klicken Sie auf *Berichtsverbindungen*. Es öffnet sich das gleichnamige Dialogfenster, in dem nun die Pivot-Tabellen zugeordnet werden können.

Hier zeigt es sich jetzt auch, wie wichtig es war, den Pivot-Tabellen eindeutige Namen zu geben. Der Zusatz *JA* oder *JV* wäre zwar entbehrlich gewesen, da auch das jeweilige Blatt angezeigt wird. Allerdings ist es nicht sinnvoll, gleiche Namen zu vergeben.

Wählen Sie alle Pivot-Tabellen aus dem Blatt *Pivot JA* und bestätigen Sie die Auswahl mit *OK*.

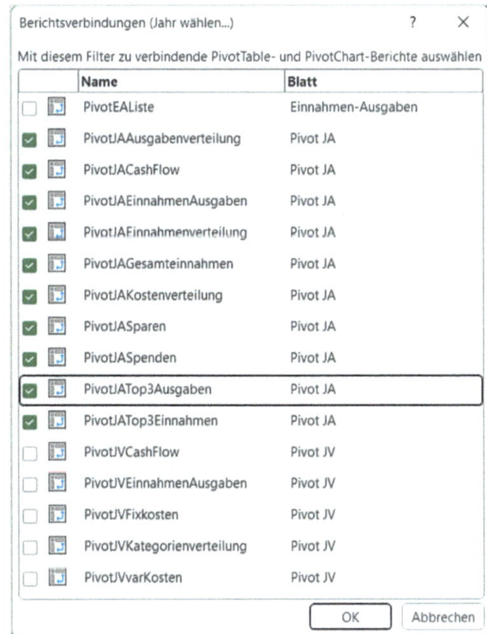

Eine Mehrfachauswahl ist bei der Erstellung von Berichtsverbindungen leider nicht möglich, das bedeutet, Sie müssen alle Datenschnitte nacheinander abarbeiten.

Öffnen Sie nun nacheinander für jeden Datenschnitt das Dialogfenster, wie oben beschrieben, und stellen Sie folgende Verbindungen her:

- **Konto und Kostenart**
  Für die Datenschnitte *Konto* und *Kostenart* erstellen wir eine Verbindung zu allen Pivot-Tabellen im Blatt *Pivot JA* mit Ausnahme der Pivot-Tabellen *PivotJAGesamteinnahmen*, *PivotJASparen* und *PivotJASpenden*.
- **Kategorie und Unterkategorie**
  Für Datenschnitte *Kategorie* und *Unterkategorie* benötigen wir lediglich eine Verbindung zu den Pivot-Tabellen *PivotJAAusgabenverteilung*, *PivotJACashFlow*, *PivotJAEinnahmenAusgaben*, *PivotJAEinnahmenverteilung* und *PivotJAKostenverteilung*.

Da wir die Pivot-Tabellen *PivotJASparen* und *PivotJASpenden* bereits nach der Spalte *Kategorie* gefiltert haben und diese Filterung natürlich nicht aufgehoben werden soll, darf der Datenschnitt *Kategorie* nicht auf diese Pivot-Tabellen angewendet werden. Somit soll auch keine Berichtsverbindung hergestellt werden.

Kleine Wiederholungsübung: Datenschnitt Monat

Abschließend und als kleine Wiederholungsübung wollen wir noch einen Datenschnitt für das Feld *Monat* einfügen, der es uns ermöglicht, die Einnahmen- und Ausgabenverteilung pro Monat darzustellen.

Wählen Sie hierzu das Diagramm *Ausgabenverteilung* und fügen Sie einen Datenschnitt für das Feld *Monat* ein. Legen Sie danach für den Datenschnitt noch folgende Einstellungen fest:

- Register *Datenschnitt*
  - Gruppe *Schaltflächen* | Anzahl *Spalten*: 6 | *Höhe*: 0,6 cm
  - Gruppe *Größe* | *Höhe*: 2,5 cm | *Breite*: 9,5 cm
  - Gruppe *Datenschnitt-Formatvorlagen* | Benutzerdefinierte Formatvorlage *Design1, Datenschnittformat 2*
- Dialogfenster *Datenschnitteinstellungen* | *Elemente ohne Daten ausblenden*
- Aufgabenbereich *Datenschnitt formatieren* (Rechtsklick und Befehl *Größe und Eigenschaften*)
  Größe und Eigenschaften | *Eigenschaften*: *Objekt drucken* deaktivieren
- Dialogfenster *Berichtsverbindungen*
  PivotJAAusgabenverteilung und *PivotJAEinnahmenverteilung*

Datenschnitt positionieren
Die Positionierung dieses Datenschnitts bleibt Ihren Vorstellungen und Wünschen überlassen, hier ein Vorschlag:

Platzieren Sie den Datenschnitt innerhalb des Rechtecks unter dem Diagramm *Ausgabenverteilung* und richten ihn linksbündig mit dem Diagramm aus. In diesem Fall dürfte es allerdings auch erforderlich sein, den Hintergrund des Datenschnitts dem der übrigen Objekte im Rechteck anzugleichen. Dies erledigen Sie mit Hilfe einer weiteren Datenschnitt-Formatvorlage (benutzerdefinierte Datenschnitt-Formatvorlage duplizieren und dann mit dem Befehl *Ändern* die Füllfarbe in *Akzent 6* ändern).

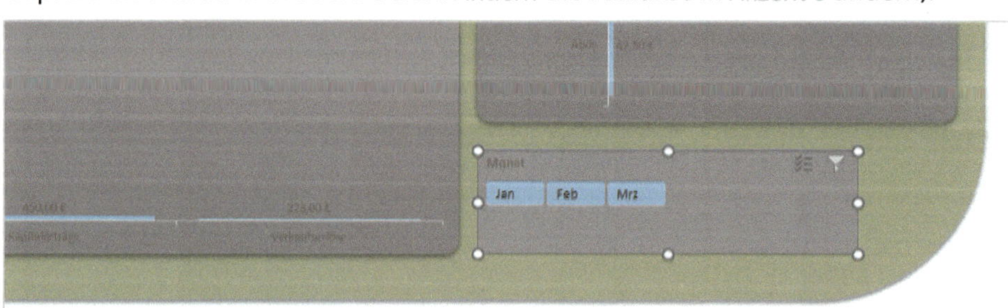

8.6 Abschließende Einstellungen zum Tabellenblatt

Objektpositionen

Markieren Sie nun im Tabellenblatt ein beliebiges Objekt, z. B. das Piktogramm in der Titelzeile, markieren mit dem Shortcut **Strg+A** (Alles markieren) alle Objekte in diesem Tabellenblatt und öffnen dann per Rechtsklick und den Befehl Größe und Eigenschaften... oder mit Klick auf den kleinen Pfeil ⧉ der Gruppe *Größe* (Register *Formformat*, *Grafikformat* oder *Datenschnitt*) den Aufgabenbereich *Objekt formatieren*.

- Klicken Sie auf das Symbol *Größe und Eigenschaften* und aktivieren Sie unter *Eigenschaften* die Einstellung *Von Zellposition und -größe unabhängig*.
- Ändern Sie nun durch Ziehen mit der Maus die Breite der Spalte am rechten Rand des Rechtecks so, dass beide in einer Linie abschließen.

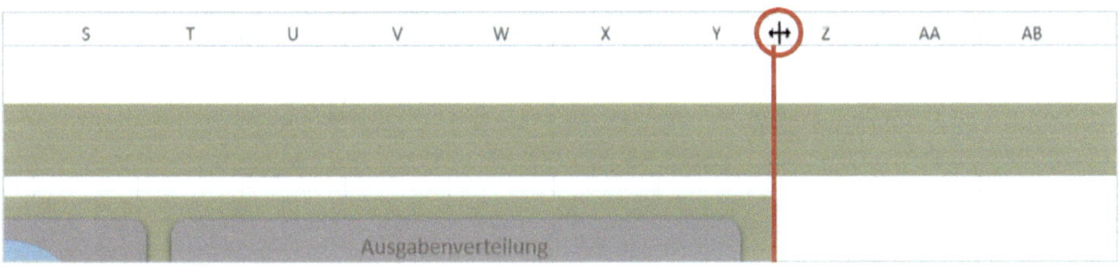

Zeilen- und Spaltenüberschriften, Gitternetzlinien ausblenden

Um noch etwas Abstand der Objekte zum rechten und unteren Rand zu bekommen, werden wir noch die Spalten- und Zeilenbeschriftungen des Tabellenblatts ausblenden. Entfernen Sie hierzu einfach im Register *Seitenlayout* | *Blattoptionen* unter *Überschriften* den Haken bei *Anzeigen*.

> Alternativ können Sie dies auch über das Register *Ansicht* | *Anzeigen* erledigen. Dort können Sie auch die Bearbeitungsleiste ausblenden. Beachten Sie aber, dass dies dann auch alle anderen Excel-Arbeitsmappen betrifft, weshalb ich diese lieber nicht ausblende.

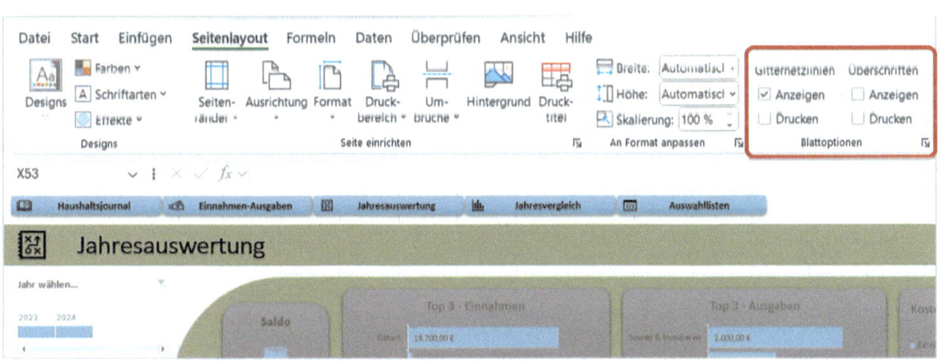

Falls Sie eines der vorgefertigten Designs verwenden, dürften auch die Gitternetzlinien im Tabellenblatt sichtbar sein. Wenn Sie diese ausblenden möchten, dann entfernen Sie in derselben Gruppe auch noch unter *Gitternetzlinien* den Haken bei *Anzeigen*.

Design wechseln

Wenn Sie feststellen, dass Ihnen am Bildschirm helle Schrift vor dunklem Hintergrund besser zusagt, dann wechseln Sie einfach zum dunklen Design mit der Farbpalette *Graugrün*, das wir in Kap. 1.5 erstellt haben. Außerdem sollten Sie dann auch für die Zellformatvorlage *Standard* einen dunklen Zellhintergrund und weiße Schrift wählen (s. Kap. 2.1 auf Seite 30). Zur Erinnerung: Register *Start* | *Formatvorlagen* | *Zellenformatvorlagen* | Rechtsklick auf die Formatvorlage *Standard* und Befehl *Ändern....* Die Änderung bezieht sich auf alle Tabellen der Arbeitsmappe und das Tabellenblatt *Jahresauswertung* sollte aussehen, wie im Bild unten.

In diesem Fall erübrigt sich das Ausblenden der Gitternetzlinien, da die Füllfarbe einer Zelle die Gitternetzlinien verdeckt.

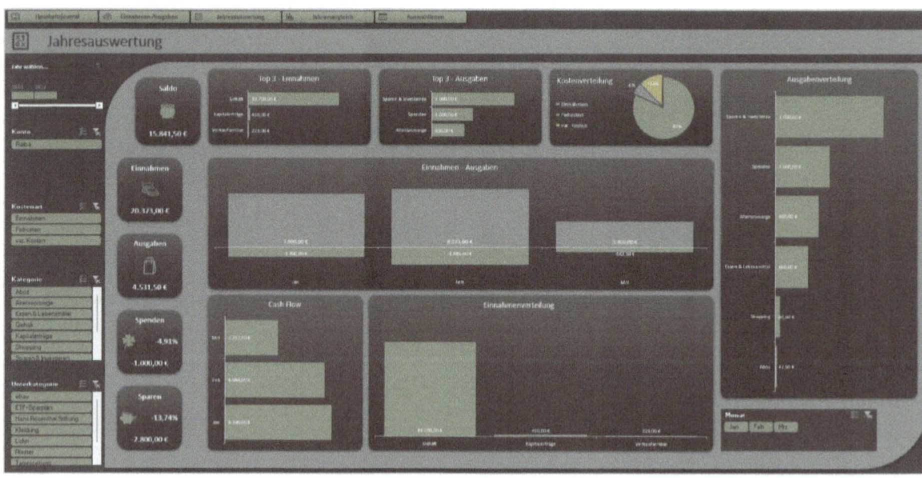

Im nächsten Kapitel des Buches behalte ich allerdings aus drucktechnischen Gründen das helle Design bei. Zudem ist in den Abbildungen bei einem hellen Hintergrund die Positionierung im Tabellenblatt besser ersichtlich.

9 Das Tabellenblatt Jahresvergleich

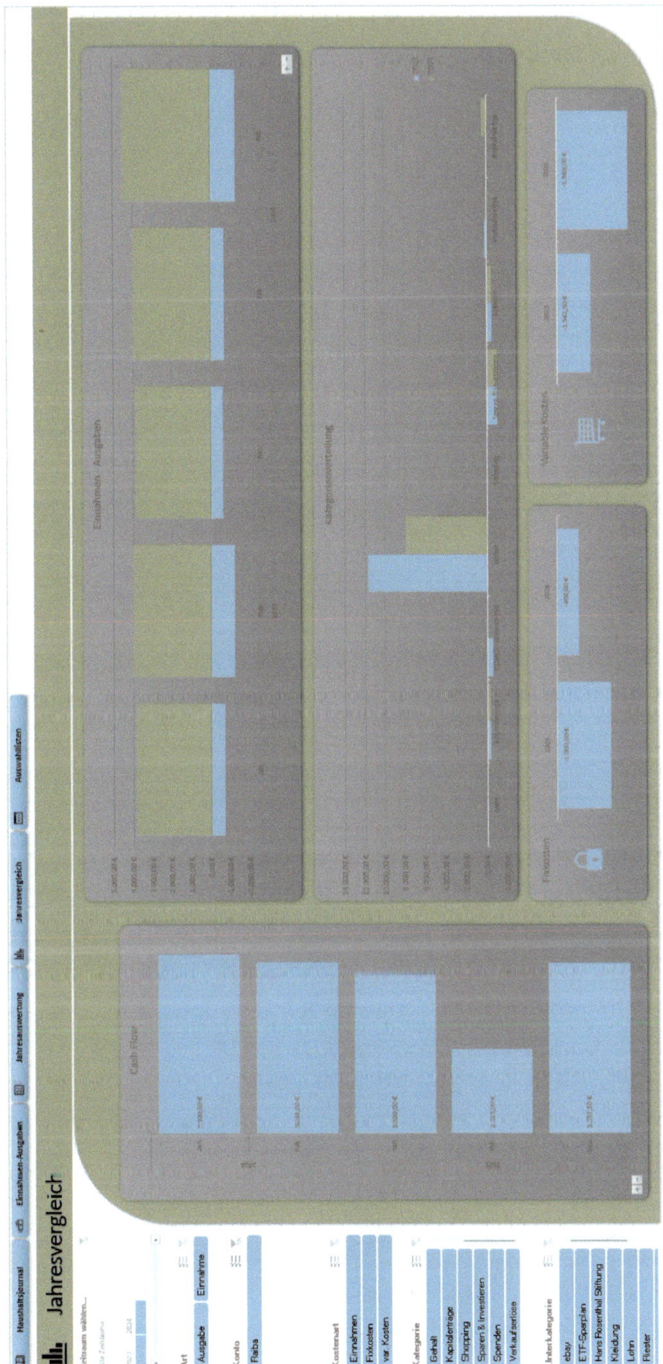

Vorbereitungen

Als Erstes wollen wir wieder einige grundlegenden Einstellungen im Tabellenblatt vornehmen. Wechseln wir also in das Tabellenblatt *Jahresvergleich*.

- Die Zeile **4** erhält die Zeilenhöhe 10 und die Spalte **B** Spaltenbreite 32.
- Kopieren Sie das Rechteck (im Hintergrund) aus dem Tabellenblatt *Jahresauswertung* und fügen Sie es in Zelle **C5** ein.

9.1 Pivot Charts erstellen

Als Nächstes wollen wir fünf Pivot Charts aus den Pivot-Tabellen im Tabellenblatt *Pivot JV* erstellen. Wir möchten neben einem Balkendiagramm für den *Cash Flow* auch noch vier Säulendiagramme für die *Einnahmen-Ausgaben*, *Fixkosten*, *variablen Kosten* sowie für die *Kategorien*. Im Bild unten unsere Ausgangstabellen bzw. Pivot-Tabellen im Blatt *Pivot JV*.

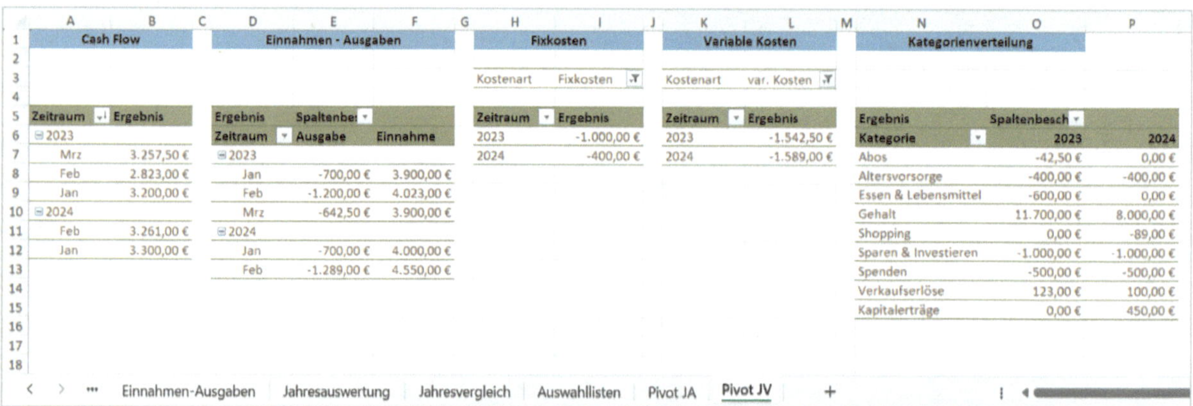

Cash Flow

Zeitraum	Ergebnis
2023	
Mrz	3.257,50 €
Feb	2.823,00 €
Jan	3.200,00 €
2024	
Feb	3.261,00 €
Jan	3.300,00 €

Einnahmen - Ausgaben

Ergebnis	Spaltenbe:	
Zeitraum	Ausgabe	Einnahme
2023		
Jan	-700,00 €	3.900,00 €
Feb	-1.200,00 €	4.023,00 €
Mrz	-642,50 €	3.900,00 €
2024		
Jan	-700,00 €	4.000,00 €
Feb	-1.289,00 €	4.550,00 €

Fixkosten

Kostenart: Fixkosten

Zeitraum	Ergebnis
2023	-1.000,00 €
2024	-400,00 €

Variable Kosten

Kostenart: var. Kosten

Zeitraum	Ergebnis
2023	-1.542,50 €
2024	-1.589,00 €

Kategorienverteilung

Ergebnis	Spaltenbesch	
Kategorie	2023	2024
Abos	-42,50 €	0,00 €
Altersvorsorge	-400,00 €	-400,00 €
Essen & Lebensmittel	-600,00 €	0,00 €
Gehalt	11.700,00 €	8.000,00 €
Shopping	0,00 €	-89,00 €
Sparen & Investieren	-1.000,00 €	-1.000,00 €
Spenden	-500,00 €	-500,00 €
Verkaufserlöse	123,00 €	100,00 €
Kapitalerträge	0,00 €	450,00 €

Die Formatierungen entsprechen denjenigen im Blatt *Jahresauswertung*. Sie können also bei Unklarheiten die Vorgehensweise nochmals in Kap. 8.4 nachschlagen.

Auch hier wollen wir uns wieder unserer Vorlage aus der Zwischenablage (Register *Start* | *Zwischenablage*) bedienen. Sollte diese zwischenzeitlich nicht mehr in der Zwischenablage vorhanden sein, so wechseln Sie zum Tabellenblatt *Jahresauswertung* und kopieren das Diagramm *Top 3 - Ausgaben* erneut. Das Diagramm sollte sich jetzt wieder in der Zwischenablage ganz oben befinden.

Balkendiagramm Cash Flow

Um unser erstes Diagramm zu erstellen, wechseln wir zum Tabellenblatt *Pivot JV* und klicken in die Pivot-Tabelle *PivotJVCashFlow*. Klicken Sie wieder im Register *PivotTable-Analyse* | *Tools* auf *PivotChart*, übernehmen das vorgeschlagene Diagramm mit der Schaltfläche *OK* und wenden aus der Zwischenablage die Vorlage an.

Verschieben Sie das Diagramm nun wieder mit Hilfe des Kontextmenüs und dem Befehl *Diagramm verschieben...* in das Tabellenblatt *Jahresvergleich* und nehmen Sie anschließend noch folgende Anpassungen vor:

- Diagrammtitel „*Cash Flow*"
- Register *PivotChart-Analyse* | *Einblenden/Ausblenden* | *Feldschaltflächen*: *Alle ausblenden* deaktivieren und nur *Schaltflächen „Gesamtes Feld erweitern/reduzieren" anzeigen* aktivieren (s. Bild unten)
- Register *Format* | *Größe* | *Höhe*: 22,5 cm, *Breite*: 11,5 cm
- Aufgabenbereich, Auswahl: **Vertikal (Kategorie) Achse** | *Füllung und Linie* | *Linie:* Automatisch

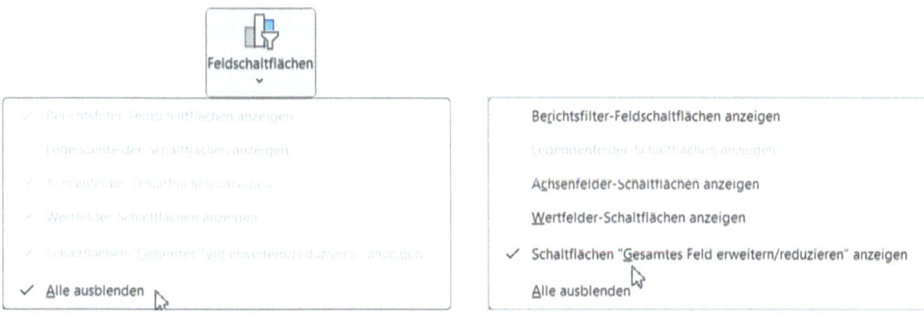

Wenn Sie das Diagramm nach Jahren und Monaten sortieren möchten, dann wechseln Sie zum Tabellenblatt *Pivot JV* und sortieren die Pivot-Tabelle *PivotJVCashFlow* nach der Spalte *Zeitraum* absteigend *(Z bis A)*. Am einfachsten geht dies per Rechtsklick in die Spalte und den Befehl *Sortieren*.

Zuletzt platzieren wir das Diagramm noch innerhalb des Rechtecks auf der linken Seite, ähnlich wie im Bild unten.

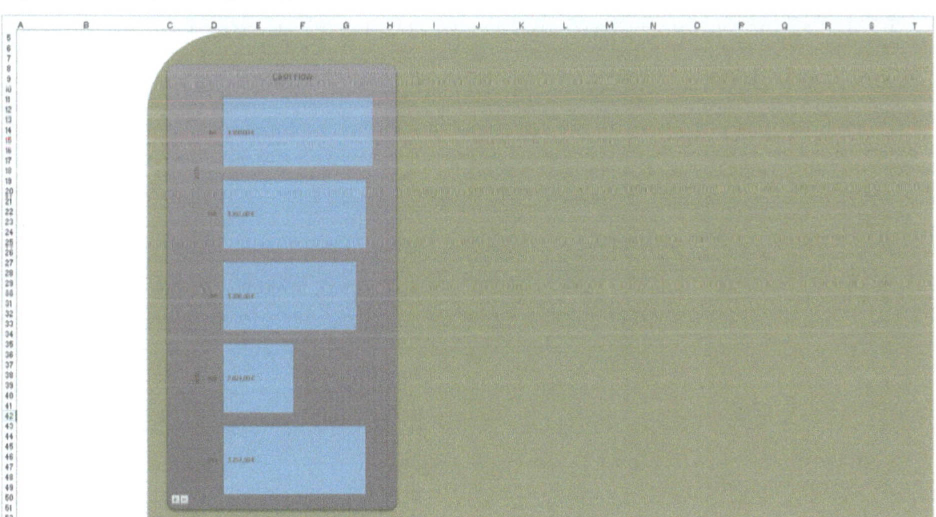

Säulendiagramm Einnahmen - Ausgaben

Aus der Pivot-Tabelle *PivotJVEinnahmenAusgaben* im Tabellenblatt *Pivot JV* erstellen wir nun als Nächstes das Diagramm *Einnahmen-Ausgaben*. Klicken Sie wieder in die Tabelle, danach im Register *PivotTable-Analyse* | *Tools* auf *PivotChart*, übernehmen das vorgeschlagene Diagramm und wenden aus der Zwischenablage die Vorlage an.

Verschieben Sie dann das Diagramm mit Hilfe des Kontextmenüs und dem Befehl *Diagramm verschieben...* in das Tabellenblatt *Jahresvergleich* und nehmen Sie folgende Änderungen vor:

- Diagrammtitel *„Einnahmen - Ausgaben"*
- Register *PivotChart-Analyse* | *Einblenden/Ausblenden* | *Feldschaltflächen*: *Alle ausblenden* deaktivieren und nur *Schaltflächen „Gesamtes Feld erweitern/reduzieren" anzeigen* aktivieren
- Register *Entwurf* | *Typ* | *Diagrammtyp ändern*: Säulen, gestapelte Säulen
  - *Diagrammformatvorlagen* | *Farbe ändern*: Farbige Palette 2
  - *Diagrammlayouts* | *Diagrammelement hinzufügen*
    Achsen | *Primär horizontal* und *Primär vertikal*
    Datenbeschriftungen: Keine
    Gitternetzlinien: Primäres Hauptgitter horizontal
- Register *Format* |*Größe* | *Höhe*: 9 cm, *Breite*: 35,5 cm
- Aufgabenbereich
  - Auswahl: **Horizontal (Kategorie) Achse**
    Füllung und Linie | *Linie:* Automatisch
    Achsenoptionen | *Beschriftungen* | *Beschriftungsposition*: niedrig
  - Auswahl: **Vertikal (Wert) Achse Hauptgitternetz**
    Füllung und Linie | *Linie*: Automatisch

Das Diagramm platzieren Sie rechts vom Diagramm *CashFlow* am oberen Rand des Rechtecks.

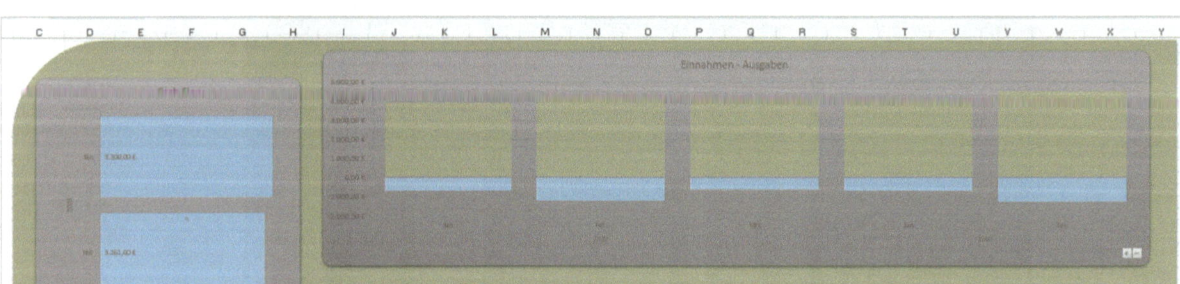

Diagramm Kategorienverteilung

Das Diagramm *Kategorienverteilung* erstellen wir aus der Pivot-Tabelle *PivotJVKategorienverteilung* im Tabellenblatt *Pivot JV*. Klicken Sie wieder in die Tabelle, danach im Register *PivotTable-Analyse* | *Tools* auf *PivotChart*, übernehmen das vorgeschlagene Diagramm und wenden aus der Zwischenablage die Vorlage an.

Verschieben Sie das Diagramm mit Hilfe des Kontextmenüs und dem Befehl *Diagramm verschieben...* in das Tabellenblatt *Jahresvergleich* und nehmen Sie folgende Änderungen vor:

- Diagrammtitel „*Kategorienverteilung*"
- Register *Entwurf* | *Typ* | *Diagrammtyp ändern*: Säulen, Gruppierte Säulen
  - *Diagrammformatvorlagen* | *Farbe ändern*: Farbige Palette 2
  - *Diagrammlayouts* | *Diagrammelement hinzufügen*
    Achsen | *Primär horizontal* und *Primär vertikal*
    Datenbeschriftungen: Keine
    Gitternetzlinien: Primäres Hauptgitter horizontal
    Legende: Rechts
- Register *Format* |*Größe* | *Höhe*: 8,5 cm, *Breite*: 35,5 cm
- Aufgabenbereich, Auswahl: **Horizontal (Kategorie) Achse**
  Achsenoptionen | *Beschriftungen* | *Beschriftungsposition*: niedrig

Das Diagramm platzieren Sie unterhalb des Diagramms *Einnahmen - Ausgaben*.

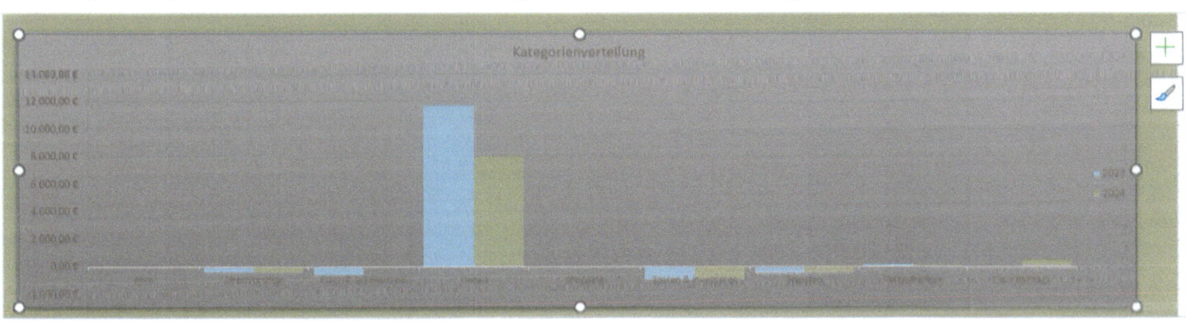

Diagramm Fixkosten

Erstellen wir nun das Diagramm Fixkosten, indem wir wieder zum Tabellenblatt *Pivot JV* wechseln und in die Pivot-Tabelle *PivotJVFixkosten* klicken. Im Register *PivotTable-Analyse* | *Tools* wählen Sie *PivotChart*, übernehmen das vorgeschlagene Diagramm und wenden aus der Zwischenablage die Vorlage an.

Verschieben Sie dann das Diagramm mit Hilfe des Kontextmenüs und dem Befehl *Diagramm verschieben...* in das Tabellenblatt *Jahresvergleich* und nehmen Sie folgende Änderungen vor:

- Diagrammtitel *„Fixkosten"*
- Register *Entwurf* | *Typ* | *Diagrammtyp ändern*: Säulen, Gruppierte Säulen
- Register *Format* |*Größe* | *Höhe*: 5 cm, *Breite*: 16,5 cm
- Aufgabenbereich, Auswahl: **Horizontal (Kategorie) Achse**
  Achsenoptionen | *Beschriftungen* | *Beschriftungsposition*: hoch

Entsprechend der nachfolgenden Abbildung ordnen Sie noch den Diagrammtitel links an. Um darunter ein Piktogramm zu platzieren, müssen wir zunächst Platz schaffen, indem wir innerhalb des Diagramms die Zeichnungsfläche, d. h. die eigentliche Darstellung verkleinern.

Dazu klicken Sie an eine freie Stelle im Wertebereich des Diagramms (*Zeichnungsfläche*), sodass ein Markierungsrahmen um den Bereich der Säulen sichtbar wird. Wenn Sie nicht sicher sind, dann verweilen Sie mit dem Mauszeiger kurz über der Stelle und klicken erst, wenn der Infotext *Zeichnungsfläche* erscheint ❶.

Die Größe der Zeichnungsfläche können Sie anhand des Markierungsrahmens nun so anpassen, dass sie etwas weiter rechts beginnt und sich die Achsenbeschriftung etwa auf Höhe des Diagrammtitels befindet.

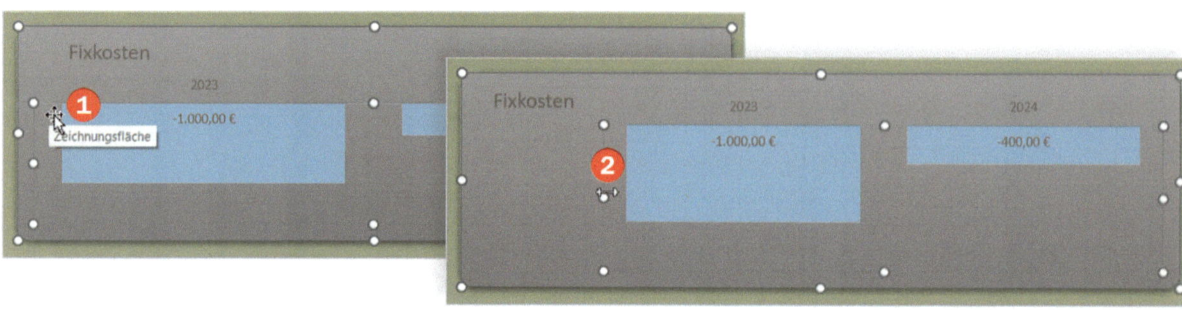

> Wenn Sie den Mauszeiger über die Markierungspunkte in den Ecken und der Mitte jeder Seite bewegen, erscheint je nach Position ein waagrechter ❷ oder senkrechter Doppelpfeil, mit dem Sie mit gedrückter linker Maustaste die Breite oder Höhe verändern können. Befindet sich der Mauszeiger innerhalb der Markierung, so wird ein Pfeilkreuz sichtbar, mit dem Sie den Bereich verschieben können.
>
> Sollte die Zeichnungsfläche versehentlich verschoben worden sein, so machen Sie diesen Schritt unmittelbar danach einfach wieder rückgängig.

Als Letztes fügen Sie noch nachfolgendes Piktogramm über das Register *Einfügen* | *Illustrationen* und den Befehl *Piktogramme* ein.

 Kategorie/Suchbegriff: Sicherheit, Größe 1,5 cm x 1,5 cm

Wählen Sie außerdem für das Piktogramm über die Symbolleiste des Kontextmenüs die Formatvorlage *Farbige Füllung - Akzent1, Keine Kontur* aus.

> Wenn Sie das Diagramm markieren und dann das Piktogramm einfügen, wird das Piktogramm automatisch zu einem festen Bestandteil des Diagramms und nicht mehr aus dem Diagramm verschoben werden. Allerdings können Sie dann die Objekte auch nicht mit den Ausrichtungsfunktionen aneinander ausrichten.
>
> Fügen Sie das Piktogramm daher außerhalb des Diagramms (z. B. in Zelle **B6**) ein.

Dann positionieren Sie das Piktogramm im Diagramm mittig unterhalb des Diagrammtitels, markieren Piktogramm und Diagramm und richten diese vertikal zentriert aus. Anschließend können Sie beide Objekte noch gruppieren.

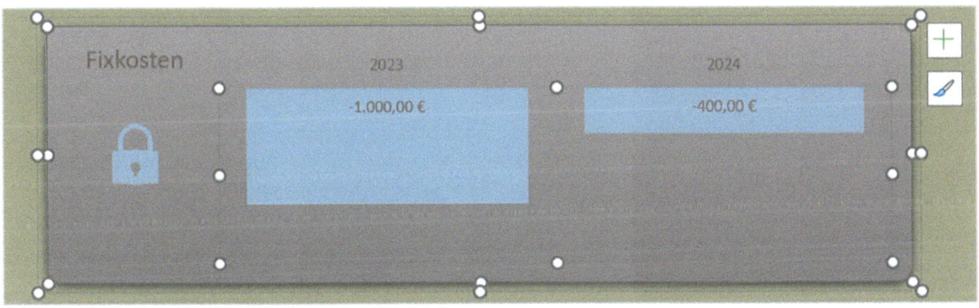

> Seien Sie vorsichtig, wenn Sie ein gruppiertes Objekt in der Größe verändern wollen. Wenn Sie beispielsweise das gruppierte Objekt verkleinern, passiert dies auch mit dem Piktogramm. Wenn Sie nur ein bestimmtes Objekt verändern wollen, können Sie entweder die Gruppierung vorher aufheben oder das Objekt auswählen, indem Sie es zweimal nacheinander anklicken (kein Doppelklick).
>
> Am sichersten markieren Sie einzelne Objekte, indem Sie in der Registergruppe *Anordnen* mit dem gleichnamigen Befehl den *Auswahlbereich* öffnen, dort die einzelnen Objekte auswählen und dann anhand der Registergruppe *Größe* bearbeiten.
>
> Wenn Sie ein gruppiertes Objekt verschieben wollen, dann klicken Sie in das gruppierte Objekt und halten die linke Maustaste gedrückt, um zu vermeiden, dass Sie zweimal klicken und ein einzelnes Objekt wählen. Das Gleiche gilt, wenn Sie das Kontextmenü aufrufen möchten: klicken Sie ohne vorheriges Markieren gleich mit der rechten Maustaste auf das Objekt.

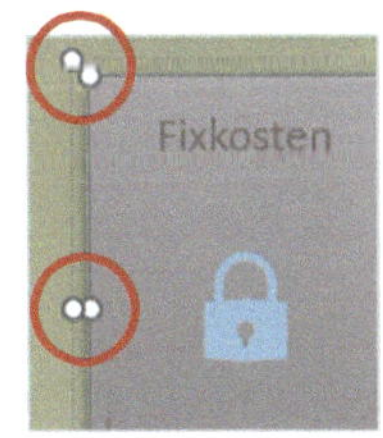

Bei unserem gruppierten Diagramm erkennen Sie an den dicht nebeneinander liegenden oder überlappenden Markierungspunkten, ob Sie das Diagramm oder die gesamte Gruppe ausgewählt haben.

Wenn Sie die Größe über die Markierungspunkte verändern wollen, dann achten Sie darauf, den inneren Markierungspunkt zu verwenden, da Sie sonst das gesamte gruppierte Objekt verändern, verbunden mit den oben beschriebenen Auswirkungen.

Platzieren Sie das Diagramm links unter dem Diagramm *Kategorienverteilung*.

Diagramm Variable Kosten

Erstellen wir nun das Diagramm *Variable Kosten*. Dazu klicken Sie im Tabellenblatt *Pivot JA* in die Pivot-Tabelle PivotJAvarKosten, danach im Register *PivotTable-Analyse* | *Tools* auf *PivotChart* und verfahren ansonsten wie beim zuvor erstellten Diagramm *Fixkosten*, siehe Seite 165 ff.

Als Diagrammtitel verwenden wir „*Variable Kosten*“, dazu folgendes Piktogramm:

Kategorie/Suchbegriff: Handel/Einkaufswagen, Größe 1,5 cm x 1,5 cm

Alternativ können Sie auch das Diagramm *Fixkosten* in die Zwischenablage kopieren und als Vorlage verwenden. Dann brauchen Sie nur noch die Größe des Diagramms anpassen, den Titel ändern und das Piktogramm einfügen, sowie die Zeichnungsfläche etwas in der Breite verkleinern.

Das Diagramm platzieren Sie rechts vom Diagramm *Fixkosten* auf gleicher Höhe.

Pivot Charts ausrichten

Nachdem wir die Diagramme erstellt und platziert haben, wollen wir diese wieder mit Hilfe des Menüs *Ausrichten* im Register *Format* | *Anordnen* aneinander ausrichten.

Markieren Sie dazu immer die jeweiligen Objekte, die Sie aneinander ausrichten wollen und bringen Sie alles in eine optisch ansprechende Form. Oder verschieben Sie die Diagramme mit der Maus, ganz wie es Ihnen gefällt. Jetzt liegt es wieder an Ihnen, das Tabellenblatt nach Ihren Wünschen zu gestalten.

9.2 Zeitachse und Datenschnitte hinzufügen

Auch im Tabellenblatt *Jahresvergleich* wollen wir noch dafür sorgen, dass wir die soeben erstellte Auswertung bequem filtern können und fügen zu diesem Zweck wieder eine Zeitachse und Datenschnitte ein.

Zeitachse erstellen

Markieren Sie das Diagramm *CashFlow* und fügen Sie, wie auf Seite 169 beschrieben, eine Zeitachse für das Feld *Datum* ein. Die Zeitachse sollte automatisch die, zu diesem Zweck erstellte, benutzerdefinierte Formatvorlage erhalten haben. Falls nicht, so wenden Sie diese nachträglich an.

Geben Sie zuerst im Register *Zeitachse* | Feld *Zeitachsenbeschriftung* den Text „*Zeitraum wählen...*" ein und ändern Sie dann die *Höhe* auf 3,8 cm und die *Breite* auf 6 cm.

Vergewissern Sie sich, dass in der Zeitachse die Zeiteinheit *Jahre* eingestellt ist und entfernen Sie dann in der Gruppe *Anzeigen* den Haken bei *Zeitebene*, da wir lediglich Jahre auswählen möchten.

Zuletzt richten Sie noch die Zeitachse mit gedrückter **Alt**-Taste links oben in Zelle **B5** aus.

Datenschnitte einfügen und positionieren

Wählen Sie das Diagramm *CashFlow* und fügen Sie folgende Datenschnitte ein:

Kategorie | *Unterkategorie* | *Konto* | *Art* | *Kostenart*

Markieren Sie alle Datenschnitte und legen Sie im Register *Datenschnitt* in der Gruppe *Schaltflächen* die *Höhe* der Schaltflächen auf 0,6 cm und in der Gruppe *Größe* die *Breite* der Datenschnitte auf 6 cm fest. Wie im Blatt *Jahresauswertung* erhalten auch alle Datenschnitte im aktuellen Tabellenblatt die benutzerdefinierte Datenschnitt-Formatvorlage *Design1-Datenschnittformatvorlage2*.

Öffnen Sie das Dialogfenster *Datenschnitteinstellungen* und setzen Sie noch einen Haken bei *Elemente ohne Daten ausblenden*.

Jetzt müssen wir noch die Höhe der einzelnen Datenschnitte festlegen, sowie die Datenschnitte positionieren und ausrichten.

Hierzu wählen Sie nacheinander die Datenschnitte aus und ordnen sie untereinander, in der Reihenfolge wie in der nachfolgenden Tabelle, unterhalb der Zeitachse an. Achten Sie dabei darauf, dass sich jeweils der linke Rand des Datenschnitts etwas rechts vom linken Rand der Zeitachse befindet, da wir diese wieder linksbündig ausrichten wollen. Der unterste Datenschnitt sollte in etwa mit dem Rechteck, in dem sich die Diagramme befinden, abschließen. Die Höhe der Datenschnitte entnehmen Sie der Tabelle.

Die Höhe der einzelnen Datenschnitte:

Datenschnitt	Höhe	Anzahl Spalten
Art	1,8	2
Konto	3,7	1
Kostenart	3,0	1
Kategorie	5,1	1
Unterkategorie	5,1	1

Zuletzt alle Datenschnitte sowie die Zeitachse markieren und mit Hilfe der **Strg**-Taste linksbündig ausrichten und vertikal verteilen, damit dürfte das Blatt *Jahresvergleich* etwa aussehen, wie im Bild unten.

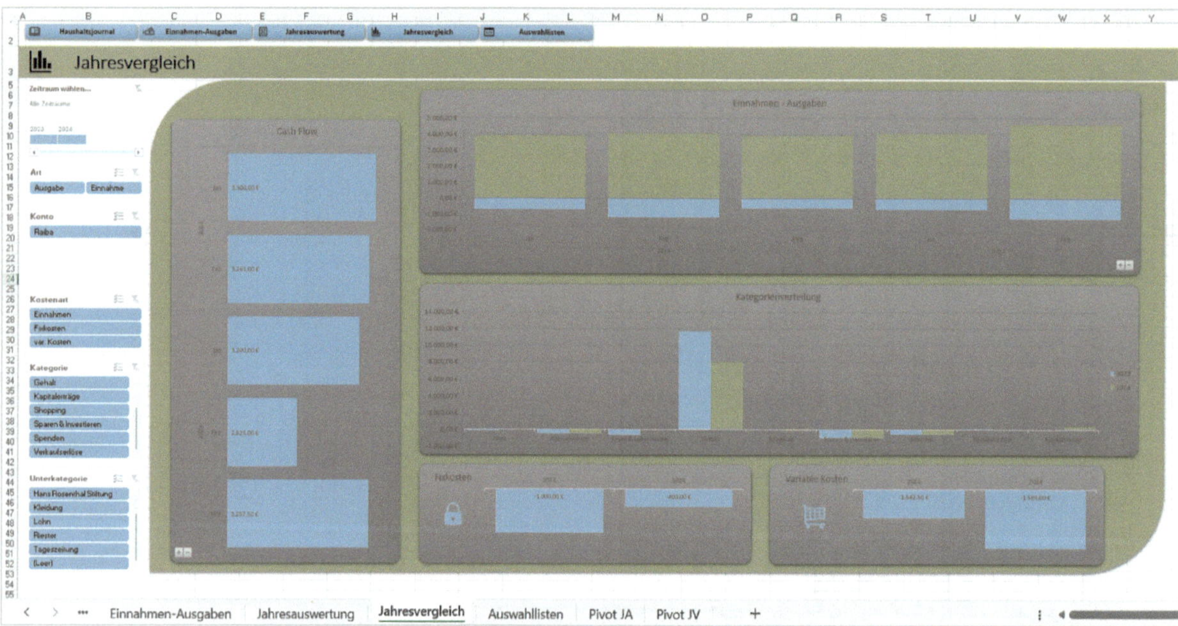

Berichtsverbindungen herstellen

Damit wir die Diagramme im Tabellenblatt gleichzeitig filtern können, benötigen wir wieder Berichtsverbindungen (s. Seite 156).

Beginnen wir mit der Zeitachse: Markieren Sie die Zeitachse und öffnen Sie mit dem Befehl *Berichtsverbindungen*, entweder im Kontextmenü oder im Register *Zeitachse*, die Berichtsverbindungen. Wählen Sie alle Pivot-Tabellen im Blatt *Pivot JA* und bestätigen Sie das Ganze mit *OK*.

Öffnen Sie dann nacheinander für jeden Datenschnitt das Dialogfenster *Berichtsverbindungen* und stellen Sie folgende Verbindungen her:

- Beim Datenschnitt *Konto* erstellen wir eine Verbindung zu allen Pivot-Tabellen im Blatt *Pivot JV*.
- Für die Datenschnitte *Art*, *Kostenart*, *Kategorie* und *Unterkategorie* wollen wir lediglich eine Verbindung zu den Pivot-Tabellen *PivotJVCashFlow*, *PivotJVEinnahmenAusgaben* und *PivotJVKategorienverteilung* herstellen.

9.3 Abschließende Blatteinstellungen

Objektpositionen und Anzeigeeinstellungen

Wie beim Blatt *Jahresauswertung* wollen wir auch für das Blatt *Jahresvergleich* noch einige abschließende Einstellungen vornehmen.

- Markieren Sie wieder ein Objekt Ihrer Wahl, z. B. das Piktogramm in der Titelzeile, markieren mit dem Shortcut **Strg+A** alle Objekte im Tabellenblatt und öffnen den Aufgabenbereich Objekt formatieren, entweder über das Kontextmenü und den Befehl *Größe und Eigenschaften...* oder den kleinen Pfeil ⧉ der Gruppe *Größe* im Register *Formformat*. Wählen Sie dann unter *Größe und Eigenschaften* | *Eigenschaften* die Einstellung *Von Zellposition und -größe unabhängig*.
- Ändern Sie durch Ziehen mit der Maus die Breite der Spalte am rechten Rand des Rechtecks so, dass beide in einer Linie abschließen.
- Um jetzt noch etwas Abstand der Objekte zum rechten und unteren Rand zu bekommen, werden wir wieder die Spalten- und Zeilenbeschriftungen ausblenden. Entfernen Sie hierzu im Register *Seitenlayout* | *Blattoptionen* unter *Überschriften* den Haken bei *Anzeigen*, s. Seite 159. Bei Verwendung eines der vorgefertigten Standarddesigns können Sie hier auch noch die Gitternetzlinien ausblenden, falls gewünscht.

Nicht benötigte Tabellenblätter ausblenden

Da Sie nach der Erstellung der Auswertungen die Tabellenblätter *Pivot JA* und *Pivot JV* im Normalfall nicht mehr bearbeiten müssen und die Auswahl der übrigen Blätter über die in Kapitel 2 erstellte Navigationsleiste erfolgen kann, können Sie das gesamte Blattregister in den Excel Optionen auch ausblenden.

> Bevor Sie dies tun, wechseln Sie aber unbedingt in ein Tabellenblatt mit einer Navigationsleiste.
>
> Wenn Sie beabsichtigen, sich die Detail-Datensätze zu einer Pivot-Tabelle in einem separaten Tabellenblatt erstellen zu lassen (siehe Seite 111), dann sollten Sie das Blattregister nicht ausblenden.

Dazu klicken Sie im Register *Datei* auf *Optionen* und auf die Kategorie *Erweitert*. Unter *Optionen für diese Arbeitsmappe anzeigen* können Sie nun beim Kontrollkästchen *Blattregisterkarten anzeigen* den Haken entfernen.

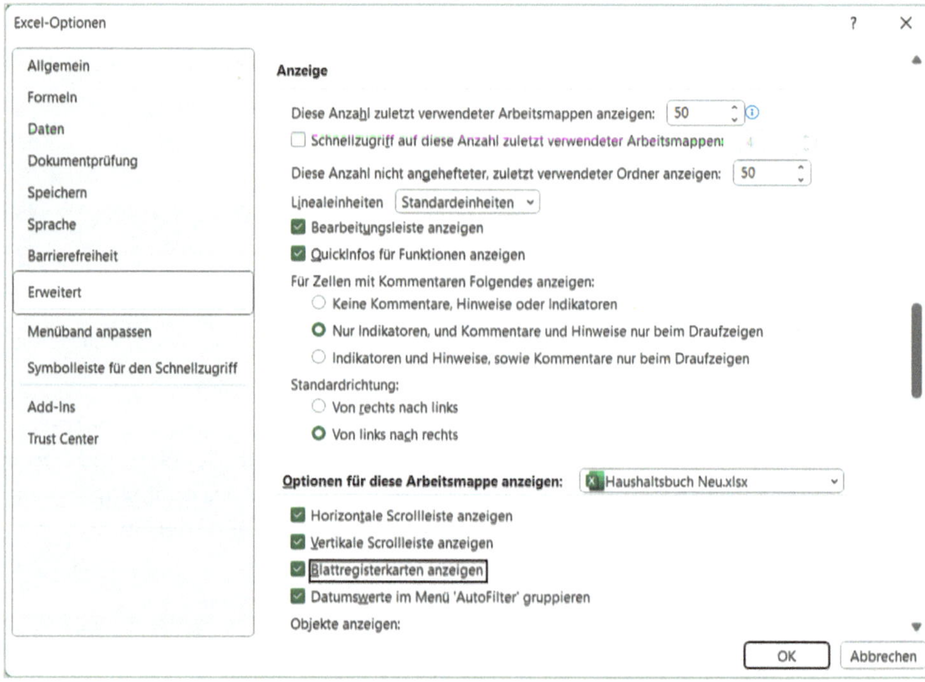

Unter *Anzeige* könnten Sie auch die Bearbeitungsleiste ausblenden. Allerdings betrifft dies dann auch alle anderen Excel-Arbeitsmappen, weshalb ich davon abrate.

Alternativ können Sie auch nur die beiden Tabellenblätter *Pivot JA* und *Pivot JV* ausblenden. Dazu klicken Sie im Blattregister mit der rechten Maustaste auf den Namen des betreffenden Tabellenblatts und auf *Ausblenden*. Zum Einblenden verwenden Sie aus dem Kontextmenü eines beliebigen Tabellenblatts den Befehl *Einblenden*.

Menüband reduzieren und Befehle aus Symbolleiste für den Schnellzugriff entfernen

Abschließend können Sie noch die beiden Befehle *Am Raster ausrichten* und *Objekte auswählen* aus der Symbolleiste für den Schnellzugriff entfernen. Klicken Sie hierzu einfach mit der rechten Maustaste auf die Befehle und wählen *Aus Symbolleiste für den Schnellzugriff entfernen*.

Zudem sollten Sie noch das Menüband auf die Anzeige der Registerkarten reduzieren, dies geht am einfachsten mit Doppelklick auf den Namen des aktuellen Registers.

10 Tabellenblätter drucken

Nun wollen wir uns noch damit beschäftigen, wie wir die Tabellenblätter oder auch einzelne Tabellen unseres Haushaltsbuchs bei Bedarf ausdrucken können.

10.1 Design für den Druck anpassen

Bevor wir uns an die Einstellungen zum Drucken der einzelnen Tabellenblätter machen, wollen wir uns zunächst nochmals kurz mit dem Design befassen. Wenn Sie zwischenzeitlich zum, in Kapitel 1.5 beschriebenen, *Design-Dunkel* gewechselt haben und obendrein als Standard-Zellenformatvorlage weiße Schrift vor dunklem Zellhintergrund verwenden, dann sollten Sie entweder ein anderes Design oder zumindest eine andere Farbzusammenstellung wählen.

> Denken Sie beim Drucken stets auch an den Verbrauch (Toner oder Tintenpatronen) Ihres Druckers! Es ist also nicht optimal, Seiten mit einem dunklen Hintergrund auszudrucken.

Hierzu müssen Sie nicht zwangsläufig ein neues benutzerdefiniertes Design erstellen, vielleicht gefällt Ihnen ja eine Standardvorlage. Wenn Sie mit den Schrift- und Effekteinstellungen auch für den Druck zufrieden sind, reicht es möglicherweise auch schon aus, die Farbpalette zu ändern. Dazu brauchen Sie nur im Menü *Farben* (Register *Seitenlayout* | *Designs*) mit der Maus auf eine Farbpalette zu zeigen, um im Tabellenblatt eine Vorschau zu sehen. Wenn Sie keinen Farbdruck erstellen wollen, halte ich die Farbpalette *Graustufe* für brauchbar.

Möchten Sie dagegen eine neue angepasste Farbpalette erstellen, so ist es am einfachsten, wenn Sie unter den vorhandenen Farbpaletten die am ehesten Passende auswählen und dann anpassen. Wenn Ihnen die Farbe eines bestimmten Objekts nicht zusagt und Sie diese ändern wollen, dann werfen Sie einen Blick in das Farbregister am Ende dieses Buches und suchen sich die zu ändernde Farbe. Dort können Sie dann auch gleich ablesen, welche anderen Objekte durch die Änderung eventuell noch betroffen sind. Diese Farbe ändern Sie dann in der Farbpalette ab. So können Sie sich nach und nach Ihre Farbpalette erstellen, die Ihren Wünschen entspricht.

> Sie können sich natürlich auch eine komplett neue Designvorlage erstellen, wie in Kapitel 1.5 beschrieben. Hierzu würde ich mir eine Standardvorlage suchen, die am ehesten meinen Vorstellungen, insbesondere in Bezug auf Schrift und Effekte, entspricht und diese dann farblich entsprechend anpassen und abspeichern.

10.2 Tabellenblätter für den Druck einrichten

Nachdem Sie das passende Design haben, sollten wir noch einige Einstellungen in den einzelnen Tabellenblättern vornehmen. Die hierfür notwendigen Menüs und Befehle befinden sich im Register *Seitenlayout* in der Gruppe *Seite einrichten*.

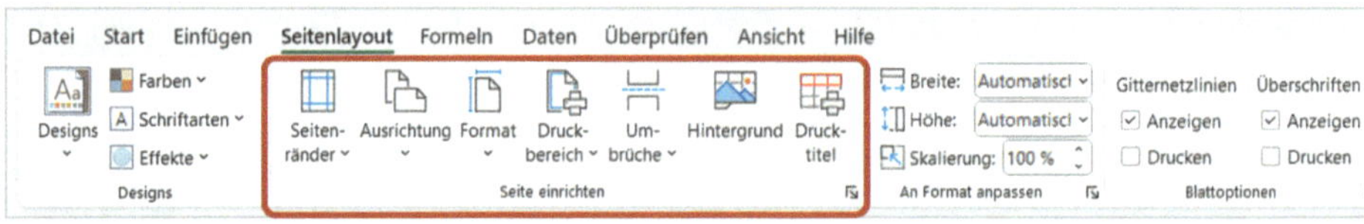

Die Tabelle Haushaltsjournal drucken

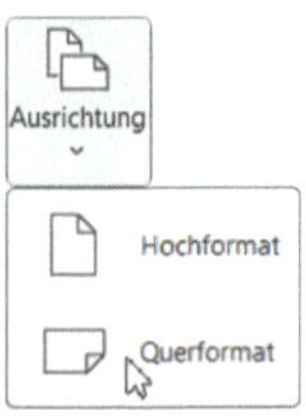

Wechseln Sie zum Tabellenblatt *Haushaltsjournal*, klicken Sie auf *Ausrichtung* und wählen Sie *Querformat*.

Druckbereich festlegen

Als Nächstes legen wir den Druckbereich fest. Da die Schaltflächen und Datenschnitte im Tabellenblatt nur am Bildschirm, nicht aber auf dem Ausdruck benötigt werden, wollen wir nur das eigentliche Haushaltsjournal für den Druck auswählen. Dazu öffnen Sie mit dem Befehl *Drucktitel* das Dialogfenster *Seite einrichten* mit dem Register *Blatt*. Oder klicken Sie auf den kleinen Pfeil ⧉ der Gruppe und danach im Fenster *Seite einrichten* auf das Register *Blatt*.

Blenden Sie mit dem Pfeil ❶ rechts im Eingabefeld *Druckbereich* das Dialogfenster bis auf die Eingabezeile aus, klicken danach in der Tabelle auf die Spaltenüberschrift *Datum* (**B6**) und markieren mit dem Shortcut **Strg+A** die gesamte Tabelle. Danach stellen Sie mit dem Pfeil ❷ das Dialogfenster wieder her.

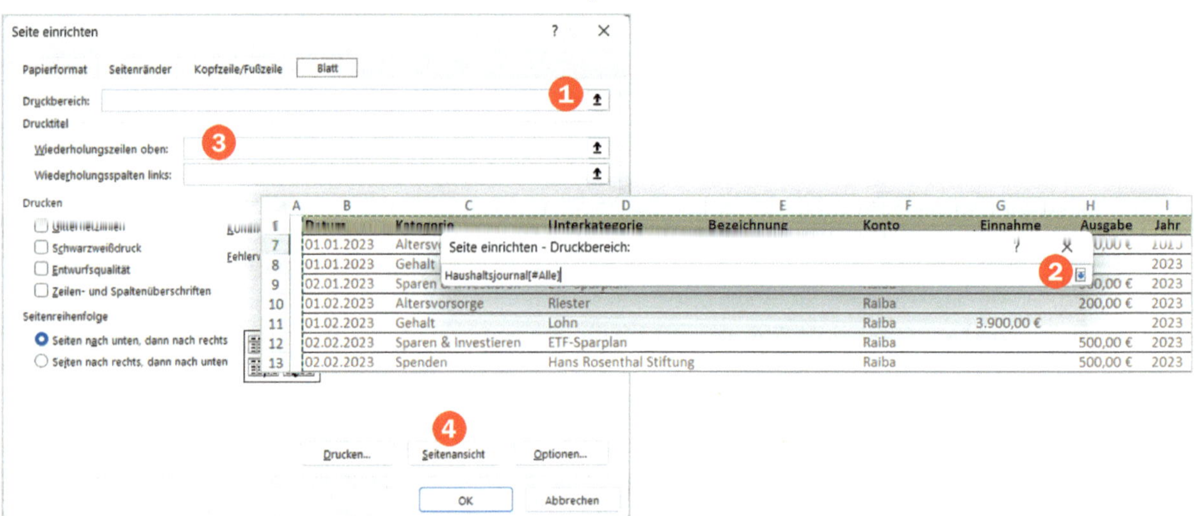

> Sie können natürlich auch zuerst die gesamte Tabelle markieren und über das Menü *Druckbereich* und den Befehl *Druckbereich festlegen* den gewünschten Druckbereich definieren. Wenn Sie anschließend das Dialogfenster öffnen, ist der Druckbereich bereits ausgewählt.

Spaltenüberschriften auf den Folgeseiten wiederholen

Genauso gehen wir vor, wenn die Spaltenüberschriften nicht nur auf der ersten Seite, sondern auch auf allen Folgeseiten gedruckt werden sollen. Klicken Sie im Feld *Wiederholungszeilen oben* ❸ auf den Pfeil, danach in der Tabelle in die Zeile mit den Spaltenüberschriften und stellen Sie dann das Dialogfenster wieder her.

Kopf- und Fußzeile

Stellen Sie sich jetzt noch im Register *Kopfzeile/Fußzeile* Ihre gewünschte Kopf- und Fußzeile zusammen. Dazu klicken Sie auf *Benutzerdefinierte Kopfzeile...* oder *Fußzeile...* und geben jeweils im linken, mittleren und rechten Abschnitt entweder Text ein oder fugen einzelne Inhalte, z. B. *Seitenzahl* oder *Blattname* mittels Schaltflächen ein.

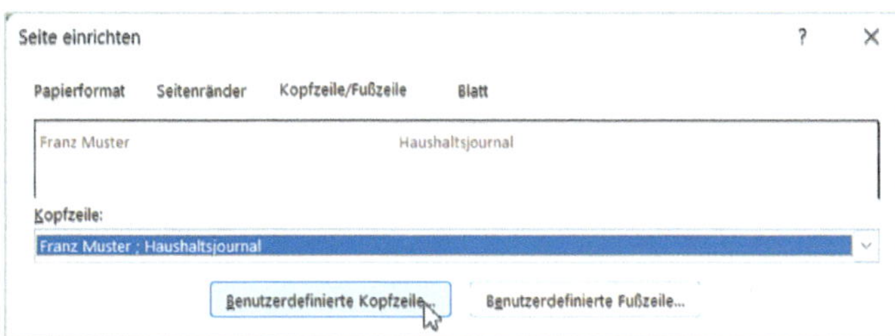

Seitenansicht und Drucken

Zuletzt öffnen Sie mit der Schaltfläche *Seitenansicht* ❹ die Druckvorschau bzw. Seitenansicht mit dem Menü *Drucken*. Dort können Sie jetzt die weiteren erforderlichen Einstellungen vornehmen.

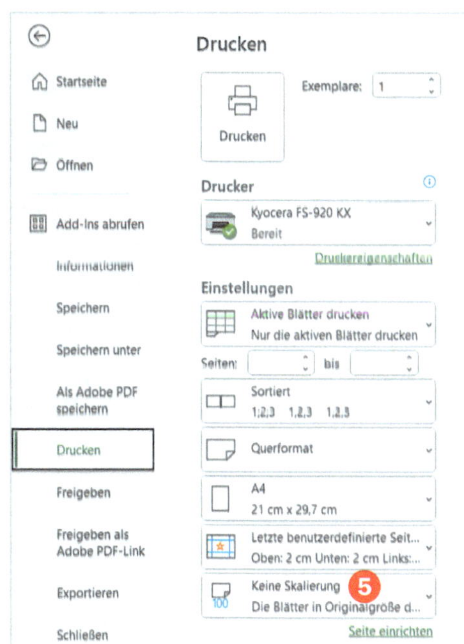

> Sie können die Druckvorschau und das Menü *Drucken* auch über den Befehl *Seitenansicht und Drucken* in der Symbolleiste für den Schnellzugriff oder über das Register *Datei* und die Auswahl *Drucken* öffnen.

Seite skalieren

Hinweisen möchte ich noch auf die Möglichkeit der Skalierung der Tabelle. Wenn Sie, wie hier, alle Spalten auf einer Seite unterbringen wollen, dann wählen Sie statt *Keine Skalierung* ❺ die Einstellung *Alle Spalten auf einer Seite darstellen*.

> Wenn Sie nicht alle Spalten drucken wollen, können Sie auch die Gruppierung nutzen. Wählen Sie die Ebene 1 aus, so werden die ausgeblendeten Spalten nicht gedruckt.

Pivot-Tabelle im Tabellenblatt Einnahmen-Ausgaben drucken

Um die Pivot-Tabelle im Tabellenblatt *Einnahmen-Ausgaben* auszudrucken, können Sie im Grunde wieder genauso vorgehen, wie beim Haushaltsjournal. Insbesondere sollten die Spaltenüberschriften wieder als *Wiederholungszeile oben* gewählt werden.

Hinsichtlich des Druckbereichs gilt es allerdings hier zu beachten, dass Sie den Umfang der Pivot-Tabelle nicht „dynamisch" festlegen können. Das bedeutet, wenn sich nach dem Festlegen des Druckbereichs die Anzahl der Zeilen oder Spalten ändert, müssen Sie auch den Druckbereich neu wählen.

Am besten gehen Sie so vor: Nehmen Sie Ihre Einstellungen und Filterungen vor und markieren Sie vor dem Ausdrucken die gesamte Pivot-Tabelle, entweder über das Register *PivotTable-Analyse* | *Aktionen*, indem Sie im Menü *Auswählen* den Befehl *Gesamte PivotTable* wählen oder mit dem Shortcut **Strg+A**. Danach legen Sie den Druckbereich fest.

Die Tabellenblätter Jahresauswertung und Jahresvergleich

Auch in den Tabellenblättern mit unseren Diagrammen möchten wir den Druckbereich festlegen. Hierzu markieren wir einfach alle Zellen, über die sich das Rechteck erstreckt, bei mir ist das der Bereich **C5** bis **Y50** (*Jahresauswertung*) bzw. **C5** bis **Y51** (*Jahresvergleich*).

Anschließend legen Sie dann im Register *Seitenlayout* | *Seite einrichten* im Menü *Druckbereich* mit dem Befehl *Druckbereich festlegen* den gewünschten Druckbereich fest.

> Sie können natürlich auch über das Register *Seitenlayout* | *Seite einrichten* mit dem Befehl *Drucktitel* das Dialogfenster *Seite einrichten* öffnen und den gewünschten Druckbereich festlegen, indem Sie beispielsweise **C5:Y50** eintragen.

Die übrigen Einstellungen können Sie wieder Ihren Wünschen entsprechend vornehmen. Als Skalierung sollten Sie *Blatt auf einer Seite darstellen* wählen.

11 Mobiler Zugriff auf das Haushaltsbuch

Zu guter Letzt möchte ich Ihnen noch eine Möglichkeit aufzeigen, wie Sie auf einfache Weise von unterwegs auf Ihr Haushaltsbuch zugreifen und so beispielsweise Einträge in Ihrem Haushaltsbuch mittels Smartphone oder Notebook vornehmen können, auch wenn Sie sich nicht zu Hause an Ihrem PC befinden.

11.1 Hochladen des Haushaltsbuchs auf OneDrive

Voraussetzung für den mobilen Zugriff auf Daten ist, dass sich diese auf einem Cloud-Speicher befinden.

Cloud-Speicher
Als Cloud-Speicher bezeichnet man alle Speicher, die sich nicht auf der lokalen Festplatte des Geräts, sondern auf dem Server des jeweiligen Anbieters befinden und auf die über das Internet zugegriffen wird.

Mit **OneDrive** stellt Microsoft einen Cloud-Speicher zur Verfügung, auf dem Dateien nicht nur hochgeladen und gespeichert, sondern auch bearbeitet werden können.

Natürlich gibt es neben OneDrive auch noch weitere Cloud-Speicher wie beispielsweise Dropbox, Google Drive etc. Vielleicht verfügen Sie auch bereits über einen solchen Speicher und können dann natürlich auch diesen verwenden.

Sie können auf diese Weise Ihr Haushaltsbuch unabhängig vom PC an einem zentralen Ort speichern, es im Bedarfsfall auch für andere Personen freigeben und von jedem Gerät, welches mit dem Internet verbunden ist, darauf zugreifen.

Nicht unerwähnt bleiben soll an dieser Stelle der Hinweis, dass Online-Speicher keine hundertprozentige Sicherheit gewährleisten können. Sensible Daten wie beispielsweise Bankinformationen sollten daher nicht in Ihrem Cloud-Speicher gespeichert werden. Verwenden Sie also in Ihrem Haushaltsbuch lediglich den Namen der Bank, aber keine Kontonummern und dergleichen, wenn Sie das Haushaltsbuch in der Cloud speichern wollen.

Damit Sie OneDrive nutzen können, müssen Sie sich in Ihrem Webbrowser bei OneDrive registrieren oder mit einem bestehenden Microsoft-Konto anmelden.

OneDrive im Webbrowser nutzen

Wenn Sie im Browser, z. B. Microsoft Edge oder Firefox auf OneDrive zugreifen möchten, dann geben Sie dazu einfach in der Adresszeile Ihres Browsers die Adresse *„OneDrive.com"* ein und Sie gelangen zur entsprechenden Webseite. Hier können Sie sich nun mit einem bestehenden Microsoft-Konto anmelden oder kostenlos registrieren, indem Sie ein neues Microsoft-Konto anlegen.

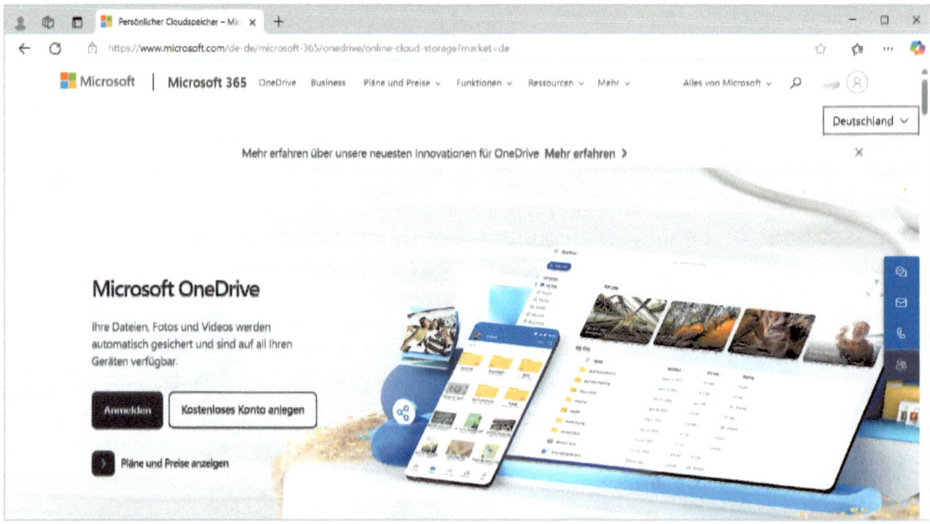

Anschließend erscheint die Startseite des Cloud-Speichers OneDrive. Navigieren Sie dort in der linken Leiste, dem Navigationsbereich zum Ordner *Eigene Dateien*, wählen Sie hier am besten den Ordner *Dokumente* aus und laden Sie nun über die Schaltfläche *+ Erstellen oder hochladen* | *Dateien hochladen* das Haushaltsbuch von Ihrem PC hoch.

Die Excel-Datei *Haushaltsbuch* sollte sich nun in Ihrem Cloud-Speicher im angegebenen Ordner befinden, im Bild unten im Ordner *Eigene Dateien* > *Dokumente.*

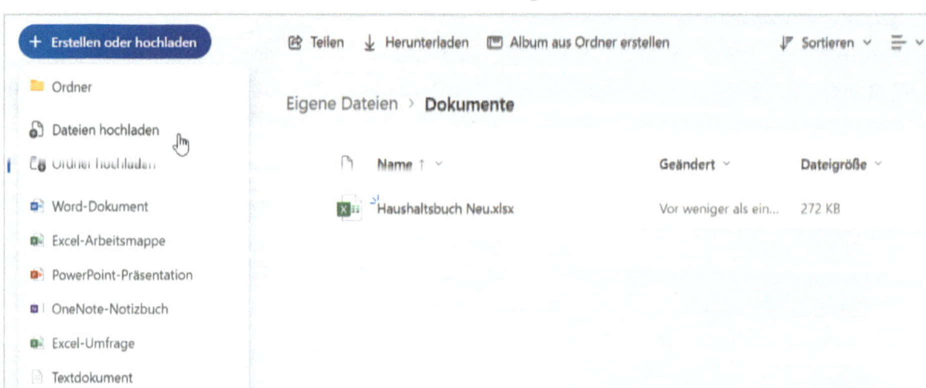

OneDrive im Windows Datei-Explorer

In Windows 11 (und auch in Windows 10) ist OneDrive bereits standardmäßig auf Ihrem PC vorhanden und in den Datei-Explorer integriert. Dies erkennen Sie in der Navigationsleiste des Datei-Explorers am dort befindlichen OneDrive-Ordner.

Dort können Sie direkt auf Ihren Online-Speicher zugreifen und einzelne Dateien mittels Drag & Drop von Ihrer Festplatte in den Speicher verschieben, neue Ordner erstellen oder Dateien auch wieder aus der Cloud löschen.

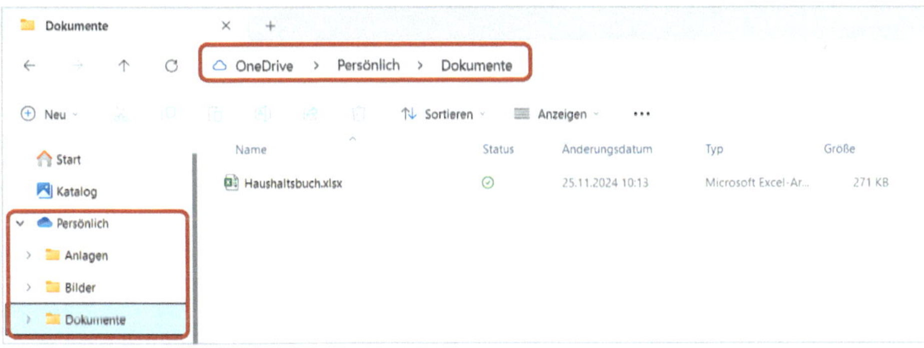

Hinweisen möchte ich an dieser Stelle noch auf die speziellen Befehle im **Kontextmenü** von Dateien und Ordnern, die sich auf OneDrive befinden. Dort können Sie unter anderem festlegen, ob die Datei nur in der Cloud (Status: Wolkensymbol) oder zusätzlich auch auf Ihrem lokalen Rechner gespeichert werden soll (Status: grünes Häkchen).

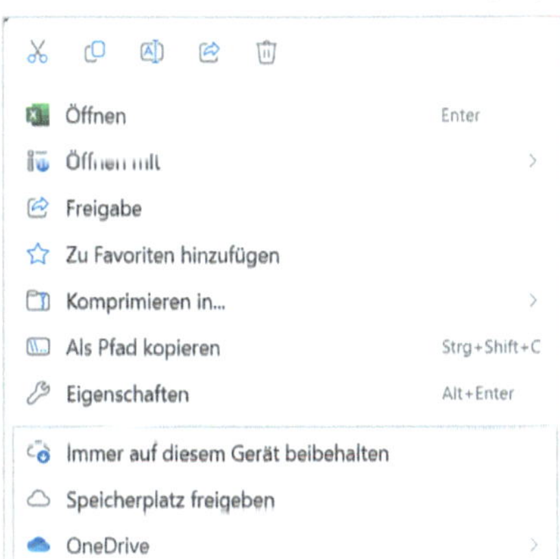

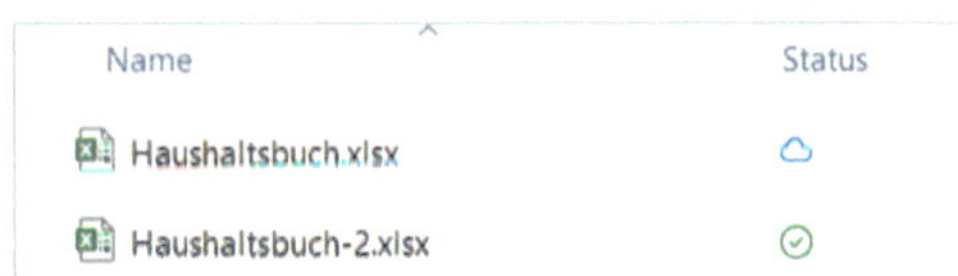

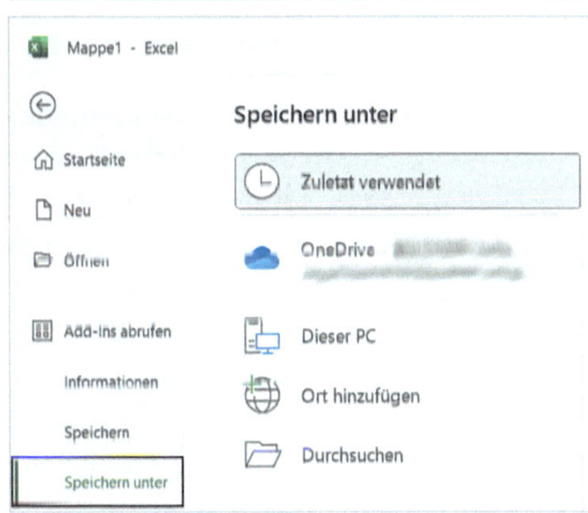

Auch die Office-Anwendungen Excel und Word sind eng mit OneDrive verknüpft. Wenn Sie in der jeweiligen Anwendung im Register *Datei* zu den Menüs *Öffnen* oder *Speichern unter* navigieren, wird Ihnen direkt die Speichermöglichkeit in OneDrive angeboten, wie im Bild oben rechts.

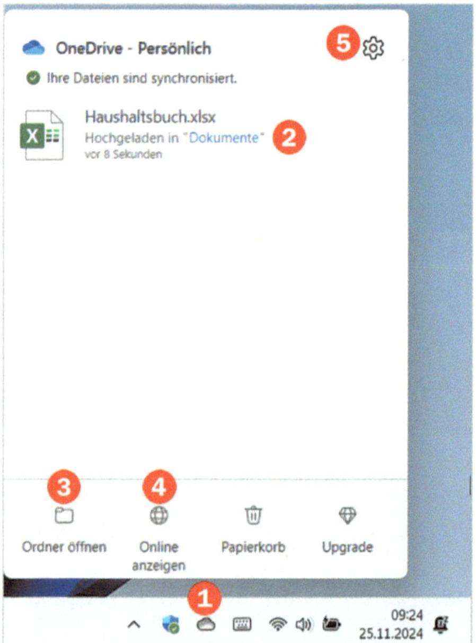

Außerdem möchte ich noch auf das Wolkensymbol ❶ rechts in der Taskleiste am unteren Rand des Bildschirms aufmerksam machen, über das Sie ebenfalls auf Ihren OneDrive-Speicher zugreifen können.

Mit Klick auf dieses Symbol werden Ihnen unter anderem die letzten Aktivitäten angezeigt ❷. *Ordner öffnen* ❸ zeigt den Inhalt von OneDrive im Windows Datei-Explorer an, über *Online anzeigen* ❹ gelangen Sie dagegen im Webbrowser zu OneDrive (siehe Seite 178).

Außerdem können Sie über das Zahnradsymbol ❺ rechts oben verschiedene Einstellungen vornehmen.

> Sollte die OneDrive-App nicht auf Ihrem PC vorhanden sein, so haben Sie die Möglichkeit, diese über den Microsoft Store kostenlos herunterzuladen und zu installieren.

11.2 Bearbeiten, speichern, synchronisieren und löschen

Nachdem Sie das Haushaltsbuch auf OneDrive gespeichert haben, können Sie nun von überall, d. h. auch unterwegs darauf zugreifen, vorausgesetzt Sie haben eine Internetverbindung.

Haushaltsbuch am heimischen PC bearbeiten

Wenn Sie am heimischen PC Änderungen am Haushaltsbuch vornehmen wollen, dann starten Sie einfach den Windows Datei-Explorer und öffnen im Ordner *OneDrive – Persönlich* die Datei *Haushaltsbuch* (siehe Seite 179). Sie können alle Änderungen an Ihrem Haushaltsbuch wie gewohnt vornehmen und das Haushaltsbuch wunschgemäß führen.

> Sollte sich das Haushaltsbuch zusätzlich auch noch am ursprünglichen Speicherort auf der Festplatte Ihres PCs befinden, dann haben Änderungen an dieser Datei keine Auswirkungen auf die Datei im Cloud-Speicher und werden demnach auch nicht synchronisiert. Nehmen Sie daher Änderungen zukünftig nur noch an der Datei in der Cloud vor.

Beachten Sie, dass sich das *Speichern*-Symbol in der Symbolleiste für den Schnellzugriff etwas geändert hat, da die Datei jetzt nicht nur gespeichert, sondern auch in der Cloud synchronisiert wird. Wenn Sie Microsoft 365 nutzen, ist zudem das automatische Speichern in regelmäßigen Intervallen aktiviert, wie im Bild unten.

Haushaltsbuch mit der App Excel für das Web bearbeiten

Die App *Excel für das Web* ist eine kostenlose, browserbasierte Excel-Version. Sie erlaubt es, das Haushaltsbuch im Browser zu bearbeiten und somit auch, wenn Sie sich nicht zu Hause an Ihrem Rechner befinden. Mit Excel für das Web können Sie Arbeitsmappen und -blätter im Browser grundsätzlich genauso anzeigen und bearbeiten wie in der Office-Anwendung. Zu beachten ist jedoch, dass nicht alle Excel-Features unterstützt werden oder genauso funktionieren.

Um die kostenlosen Microsoft 365 Apps für das Web zu erhalten, benötigen Sie lediglich ein Microsoft-Konto.

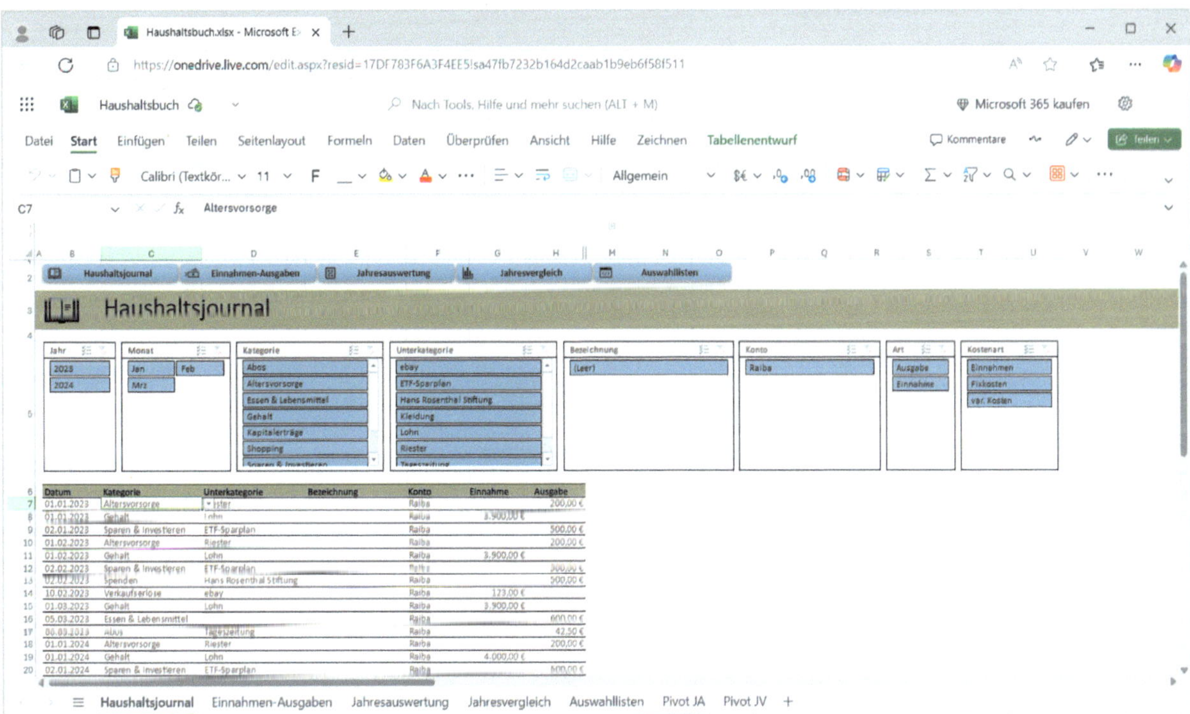

Nach dem Bearbeiten der Datei reicht es, wenn Sie den Tab oder das Browserfenster einfach schließen. Änderungen werden automatisch gespeichert und in der Cloud synchronisiert.

Haushaltsbuch im Browser öffnen

Um das Haushaltsbuch bearbeiten zu können, melden Sie sich einfach im Webbrowser bei OneDrive an und öffnen im Ordner *Eigene Dateien* oder je nach Speicherort auch im Unterordner *Dokumente* die Excel-Arbeitsmappe *Haushaltsbuch*.

- Dazu klicken Sie entweder einfach auf den Dateinamen.
- Oder markieren Sie zunächst mit Klick auf das kreisförmige Markierungssymbol die Datei. Oberhalb erscheint nun eine Leiste mit verschiedenen Befehlen (s. Bild unten). Klicken Sie auf *Öffnen* und wählen Sie *Im Browser öffnen*.

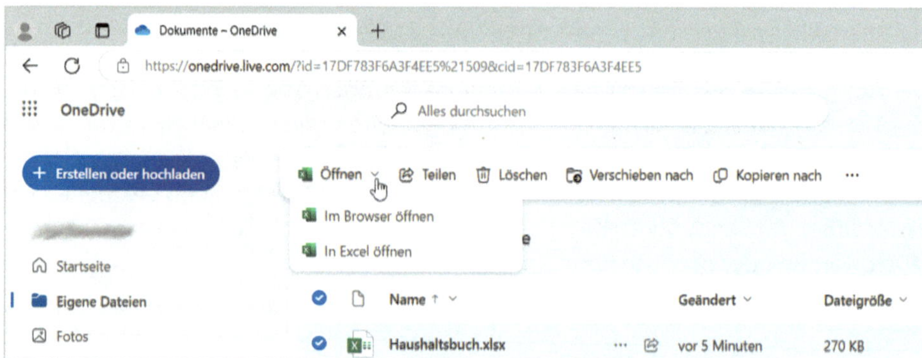

- Oder Rechtsklick auf die Datei, Befehl *Öffnen* und *In Excel Online öffnen* wählen.

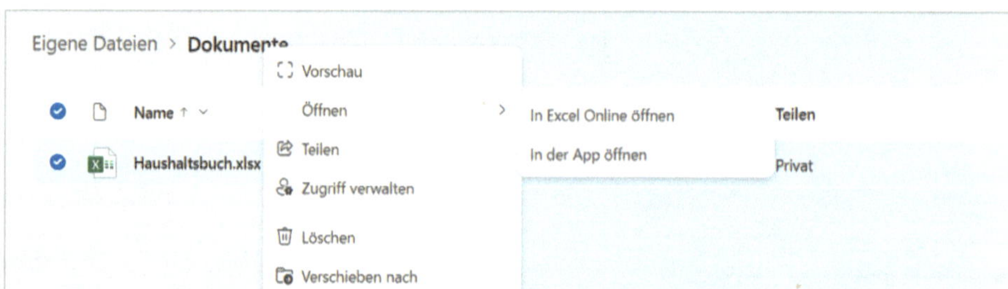

Über den Befehl in der Leiste und das Kontextmenü können Sie auch *In Excel öffnen* bzw. *In der App öffnen* wählen, vorausgesetzt, die Office-Anwendung Excel ist auf dem betreffenden Gerät installiert. Dann können Sie wie gewohnt in Excel direkt arbeiten.

Haushaltsbuch mittels Smartphone bearbeiten

Cloud-Dateien mit der App OneDrive anzeigen und verwalten
Um auf die Dateien in Ihrer OneDrive-Cloud zugreifen zu können, sollten Sie die kostenlose App *OneDrive* aus dem App Store auf Ihrem Smartphone installieren. Mit der OneDrive-App können Sie, ähnlich wie auf Ihrem PC, auf Ihre Dateien in der Cloud zugreifen (s. Bild unten links).

- Mit den drei Punkten am rechten Rand gelangen Sie zum Kontextmenü und können dort zahlreiche Dateiaktionen ausführen.
- Wenn Sie auf den Dateinamen *Haushaltsbuch* tippen, werden Ihnen die einzelnen Tabellenblätter angezeigt (Bild unten rechts).

Haushaltsbuch öffnen und bearbeiten
Um das Haushaltsbuch auch bearbeiten zu können, rate ich dazu, die Microsoft 365 App aus dem App Store auf Ihrem Smartphone zu installieren. Sie können dann das Haushaltsbuch mit dem Excel-Symbol am unteren Rand öffnen und bearbeiten.

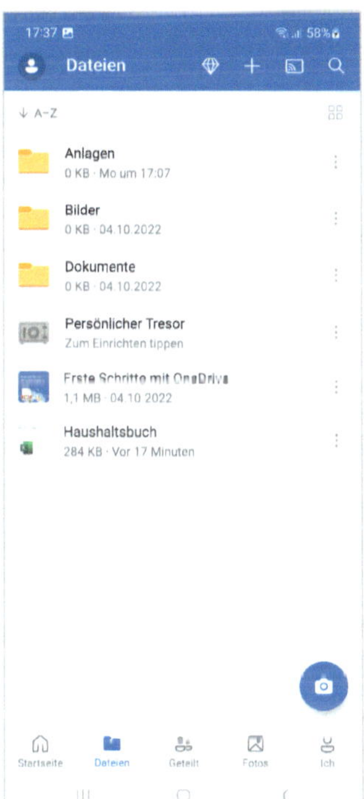

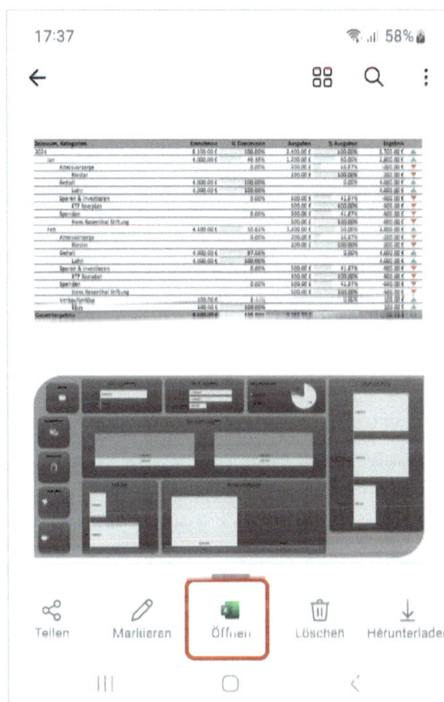

Die nachfolgenden Abbildungen zeigen das geöffnete Haushaltsbuch in der Microsoft 365 App.

- Am unteren Rand können Sie zwischen den einzelnen Tabellenblättern wechseln.
- Wenn Sie auf das Symbol in der linken unteren Ecke tippen, können Sie zudem verschiedene Aktionen ausführen.

Daten im Haushaltsjournal eingeben

Um übersichtlich einzelne Einnahmen oder Ausgaben in das Haushaltsjournal aufzunehmen oder zu bearbeiten, sollten Sie mit dem zweiten Symbol von links die Ansicht wechseln.

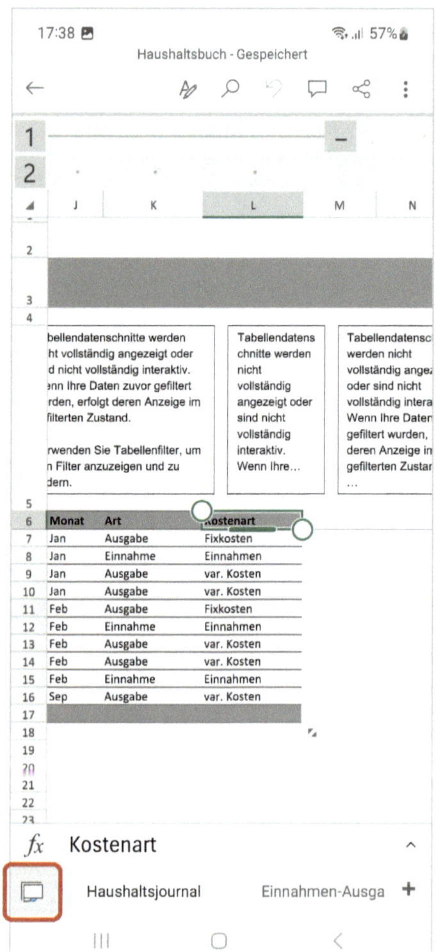

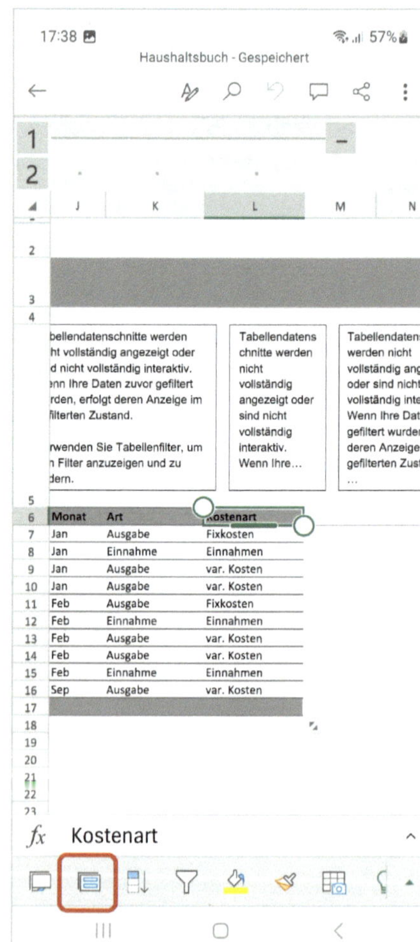

Nun werden Ihnen die Einträge übersichtlich in Form von Karten angezeigt. Wenn Sie auf eine Karte tippen, können Sie diese ändern oder eine neue Karte bzw. einen neuen Eintrag mit dem Plus-Symbol hinzufügen.

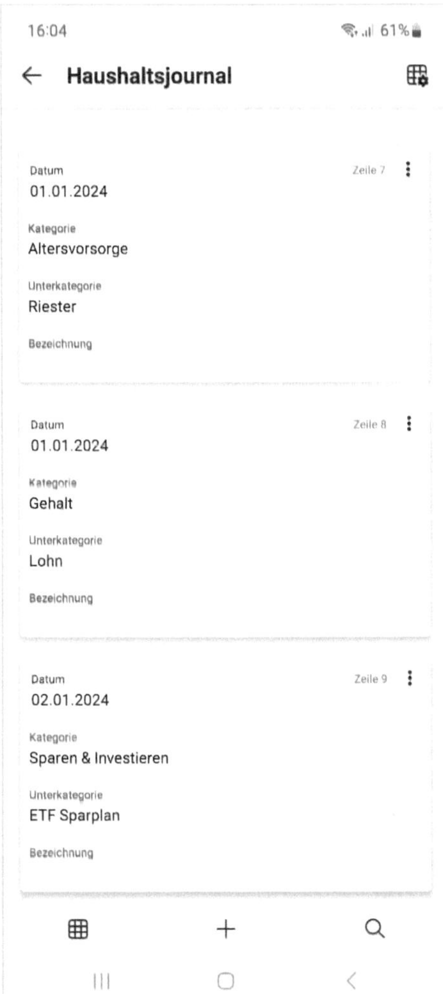

Weitreichende Bearbeitungen in der Datei sind mit dem Smartphone allerdings nicht praktikabel. Sehr nützlich ist die Anwendung dagegen zur schnellen und ortsunabhängigen Eingabe von einzelnen Vorgängen im Haushaltsbuch.

Haushaltsbuch wieder aus der Cloud entfernen

Selbstverständlich können Sie Ihr Haushaltsbuch jederzeit auch wieder aus der Cloud entfernen.

> Beachten Sie jedoch, dass Sie unbedingt die Datei vor dem Löschen in der Cloud auf Ihren PC herunterladen oder speichern!

Im Browser wählen Sie hierzu einfach im Kontextmenü oder in der Leiste den Befehl *Löschen*.

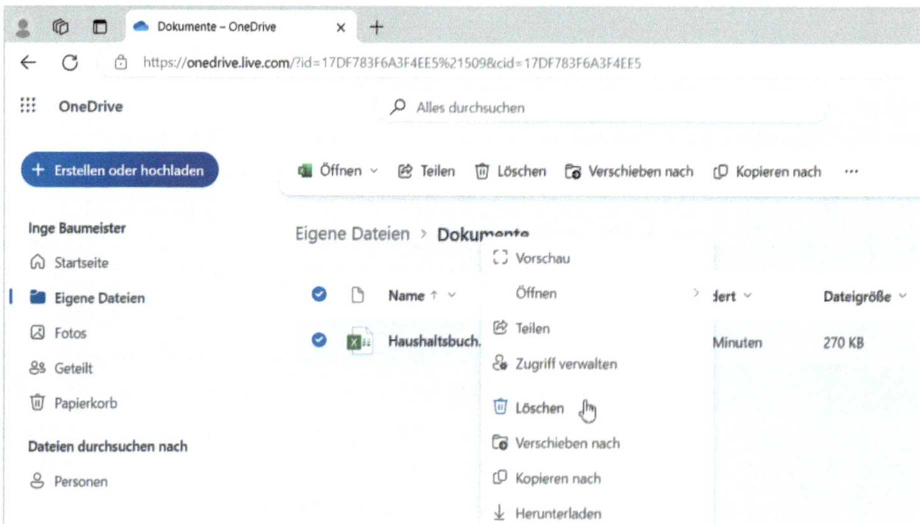

Auf Ihrem heimischen PC können Sie die Datei im Datei-Explorer auch einfach aus dem Ordner *OneDrive* an den gewünschten Ort auf Ihrer Festplatte ziehen.

Anhang: Farbregister

Sortiert nach Objekten

Objekt	Objektelement	Zellenformat - Register	Designfarbe
Blatt	Hintergrund		Hintergrund1
	Text		Text1
Datenschnitt	Ausgewähltes Element mit Daten	Ausfüllen	Akzent1
		Schrift	Text1
	Gesamter Datenschnitt	Ausfüllen	Hintergrund1
		Rahmen	Akzent1
	Nicht ausgewähltes Element mit Daten	Schrift	Text2
	Überschrift	Schrift	Text2
Diagramm	Hintergrund		Akzent6
	Text		Text2
Ergebnisfeld	Hintergrund		Akzent6
	Piktogramm		Akzent1
	Text		Text2
Pivot Tabelle	Ergebniszeile	Ausfüllen	Akzent3
		Schrift	Text1
	Ganze Tabelle	Ausfüllen	Hintergrund1
		Rahmen	Akzent3, dunkler 25%
		Schrift	Text2
	Überschriftenzeile	Ausfüllen	Akzent3
		Schrift	Text1
Überschriften	Pivot Tabellen	Hintergrund	Akzent1
		Text	Text1
Schaltfläche	Hintergrund		Akzent1
	Piktogramm		Text1
	Text		Text1

Objekt	Objektelement	Zellenformat - Register	Designfarbe
Tabelle	Ergebniszeile	Ausfüllen	Akzent3
		Schrift	Text1
	Ganze Tabelle	Ausfüllen	Hintergrund1
		Rahmen	Akzent3, dunkler 25%
		Schrift	Text2
	Überschriftenzeile	Ausfüllen	Akzent3
		Schrift	Text1
Titelzeile	Hintergrund		Akzent3
	Piktogramm		Text1
	Text		Text1

Sortiert nach Designfarben

Designfarbe	Objekt	Objektelement	Zellenformat - Register
Akzent1	Datenschnitt	Ausgewähltes Element mit Daten	Ausfüllen
	Datenschnitt	Gesamter Datenschnitt	Rahmen
	Ergebnisfeld	Piktogramm	
	Überschriften	Pivot Tabellen	Hintergrund
	Schaltfläche	Hintergrund	
Akzent3	Titelzeile	Hintergrund	
	Pivot Tabelle	Ergebniszeile	Ausfüllen
	Pivot Tabelle	Überschriftenzeile	Ausfüllen
	Tabelle	Ergebniszeile	Ausfüllen
	Tabelle	Überschriftenzeile	Ausfüllen
Akzent3, dunkler 25%	Pivot Tabelle	Ganze Tabelle	Rahmen
	Tabelle	Ganze Tabelle	Rahmen
Akzent6	Diagramm	Hintergrund	
	Ergebnisfeld	Hintergrund	
Hintergrund1	Blatt	Hintergrund	
	Datenschnitt	Gesamter Datenschnitt	Ausfüllen
	Pivot Tabelle	Ganze Tabelle	Ausfüllen
	Tabelle	Ganze Tabelle	Ausfüllen
Text1	Blatt	Text	
	Datenschnitt	Ausgewähltes Element mit Daten	Schrift
	Pivot Tabelle	Ergebniszeile	Schrift
	Pivot Tabelle	Überschriftenzeile	Schrift
	Überschriften	Pivot Tabellen	Text
	Schaltfläche	Piktogramm	
	Schaltfläche	Text	
	Tabelle	Ergebniszeile	Schrift
	Tabelle	Überschriftenzeile	Schrift
	Titelzeile	Piktogramm	
	Titelzeile	Text	

Designfarbe	Objekt	Objektelement	Zellenformat - Register
Text2	Datenschnitt	Nicht ausgewähltes Element mit Daten	Schrift
	Datenschnitt	Überschrift	Schrift
	Diagramm	Text	
	Ergebnisfeld	Text	
	Pivot Tabelle	Ganze Tabelle	Schrift
	Tabelle	Ganze Tabelle	Schrift

Stichwortverzeichnis

E